AF237744

Abenteuer – Ein Ganzes Leben

HANS ERICH KRÜGER

Abenteuer

Ein Ganzes Leben

Bibliografische Information der Deutschen Nationalbibliothek
Die Deutsche Nationalbibliothek verzeichnet diese Publikation
in der Deutschen Nationalbibliografie; detaillierte bibliografische
Daten sind im Internet über http://dnb.d-nb.de abrufbar.

© 2021 Hans Erich Krüger

Umschlagdesign, Satz, Herstellung und Verlag:
BoD – Books on Demand
ISBN 978-3-7526-6548-2

Inhalt

Vorwort

Abenteuer auf drei Kontinentes erzählt diese Biografie von Hans E. Krüger, ein phantastisches Kaleidoskop über 80 prall gefüllte Jahre.

Kindheit und Jugend in Bremen, die Befreiung vom Einfluss der Mutter, selbständiges Denken und Handeln, ohne irgendwelche persönlichen Bindungen und Hilfen.

Vom erträumten Beruf des Außenhandels Kaufmanns, zum Journalisten, zum Projektmanager, Architekten, zum Farmer und schließlich zum Autor von mehreren Romanen, die Stationen aus seinem Leben wiedergeben.

Das Leben war schwierig, oft sogar sehr gefährlich. Ohne Optimismus hätte er wohl manche Phase nicht durchgestanden. In seinem kleinen Garten zwischen seinen Pflanzen schaut Krüger jetzt auf ein erfülltes Leben zurück und ist mit sich zufrieden. »Es gibt nichts, was mich noch mal locken könnte. Alles ist rund und harmonisch,« sagt er. »Ich bereue auch nichts, weil ich Realist bin. Meine Eskapaden in die Waffenbranche folgten einer technischen Neugier und einem Markt, der immer mehr wächst. Daran kann ich nichts ändern, absolut nichts. Man kann da mitspielen, wenn man kann, wenn man will, wenn man glaubt, dafür den Einfluss zu haben.

Kindheit

80 Jahre alt bin ich. Bevor das Gedächtnis nachlässt, will ich berichten, was sich in meinem Leben ereignet hat. Na, sagen wir: fast alles, denn es gibt immer Dinge, die man besser nicht sagt.

Ich sitze in meinem Gemüsegarten auf einem niedrigen Hocker mit einer Bespannung aus Antilopenleder, den ich aus Angola nach Brasilien gerettet habe. Um mich herum viele Beete, abgegrenzt durch dicke Bambusstangen oder mit Rank Hilfen. Da wachsen in der trockenen Augusthitze Karotten, Rote Beete, Porree, Paprika, Gurken, Bohnen, Kürbisse, Kohlrabi, Weißkohl, Tomaten, Petersilie, Zwiebeln, Salat und Dill. An den Wänden hängen Kästen mit Erdbeeren und Blumen. Nach den vielen teils sehr hektischen Jahren bin ich hier in dem kleinen brasilianischen Ort Indianopolis zur Ruhe gekommen, nicht weit entfernt vom Fluss Mandaguari, wo unsere ehemalige Farm Bela Taanda liegt.

Heute beobachte ich die vielen sehr kleinen Geschehnisse, die mich früher gar nicht interessiert haben, die ich heute aber für bemerkenswert halte, denn, mit etwas Phantasie, passiert hier im Kleinen, was überall auf der Welt immerzu im Großen stattfindet. Am besten lässt es sich mit dem Spruch »Fressen oder gefressen werden« sagen. Der Kampf ums Überleben also. Und jeder benutzt die Mittel, die zur Verfügung stehen. Der Mensch ist vielleicht das einzige Lebewesen, dass bei der Durchsetzung, manchmal, hoffentlich, Hemmungen hat.

Viele Tropenjahre haben dunkle Flecken auf meine Hände und Arme gebrannt. Wie soll man sich davor schützen, wenn man mit Erde arbeitet und Arbeitshandschuhe mir Allergien machen? Den Kopf? Ja, mit einem dunkelgrünen Hut. Aber der hat auch nicht verhindern können, dass mir Doktora Alice, meine Hautärztin, ein 10 cm großes Stück Schwarte vom Kopf entfernen musste wegen Krebsverdacht. Die fehlende Haut wurde vom Rücken und Oberschenkel transplantiert. Ich kam mir vor wie skalpiert.

Ich beobachte eine graue, haarige Spinne, die ich beim Jäten aus dem Schatten eines Salatblatts gescheucht habe und die jetzt über eine besonnte Stelle zum nächsten Schatten krabbelt. Ein kurzes Brummen neben mir und eine riesige schwarze Wespe setzt sich auf den Leib der Spinne. Der Leib krümmt sich und ihr Stachel fährt in den weichen Leib. Die Spinne macht nur noch kurze Fluchtbewegungen. Dann hat das Wespengift die Beute dauerhaft paralysiert, aber nicht getötet. Die Wespe schleift sie in ihr nahes Versteck, wo sie Eier in die Spinne ablegen wird, woraus Maden werden, die sich von der Spinne ernähren, bis sie zu neuen Wespen schlüpfen. Die Spinne hat verloren und anderes Leben ermöglicht.

Bei Menschen ist es natürlich ganz anders. Wir haben so viele Möglichkeiten. Aber es bleibt immer noch ein Kampf, um nach oben oder nach vorne zu kommen, besonders wenn man im 2. Weltkrieg geboren wurde. Aber die elementaren Bedürfnisse sind bei fast allen höheren Lebewesen dieselben: Essen, Trinken, Schlafen, Sex (Liebe ist mir zu abgegriffen) und Zuneigung.

Der Kampf meines Lebens begann früh, zunächst mehr passiv, später doch sehr energisch und zielgerichtet, obwohl ich die Ziele häufiger wechselte, wechseln musste oder sie von anderen geändert wurden.

Geboren wurde ich in Bremen im Jahre 1940. Im Jahr davor hatte meine Mutter den Eisenbahner Heinrich Knobloch aus Jülich im Rheinland kennengelernt. Er stammte aus einer traditionellen katholischen Familie und war irgendwie in oder bei Bremen als Marine-Soldat stationiert. Die näheren Umstände blieben verborgen und meine Mutter hat dabei tatkräftig mitgewirkt. Nur ein einziges Bild rettete meine Oma Grete vor der Schere meiner Mutter, die aus allen Fotos meinen Vater herausschnitt. »Das ist Knöppchen«, sagte Oma Grete mir irgendwann mal vertraulich, ihr Spitzname für Heinrich Knobloch. Die Wahl dieses Spitznamens zeigte mir, dass sie ihn eigentlich mochte und die »Rettung« einer einzigen Fotografie bewies das ebenfalls.

Der Krieg in Europa ging schon ins zweite Jahr, fand aber irgendwie nur fern statt, obwohl Bremen als Hafenstadt und Eisenbahn-Knotenpunkt wichtig waren. Wir wurden wenig »gepisackt«, wie man sagte. Die Engländer wussten sehr wohl um die strategische Wichtigkeit von Bremen. Die angeblich an den Grenzen »Des Reiches« und um die großen Städte installierten Abwehrsysteme, auch Flak genannt, sollten anfliegende Bomber sofort »neutralisieren«, sagte Hermann Göring. Denn nur aus der Luft konnte Unheil drohen. Auf dem Boden herrschte die Wehrmacht, das heißt die Infanterie und Artillerie samt Panzern. Und was die konnte, erlebte die Welt schon bald.

Also, im Jahr 1940 wurde ich geboren. 38 Luftangriffe wurden gezählt. Einige allerdings eher Nadelstiche als ernsthafte Angriffe oder die feindlichen Piloten luden Bomben ab, die sie aus welchen Gründen auch immer, nicht losgeworden waren. Ist auch egal. Jedenfalls bereiteten sich die Behörden vor und setzten ab November 1940 ein Sofortprogramm für Luftschutzbunker um, sowohl Hoch- als auch Tiefbunker. Die ersten Hochbunker entstanden mitten in Wohngebieten, hatten Wände von mehr als 1 Meter Beton, die Decken noch mehr und verstärkt durch Baustahl. Und einige sogar einen Dachstuhl wie auf Wohnhäusern, allerdings nicht aus Holzbalken, sondern aus Beton. Nachgebildet. Das Ganze wurde dann noch mit Schindeln belegt und wenn Bomben dort einschlugen, dann verpuffte deren Energie in der Dachkonstruktion und richtete im Hochbunker darunter keine größeren Schäden an. Aufklärer, die von den angerichteten Zerstörungen Bilder schossen, konnten dokumentieren, dass das Gebäude getroffen wurde und damit als Ziel für spätere Attacken ausfiel.

Aber zurück zu meinen ersten Erdenzeiten.

Eine stolze Stadt wie Bremen, immer der Sozialdemokratie verpflichtet, verdeckt soweit möglich, auch während des »Dritten Reiches«, hat niemals den obersten Befehlshaber in seinen Mauern empfangen. Eine nationale Feier? »Er« kam nie! Obwohl Hafen und Weser Richtung

Nordsee mit den Werften für die Seekriegsführung absolute Priorität hatten. Auch ein Diktator kennt die politische Geographie.

Erst nach meiner Geburt heiratete Mutter meinen leiblichen Vater, um sich dann baldigst wieder scheiden zu lassen. Er war ihr nicht treu und verfiel wohl leicht der Weiblichkeit. Oma beschrieb ihn so: braune Augen, kastanienbraunes leicht gelocktes Haar. Ein Frauentyp eben. Geheiratet wurde nur, damit ich nicht als unehelich eingestuft wurde. Das war damals noch »eine Schande«.

Die Bombenangriffe wurden von Jahr zu Jahr heftiger. Es gab klare Regeln, an die man sich zu halten hatte: die ersten Meldungen kamen über das Radio, Radkasten oder Göbbels Empfänger genannt. Es wurden die Flugrichtungen der Bomberverbände gemeldet. Galt der Angriff Bremen, wurde Sirenenalarm gegeben und alle mussten ihren Luftschutzbunker aufsuchen; keine Gepäckstücke mitnehmen, nur Papiere. Meiner Mutter, die bei Focke Wulf arbeitete und später bei der Reichsbahn, als immer mehr Männer zum Kriegsdienst eingezogen wurden, war oft so müde, dass sie in der Etagenwohnung blieb. Sie hatte sicherlich einen Schutzengel. Oma und ich liefen jedenfalls zum ersten Hochbunker am Torfkanal.

1942 heiratete meine Mutter erneut, den Piloten der Luftwaffe Günther Troyke. Die Familie hatte in Ostpreußen ein Gut, das wir einmal besuchten. An die lange Bahnfahrt im Winter erinnere ich mich nicht mehr, wohl aber an die Ankunft mitten in der Nacht auf irgendeinem verlassenen und verschneiten Bahnhof. Vor dem stand ein riesiger Pferdeschlitten mit Kutscher, der uns erst mal warm in dicke Schafsfelle wickelte und mit einer riesigen Pferdedecke zudeckte.

Los ging es durch die eisige Winterlandschaft. Ich bin wohl eingeschlafen und wachte erst auf, als der Schlitten hielt. Schemenhaft erkannte ich Gebäude. Gesinde kam gerannt und half uns aus den Fellen und in einen Kuhstall, den man am Geruch sofort erkannte. Die Körperwärme der Tiere sorgte bei mir für Wohlfühlen.

Die Angestellten waren fast alle Polen, Frauen in der Überzahl. Der Krieg war damals durch die Luftangriffe in Bremen näher als hier. Die Polen gaben sich freundlich. Ich spielte mit den anderen Kindern, meistens in den Ställen, denn dort war es immer schön warm.

Danach ging es ins Erzgebirge, wo Verwandte von Günther Troyke lebten, denen eine Spinnerei in Chemnitz gehörte. Dort blieb ich längere Zeit und ging in den Kindergarten, wo ich mir Läuse holte, was meine Mutter furchtbar übelnahm. Ende 1943 wurden Kinder in großer Zahl aus den größeren Städten aufs Land verschickt, wo es sicherer war. Aber langsam verschlechterte sich die militärische Lage im Osten und wir kehrten nach Bremen zurück.

Die Zugfahrten waren immer voller Abenteuer, die Waggons quollen über von Menschen. Meine Mutter hatte mir eingeschärft, niemals etwas von Fremden anzunehmen, ohne sie vorher zu fragen. Es gab angeblich viele Verführer von Kindern! Einige Züge hatten Abteile, die für Kuriere und Offiziere reserviert waren. Meine

Mutter war eine gutaussehende Frau, wurde angesprochen und ging gerne auf die Angebote dieser Privilegierten ein, sich ins Abteil zu setzen. So hatten wir beiden es eigentlich auf der langen Fahrt ganz gemütlich.

An die Propaganda-Maßnahmen wie »Räder müssen rollen für den Sieg« habe ich keine Erinnerungen. Wir, meine Mutter und ich, waren eigentlich immer unter einem Schutzschirm. Nur ganz am Ende, als wir wieder in unserer Heimat Bremen ankamen, bemerkte sogar ich als Kind, dass die Bedrohung grösser wurde, die sich in mein kleines Leben drängte!

Mein Onkel Wolfgang Meyer, der Bruder meiner Mutter, war als Flakhelfer in Quakenbrück eingeteilt. Er war selten zuhause, denn eigentlich war die Bedrohung aus der Luft in den letzten beiden Kriegsjahren permanent, wenn auch viele Bomberverbände über Norddeutschland hinwegflogen und ihre tödliche Last anderswo abluden, vor allem im Ruhrgebiet.

An eine Nacht erinnere ich mich noch sehr gut. Oma Grete Meyer zog mich hinter sich her über die Torfkanalbrücke zum ersten Hochbunker auf der anderen Seite. Ich sah oben in dem grauen Himmel die Umrisse der Bomber ganz ruhig ihre Bahnen ziehen. Viele, viele. – Dann waren wir im Bunker. Die Stahltore standen noch offen und der Luftschutzwart machte Tempo. Alle rein und mit einem Rumpeln wurde die Stahltür geschlossen. Durch den Vorraum oder Schleuse, dann eine weitere Stahltür, die ebenfalls geschlossen wurde. Wir suchten unseren Platz in einem der vielen Räume. Die einzige Luftverbindung nach außen waren kleine runde Löcher mit Stahlkappen, die jetzt ebenfalls geschlossen sein mussten. Kaum saßen wir, fielen die ersten Bomben, ganz in der Nähe. Der Bunker schwankte, das trübe Licht ging aus, wieder an. Wie lange der Angriff dauerte, weiß ich nicht. Meine Mutter hatte mal verlauten lassen, dass ich so schön singen könnte. Die anderen Leute forderten mich auf, doch mal was zu singen und ich gab »Mein Leben für die Liebe, jawohl« zum Besten. Das entspannte wohl die Stimmung etwas. Als Entwarnung kam, wurden die Luftlöcher geöffnet und das innere Stahltor auch. Die Menschen drängten nach draußen, in Sorge, was sie von ihrem Zuhause noch vorfinden würden. Dann kam der Schock in der Schleuse! Der Boden stand unter Blut, nicht unter Wasser. Nein, Blut. Auf den Pritschen lagen, saßen, hingen Verwundete, nur notdürftig behandelt und das Blut floss auf den Boden. Meine Oma zog mich durch die Schleuse hinaus in die brennende Nacht.

Bremen kapitulierte und die Engländer besetzten es. Im Bürgerpark lag eine Abteilung Artillerie der SS, die sich noch nicht ergab. Meine Mutter und ich waren da in einem Haus am Torfkanal einquartiert worden, weil das Reihenhaus in der Grünberg Straße einen Brandbombentreffer erhalten hatte. Die letzten Kampfhandlungen erlebte ich dort im Keller. Vor dem Haus die Straße, dann der Torfkanal und dann der Bürgerpark mit seinen schönen Eichen. Aus dem Kellerfenster des Nachbarhauses ratterte die ganze Nacht hindurch ein Maschinengewehr. Dann kamen bei Tagesbeginn die englischen Panzer, knickten die Eichen um und rasselten in den Bürgerpark. Ende des Dritten Reiches in Bremen.

Die Engländer blieben nicht. Eines Tages sahen wir nur noch Amerikaner. Inmitten der britischen Besatzungszone entstand eine amerikanische Enklave und die ersten Bremer Nummernschilder begannen daher auch mit AE (American Enclave). Der Grund: die USA meinten die Hafenkapazitäten von Bremerhaven für ihren Nachschub zu benötigen, der per Bahn und LKW durch Bremen Richtung Rhein-Main lief.

Meine erste Begegnung mit einem amerikanischen GI fand noch neben dem Haus am Torfkanal statt. Im Nebenhaus quartierten sich die »Amis« ein. Ich rief meine Mutter: «Guck mal Mutti, ein Neger!«. Der GI bleckte lächelnd sein Gebiss. »Nix Neger, schwarzer Mann.« Dann gab er mir Schokolade.

Mitte 1945 zogen wir wieder in die Grünberg Straße 19 zurück. Der durch Brandbomben getroffene Dachstuhl war ausgebessert. Der Schutt vor und hinter den hohen Reihenhäusern wurde von hunderten von Helfern aufgeräumt, meistens Frauen und Kinder, die Ziegel vom Mörtel gereinigt und fein säuberlich vor den Häusern aufgestapelt (siehe Foto auf dem Umschlag). Jetzt waren die vollgeschütteten Keller dran. Die Bewohner wachten mit Argusaugen über die Arbeiten, denn manch ein Gefäß, Besteck oder Geschirr tauchte auf und wurde wiederverwendet. Von meinem Opa August Meyer war darunter ein großer Porzellanbecher, jetzt allerdings ohne Henkel, der dann noch viele Jahre auf seinem Nachttisch stand. Opa hatte es an den Bronchien und den Schleim von seinem Husten spuckte er in den Becher.

Die Winter in den zugigen Wohnungen waren erbarmungslos. Wir hatten einen sogenannten gusseisernen Kanonenofen im Wohnzimmer, der mit Kohle oder Holz gefüttert werden musste. Und woher kam die Kohle? Ununterbrochen rollten die oben offenen Waggons mit amerikanischer Steinkohle durch Bremen. Damit genügend Kohle herunterfiel, während die Züge auf den wackeligen Gleisen langsam durch die Stadt fuhren, sprangen die stärkeren und mutigeren Männer auf und halfen nach. Aufsammeln durfte man, abwerfen aber gar nicht. Wer von den wenigen Zugbegleitern erwischt wurde, verschwand ohne Anklage in irgendwelchen Lagern, so auch mein Opa, nach dem meine Mutter lange suchen musste. Er war wohl einer der langsamen und eine leichte Beute. Die Oma Grete kümmerte sich nicht um ihren gefangenen Mann.

Langsam kamen die Dinge wieder an ihren richtigen Platz. Opa August ging wieder bei der Bahn arbeiten, was er den Krieg über schon getan hatte, als Nicht-Nazi ohne Chance auf eine Beförderung, denn er war ein aufrechter Sozi und blieb es bis an sein Lebensende.

Meine Mutter fand erst einen Posten bei der amerikanischen Verwaltung an der Contrescarpe, von dort brachte sie Erdnussbutter nach Hause, die ich bald nicht mehr ausstehen konnte. Ich glaube, sie klaute da etwas, was sie jedoch empört zurückwies. Später arbeitete sie als Serviererin bei Kaffee HAG im Schnoor und nahm nebenbei Schauspielunterricht. Angeblich hat sie auf eine Karriere verzichtet, weil der Theatermensch sie vor die Alternative stellte: entweder Karriere oder Mutter-Kind. Es gibt keine Zeugen für diese Version.

Grundschule

Ich wurde 1947 eingeschult an der Volksschule Nürnberger Straße. Zu Fuß von der Grünberg Straße war das ein ganz schön langes Stück zu laufen. Ich machte die Strecke meistens mit Heiko Emker, der etwas weiter unten wohnte. Er war kräftig und gedrungen und immer für eine Keilerei gut, genau das Gegenteil von mir. Und er hatte einen Sprechfehler. Mir und mich konnte er partout nicht auseinanderhalten. Seine Fäuste räumten manchen Raufbold, der es auf mich abgesehen hatte, aus dem Weg.

Noch gut kann ich mich an die Zeit der «kreativen» Essensherstellung erinnern. Von den Amerikanern gab es als Schulspeisung heiße Milch oder Kakao in Glasflaschen und irgendeinen Eintopf, während wir zuhause Gries Brei kochten, der als Brotaufstrich diente, und Brot selber buken, dem Baumrinde beigemischt war, denn Mehl war knapp. Das einzig Süße stammte aus der Zuckerrübenanlage am Güterbahnhof (Rüben gegen Sirup). Den Geschmack von dunklem leicht angebranntem Sirup kann ich noch heute nachempfinden. Unsere Verbindungen zu Bauern im Neuland zahlten sich aus. Die Rüben waren unsere Währung.

Und von unserem Balkon zum Hinterhof konnte ich die Kaninchen- und Hühnerställe sehen, die in einer Reihe am Zaun standen. Von dort kam für lange Zeit unser Eiweiß in Form von Eiern und Fleisch. Für die Fütterung war ich mit zuständig. In der Nachbarschaft gab es genügend Trümmergrundstücke mit Löwenzahn, den die Tiere besonders gerne mochten. Die Kaninchen schlachtete Opa selbst. Sie wurden mit einem Schlag ins Genick getötet. Ich bekam sie immer erst zu sehen, wenn Opa schon dabei war, ihnen das Fell sehr vorsichtig abzuziehen. Es wurde anschließend einem Gerber gebracht und kehrte dann wieder zu uns zurück, als Teil einer Jacke für die kalte Zeit.

Ansonsten schoss ich mit dem Luftgewehr Spatzen, die sich bei den Ställen ansiedelten und vom Balkon aus leicht zu erwischen waren. Etwa fünf reichten für eine dünne Suppe.

Ein Sonntagsessen ist mir gut in Erinnerung geblieben. Wir hatten den damals noch als »Verlobten« meiner Mutter bezeichneten Kunibert Krüger, einen Seemann, zu Gast. Damit wir etwas Fleisch im Erbsen-Eintopf anbieten konnten, hatte Oma Grete den Kopf eines Karnickels gut eingesalzen im Fliegenschrank konserviert. Einen Kühlschrank gab es damals noch nicht bei uns. Der Karnickelkopf wurde mitgekocht.

Zunächst bekam jeder eine Kelle voll Erbsensuppe. Sie schmeckte vorzüglich. Einige Fleischstücke schwammen darin, die sich wohl vom Kopf gelöst haben mochten. Dann wurde Kunibert Krüger, als Ehrengast aufgefordert, den Kopf aufzubrechen, denn natürlich sollte das Hirn mit verspeist werden. Also kam der Kopf auf ein Holzbrett und mit einem dicken Messer und einem Hammer wurde der Kopf gespalten. Der Inhalt bestand nicht aus Hirn, sondern aus lauter aufgequollenen Maden.

Ich weiß nicht mehr, ob sich jemand übergab, denn die vorher wahrgenommenen »Fleischstückchen« waren nichts anderes als zerkochte Maden gewesen. Den Appetit verdarb es uns jedenfalls. Noch vorhandene Bestandteile von Maden in dem Eintopf wurden entfernt, damit man den Rest noch essen konnte. Die Männer taten es. Ich nicht und meine Mutter auch nicht.

Der Tauschhandel blühte. Zu den begehrtesten Artikeln gehörten Nylonstrümpfe und Zigaretten. Deren Verkäufer waren die Kings und machten enorme Schnäppchen damit.

Mein erstes eigenes Geschäft machte ich mit Tabak, indem ich Kippen sammelte, den Rest des Tabaks von Asche und angebranntem säuberte, schön locker aufmischte und als Pfeifentabak verkaufte oder für selbstgedrehte Zigaretten. Man war nicht sehr wählerisch zu diesen Zeiten. Die noch teilverwendeten Kippen stammten fast alle von den qualmenden Amerikanern, denn die Deutschen rauchten Zigaretten so lange, bis sie sich die Lippen verbrannten. Für die letzten Paar Züge wurde die Kippe mit einer Haarklammer gehalten. Was dann noch übrig blieb, war für mich nicht mehr interessant. – Es gab auch »böse Raucher«. Das waren Amis, die sich einen Spaß daraus machten, die Kippe mit dem Schuh so zu zerquetschen, dass sie nutzlos war. Deren größte Genugtuung war es, die enttäuschten Minen der kleinen »Krauts« zu beobachten. Aber das waren eher Ausnahmen. Damals gab es noch keine Filterzigaretten.

Ein anderes Geschäft war Altmetall. Dazu schlossen wir uns zu kleinen Banden zusammen. Von den Innenwänden der Ruinen, die die Bomben übrigließen, hingen in den Stockwerken noch die Reste von Bleirohren von den Wänden sowie die Elektroleitungen. Um an die heranzukommen, wurde Kreativität gebraucht. Ungefährlich war es sowieso nicht. Leitern gab es nicht. Also warfen wir beschwerte Leinen mit einer Schlinge an der Wand hoch und irgendwann verhakte sich das Seil und wir zogen und zerrten gemeinsam, bis sich das Rohr löste, oft zusammen mit einem Teil der Wand. Das brachte uns Blei, Kupfer und auch Gusseisen, wenn wir einen Klokasten oder Waschbecken runterreißen konnten.

Käufer war ein Schrotthändler, der sein gut umzäuntes Areal auf der Bürgerweide vor der Grünberg Straße hatte. Der Mann selbst hauste in einem alten, vergammelten Wohnwagen und musste Tag und Nacht auf der Hut sein, damit man ihn nicht beklaute und das Zeug dann erneut an ihn verkaufte. Heute würde man das Recycling nennen.

Besonders schlimm war die Rattenplage nach dem Krieg. In den zum Teil noch intakten Kellern, die durch Schutt isoliert waren, vermehrten die sich rasant. Ich erinnere mich an ein Loch, das wir durch den Boden im Erdgeschoss gestemmt hatten und hineinleuchteten. Der Boden wimmelte nur so von den grauen Nagern, die schon mal 30cm ohne Schwanz erreichten. Bei der Vorstellung, da rein zu fallen, wurde mir richtig blümerant. – Die amerikanischen Besatzer setzten ihr Kampfprogramm gegen Seuchen rigoros um. Überall tauchte der per Schablone aufgemalte Totenkopf mit den gekreuzten Knochen an den Häuserwänden auf: GIFT.

In den ersten Nachkriegsjahren konzentrierte man sich auf die wichtigsten Arbeiten. Dazu gehörte, den Bürgerpark aufzuräumen. Überall auf den Spielwiesen, in dem schönen Park verteilt, waren Bombentrichter, vollgelaufen mit Wasser. Dazwischen sonnten sich die Bremer bereits wieder, vor allem Mütter mit ihren Kindern. Ich witterte dort eine Gelegenheit, Geld zu verdienen und bat meinen Onkel Wolfgang, mir Kasperle-Köpfe herzustellen, vor allem den Kasper, den Teufel und die Hexe. Dazu kochte er Zeitungspapier und formte aus der Masse zusammen mit Leim die innen hohlen Köpfe, die anschließend mit Ölfarbe bemalt wurden. Um den Kopf Hals herum wurden Stoffstreifen drapiert, mit angearbeiteten Armen und Händen. Der Zeigefinger schlüpfte in den Kopf, der Daumen und Mittelfinger jeweils in die Arme. Fertig war die Puppe. Ich konnte gleichzeitig mit zwei Puppen arbeiten, eine für jede Hand. Jetzt fehlte noch die Bühne. Sie bestand aus drei Teilen. In der Mitte die Bühne mit einem kleinen Vorhang und jeweils links und rechts die beiden Flügel, damit man das gut aufstellen konnte.

Damit begab ich mich auf eine Spielwiese und machte für die Kasperle-Vorstellung Werbung. Wer sich vor dem Theater einfand musste fünf Pfennig bezahlen. Je mehr der Kasper auf den Teufel oder die Hexe einprügelte, umso grösser war der Erfolg. Mich selbst sah man kaum, weil ich mich hinter der Bühne wegduckte. Irgendwann merkte meine Mutter, was ich da trieb und verbot weitere Vorstellung gegen Geld. Aber ohne machte es mir keinen Spaß und die Bühne wurde höchstens mal hervorgeholt, um Theater auf einem Geburtstag zu machen, ohne Bezahlung.

Unter der Bevölkerung der Eisenbahnersiedlung Findorff, zu der die Grünberg Straße gehörte, waren wir privilegiert, denn die in der Neustadt lebende Ur-Groß Oma, Omima Häfker genannt, hatte hinter ihrem Reihenhaus einen sehr, sehr großen Garten, mit allem, was das Herz begehrte: Hühner, Enten, Gänse, Truthähne, Karnickel und natürlich alles Obst, was in unserer Gegend wuchs: Birnen, Äpfel, Kirschen, Pflaumen, Stachelbeeren, Himbeeren, Brombeeren, Johannisbeeren und natürlich Gemüse: Alle Kohlsorten, Zwiebeln, Kartoffeln, Sellerie, Porree, Radieschen, Lauch, Petersilie und im Winter den berühmten Braunkohl oder Grünkohl, der erst nach den ersten Frösten so richtig gut schmeckte.

Wie oft habe ich im Sommer unter den Büschen gesessen und mir die Johannis- oder Stachelbeeren direkt in den Mund gesteckt.

Omima sprach nur Bremer Platt, Großmutter Grete auch meistens. Ihr Hochdeutsch war durchsetzt von Platt und man musste sehr aufpassen, um sie zu verstehen.

Diese entfernte Ecke der Neustadt war mit der Straßenbahn leicht zu erreichen, wenn auch die Fahrt eine Stunde und mehr dauerte. Ich machte sie noch viele Jahre, als Omima längst tot war, um den Onkel Heinrich Häfker, genannt Heini, zu besuchen. Er wohnte weiter als Junggeselle in dem alten Haus von Omima, in dem es nach Katzenpipi roch, weil nie richtig sauber gemacht und gelüftet wurde. Ich kam immer so gegen neun Uhr am Sonntagmorgen an. Da schlief der Onkel noch seinen Rausch aus. Über dem Bett hing ein riesiges Bild. Darauf ein gefallener Soldat (sein Bruder) und über ihm schwebend ein großer ernst und gleichzeitig sanft blickender Engel. »Gefallen für Kaiser und Vaterland« stand, glaube ich, darauf, wenn ich mich recht erinnere.

Heini Häfker war Vorführfahrer bei einer Traktorenfabrik und ein armes, einsames Schwein. Am Samstag ging es in die Kneipe und dann im Zickzack nach Hause. Irgendein Auto fuhr ihn nachts tot. Fahrerflucht. Die unter Personalmangel leidende Polizei fand den Täter nie.

Es war auch die Zeit, in der Verbindungen von GI mit deutschen »Fräuleins« immer mehr zunahmen und die amerikanischen Verwalter dem ziemlich machtlos zusehen mussten. Ich erinnere mich noch gut an einen Schlager, der damals die Runde machte: »Eins-zwei-drei-vier-fünf-sechs-sieben, wo ist meine Frau geblieben. Ist nicht hier und ist nicht da, ist wohl in Amerika.«

1948 kam ich in ein Verschickungsprogramm vom Rotes Kreuz, denn ich war mager und meine körperliche Entwicklung entsprach wohl nicht den Vorgaben der Herren Ärzte. Die Eisenbahn war als Rote-Kreuz-Transport gekennzeichnet und wurde von Krankenschwestern begleitet. Mütter durften keine mitfahren. Es ging in die Schweiz. Für mich eine aufregende Reise. Die erste überhaupt ins Ausland. Auf deutscher Seite war die Lok noch ein Kohlemodell aus Kriegszeiten mit großem Dampfkessel. Beim Zugwechsel an der Schweizer Grenze sah ich zum ersten Mal Elektroloks. Ja, die reiche, neutrale

Schweiz hatte damals ihr Streckennetz schon größtenteils elektrifiziert.

Am Zielbahnhof, ich glaube es war Solothurn, wartete eine große Menschenmenge auf dem Bahnsteig und man begann sofort mit der »Verteilung« von uns Kindern. Ein Ehepaar Schenk-Grollimund »übernahm« mich und weiter ging es mit einem anderen Zug in das nahe gelegene Derendingen, wo die Schenks ein freistehendes Haus im Städtchen besaßen. Leibliche Kinder hatte das Ehepaar nicht. Und sie haben ihre ganze Liebe und Fürsorge auf mich projiziert, manchmal war es fast erdrückend, sodass ich kaum dazu kam, mich auch etwas freier zu bewegen.

Unbeschwerte Zeiten folgten. Ich blieb vier Monate bei ihnen und wurde mit allen Mitteln der Kunst aufgepäppelt. So viel gegessen hatte ich noch nie. Es gab vor allem Gemüse und, was ich gar nicht mochte, fast jeden Tag Maisbrei, mal salzig, mal süß mit Zimt.

In der Nachbarschaft arbeitete ein Hausschlachter. Um das Haus der Schenks sehr viele Gärten. Drei Dinge sind mir in guter Erinnerung geblieben. Mit einem Jungen von nebenan schleppten wir eine Leiter zur Wand des Schlachters. Wir krochen diese zu einem Fenster hoch, um unsere Neugier zu befriedigen. Er zerlegte die Körper von Rind und Schwein. Sowas hatte ich noch nie gesehen. Es war sehr spannend.

Die Schweiz litt damals unter einer Maikäferplage. Überall wurden Gruben ausgehoben, wo man die in Dosen gesammelten braunen Käfer gegen eine geringe Bezahlung abliefern konnte. Wir machten uns mit Konservenbüchsen ans Werk. Damit die Viecher aus der Grube nicht wieder wegflogen, wurden sie mit einer Flüssigkeit begossen und das Gekrabbel immer mal angesteckt.

Das Haus der Schenks hatte keinen Anschluss an Kanalisation, sondern aller Kot floss in einen ausgemauerten Erdtank neben dem Haus. Ich glaube, das ganze Städtchen kontrollierte so seine Abwässer. Sobald die Grube ¾ voll war, wurde sie geöffnet und die Gülle mittels eines langstieligen Schöpfeimers in Fässer gefüllt. Der Gärtner, der das Resultat seiner Arbeit auf Gärten und Felder verteilte, kommentierte den Geruch so: was stark stinkt, das gut klingt. Ohne Zweifel ist Naturdünger Geld wert.

Was sah ich da beim Hineingucken in die trübe Brühe? Etwas hatte sich noch nicht von selbst zerlegt und wurde nochmals gut geschüttelt. Durch die Beschau stellte ich fest, dass jemand aus dem Hause beim Kirschen essen die Kerne runtergeschluckt hatte, statt sie auszuspucken. Hans Schenk gab sich als »Täter« zu erkennen.

Am Tage des Abschieds gab es Tränen auf beiden Seiten. Das schöne andere Leben hatte mir sehr gut gefallen und als das Ehepaar Schenk-Grollimund fragte, ob ich wiederkommen wollte, versprach ich es sofort.

In Bremen begann wieder der lange Fußmarsch zur Schule. Überall wurde gebaut. Baugerüste an den Wänden. Wir Schüler gingen oft unter diesen Gerüsten hindurch. Eins stand vor einem Geschäft und im Vorbeigehen sah ich mir die Auslagen an. Ein Geräusch über mir veranlasste mich, nach oben zu blicken. Und schon hatte ich Kalkmörtel im Gesicht, einen dicken Haufen, der sich ins linke Auge drängte. Es brannte fürchterlich und ich schrie wie am Spieß. Sofort kam jemand mit Wasser, um den Mörtel abzuwaschen und vor allem aus den Augen zu entfernen.

Ab zum Augenarzt. Mittel gegen das Brennen. Der Augapfel hatte sich verfärbt und die Gefahr, das Augenlicht zu verlieren, war real. Aber alles ging noch mal gut. Zurück blieb ein kleines Stückchen »wildes Fleisch«, das man nach Jahrzehnten noch sehen konnte.

In Deutschland herrschte Mangel an allem. Große Spekulationsläger soll es gegeben haben, in denen alles Mögliche gehortet wurde. Das hatte ein abruptes Ende, als am 20. Juni 1948 die Währungsreform durchgezogen wurde. Opa August, Oma Grete, mein Onkel Wolfgang und ich gingen zur Ausgabestelle an der Admiralstraße, wo jeder Erwachsene 40 DM auf die Hand erhielt (später kamen noch mal DM 20,00 dazu). Das war die kapitalistische Starthilfe in eine neue Ära.

Als nächstes folgte 1949 die Gründung der Bundesrepublik Deutschland, bestehend aus den drei Westzonen von Amerikanern, Engländern und Franzosen.

Und 1950 war es wieder so weit: eine Reise in die Schweiz. Schenk-Grollimund luden mich ein. Meiner schulischen Entwicklung bekam das nicht so gut. Dieses Mal fuhr ich in meinen Ferien hin, die wir etwas verlängerten, damit es sich lohnte. Die Lehrer hatten dafür Verständnis. Aber wer zahlte die Reise? Meine Mutter, die von meinem leiblichen Vater nichts wissen wollte, wusste, dass er in Jülich wieder bei der Bahn arbeitete, wie schon vor dem Krieg, und Bahnangestellte hatten verschiedene Vorteile. Meine Mutter sorgte dafür, dass ich auf Kosten meines leiblichen Vaters reisen konnte oder auf Kosten der Bahn. Da war er plötzlich wieder: der Name Knobloch. Auf den Gedanken, ihn persönlich kennen lernen zu wollen, kam ich nicht. Aus heutiger Sicht wird klar: jeder Versuch in dieser Richtung wäre unterbunden worden.

Ab die Bahn! Ich erhielt einen durchsichtigen Umschlag umgehängt und los ging es. Die Schweizer Familie war inzwischen in ein eigenes ganz neues Haus umgezogen, das außerhalb von Derendingen mitten in den Feldern ganz alleinstand. Als Transportmittel gab es nur eine Lambretta, die der Hausherr Hans Schenk fuhr.

Vor der Tür sozusagen begannen die Äcker. Die Kartoffelernte stand an. Der Bauer fuhr mit einer Art Flug seitwärts in die gehäufelten Kartoffelreihen, sodass die Erde umgedreht wurde und die Kartoffeln bloß lagen und aufgesammelt werden konnten. Nicht nur Kartoffeln wurden so ausgeworfen, auch manche Feldmaus verlor ihr Heim. Ich fing eine bei der Nachlese und steckte sie in die Hosentasche. Später wollte ich mich mit ihr befassen. Da sie sich jedoch gar nicht bewegte, fühlte ich mal nach und da biss sie mich in den Finger. Ich riss die Hand aus der Tasche und die Maus gleich mit, die mit einem Satz im Kartoffelkraut verschwand.

Im Haus meiner Ersatzfamilie bahnte sich eine Tragödie an, deren Ausgang ich nicht mehr erlebte. Frau Grollimund war extrem, fast krankhaft religiös. Kaum ein Satz, in dem »der Herrgott« nicht vorkam. Hans Schenk erzählte später meiner Mutter, als er uns in Bremen mit seiner Lambretta besuchte, seine Frau sei schon in einer

Anstalt gewesen. Es hätte aber nichts genutzt. Die beiden lebten ihr Leben fast wie Fremde nebeneinander.

Ich erinnere mit an zwei Sommergewitter in diesem freistehenden Haus. Die Frau kroch unter den Dachfirst, wo er am höchsten war und verharrte dort während der Gewitter im lauten Gebet: der Herr möge ihr Haus verschonen. Was sie »ihm« dafür alles versprach, habe ich nicht gehört.

Immer mal tauchte eine Verwandte auf, die Emelie genannt wurde. Ein dürres Weiblein, mit dunkler Haut, intensiven braunen Augen und einer gewaltigen Hakennase. Man könnte sagen, sie sah wie eine Hexe oder Zigeunerin aus. Mich belegte sie sofort mit Beschlag. Ihre Spezialität war das Sammeln von Blechabfall. Sie hatte immer einen Magneten dabei, um Eisenblech und Aluminium zu unterscheiden. Wo sie das sammelte? Auf der Müllkippe von Derendingen. Ich begleitete Emelie dorthin. Es gab damals noch keine Plastikflut oder Reste von Nahrungsmitteln, die weggeworfen wurden. Der Abfall war überschaubar und entsprechend lange dauerte unsere Sammelaktion. Wir hatten viel Spaß und keinerlei Ekelgefühle.

Es war auch in der Schweiz, dass ich zum ersten Mal Hundefleisch ass. Es stammte von einem großen Hund, der den Postboten immer wieder angegriffen hatte und von seinem Herrn geschlachtet wurde. Wir bekamen von dem Fleisch ab und aßen es gekocht, ganz bewusst und ohne Vorbehalte. Ja, diese Schweizer waren sparsame Menschen. Nichts Essbares wurde verschmäht.

Auch von dieser »Mastreise« kam ich kaum dicker zurück, sprach die ersten Wochen mehr Schwyzerdütsch als Hochdeutsch, wie beim ersten Mal auch.

In der Etagenwohnung Grünberg Straße wohnten wir zu fünft: Oma und Opa, mein Onkel Wolfgang, meine Mutter und ich. Unter dem schrägen Satteldach des Reihenhauses waren zur Straßenseite hin kleine Zimmer eingebaut worden, die meine Mutter und ich sowie Onkel Wolfgang zum Schlafen aufsuchten. Der einsame abendliche Gang zwei Stockwerke hinauf gehört zu meinen Traumata. Die Flurbeleuchtung hielt nicht mal durch, bis man oben war und auf dem Dachboden selbst gab es kein Licht. Trotz Bitte an meine Mutter musste ich jeden Abend allein hinauf, ohne Taschenlampe. Sowas hatten wir gar nicht. Der Treppenflur war noch überschaubar, aber der Boden..... Die Reihenhäuser waren oben nicht voneinander getrennt, sondern der Boden ging direkt über zum Nachbarhaus. Das heißt, jemand konnte von weiter herkommen und dort lauern. Die Geschichte von Harmann ging immer noch um und ich habe bis heute noch das Liedchen im Kopf: »Warte, warte nur ein Weilchen, dann kommt Harmann auch zu dir, mit dem kleinen Hackebeilchen und macht Hackefleisch aus dir.« Den Harmann hatten sie zwar erwischt und geköpft, aber der Schrecken hielt sich noch lange. Hinzu kam, dass ich unser Zimmer nicht abschließen durfte, weil meine Mutter ja noch später kam. Dass man einen Zweitschlüssel anfertigen lassen konnte, darauf kam sie nicht.

Die Häuser waren unterkellert. Jede Familie hat einen Keller für sich, den man abschließen konnte. Dort herrschte Halbdunkel und Temperaturen ohne große Schwankungen. Das einzige Licht kam durch zwei schmale Kellerfenster herein, durch die im Herbst Kohlen geschüttet wurden und eventuell auch Winterkartoffeln. Die Kohlen musste man dann zur Wohnung als Heizmaterial für die Küche und das Wohnzimmer hinaufschleppen. Alle anderen Zimmer blieben kalt. In der Küche war es nur warm, wenn gekocht wurde, in einem großen Herd aus Gusseisen, mit einer Klappe für den Back Teil und eine darunter, um die Asche zu entnehmen.

Aber zurück zum Keller. An einer Querwand stand ein riesiges Regal in drei Ebenen und darauf große Weckgläser voller Obst und Gemüse, die in einem doppelstöckigen verzinkten Kocher eingemacht wurden. Die Gläser waren mit einem Glasdeckel und Gummiring verschlossen und mussten regelmäßig kontrolliert werden. Bildete sich darin Schimmel, war das Vakuum nicht mehr vorhanden und der Inhalt musste schnellstens verbraucht werden. Handelte es sich um Bohnen, musste man sie erneut kochen, weil die Gefahr von Vergiftung bestand.

Wenn man aus der Grünberg Straße herauskommt, liegt vor einem das riesige Ausstellungsgelände, Bürgerweide genannt, auf dem im Frühjahr die Osterwiese und im Herbst der Freimarkt abgehalten wurden, mit seinen Karussells, Los- und Schießbuden, Achterbahn, Wilde Maus, Geisterbahnen, Elektroscooter und Riesenrad. Für uns Kinder besonders aufregend war eine komplette Liliputaner Stadt, in der man die ulkigen Stimmen dieser kleinen Menschen hören und ihrem Leben in den seitwärts offenen Wohnwagen zusehen konnte.

Mich zog es schon früh immer zuerst zu den Schießbuden. Sofern die Aussteller ihre Luftgewehre nicht verstellt hatten, brachte ich es dort zu vielen Trophäen, meistens Kunstblumen, Teddybären und später auch schon mal zu einer Flasche billigem Vermute, für den Eigenkonsum. Es verging kein Tag, an dem ich nicht dort war.

Links vorn am Beginn der Grünberg Straße hatte ein Einzelhändler Meyer aufgemacht, bei dem man fast alles kaufen konnte, damals vor allem konserviertes aus Dose und Glas. Am anderen Ende der Straße war ein Fischgeschäft, in das ich oft geschickt wurde. Wir kauften dort meistens den preiswertesten Fisch und das waren damals Heringe aus dem Fass, in Salz eingelegt, riesige Burschen von 40 cm Länge. Man merkte richtig, dass die Nordsee noch nicht wieder stärker befischt wurde. Problematisch war Verpackungsmaterial. Entweder man brachte alte Zeitungen mit oder musste hoffen, dass es welche gab. Plastik war noch in weiter Ferne hinter dem Horizont. Die Heringe wurden mit einer großen hölzernen Zange aus dem Fass geholt, begutachtet und diagonal auf das Papier gelegt. Zwei- dreimal gerollt und an den Enden umgeknickt, fertig war die Verpackung, mit der ich eilig nach Hause strebte, bevor der Inhalt das Papier aufweichen konnte.

Meine Mutter lernte nach dem Krieg den schon erwähnten Seemann Kunibert Krüger kennen. Ihr zweiter Mann Günther Troyke war Nachtjäger bei der Luftwaffe gewesen und kam von einem Einsatz nicht zurück.

Also war sie Kriegerwitwe, wie das hieß. Kunibert war Kommandant auf einem Minenräumer gewesen, in der Ostsee stationiert. Die Engländer beließen ihm sein Kommando, aber er musste in der Nordsee zwei Jahre lang Minen räumen und nach jeder Fahrt einen englischen Hafen zur Berichterstattung anlaufen, wo ein Commander der britischen Marine sein Führungsoffizier war (Commander Harries).

Als er abmusterte, arbeitete er im Bremer Hafen kurzfristig als Wachmann. Sein Patent wurde von Siegern und deutschen Politikern nicht anerkannt und er musste noch einmal die Schulbank drücken, um seinen Nautiker »nachzumachen«. Aber wo war die Flotte? Im Krieg versenkt, von den Siegern beschlagnahmt, zusammengeschossen und rostend in irgendwelchen Hafenbecken.

Schweden

Da bot sich die Chance, auf einem schwedischen Dampfschiff der Ahlmark-Reederei anzuheuern, die in Karlstad am Vänersee beheimatet war. Das heißt, die Schiffe mussten das Salzwasser verlassen, um über ein Schleusensystem bei Trollhättan in den Vänersee hinaufgeliftet zu werden. Kunibert begann dort als Matrose und wurde schnell zum 3. Offizier befördert, vor allem dank Kapitän Eskil Johansson, der ihn förderte und dessen Familie sich für den Deutschen öffnete. Wie ich später erfuhr, war Kapitän Johansson Kommunist. Anmerken tat man es ihm nicht. Oder merkt man sowas gar nicht? Er war ein stiller, bescheidener Mann, im Gegensatz zu seiner quirligen Frau, Mullan genannt. Richtig hieß sie, glaube ich, Hillevi Johansson.

Sein Schiff kam nicht sehr häufig nach Bremen und sehr bald hieß es umziehen, nach Kristinehamn am Vänersee, wo meine Mutter als Hausdame von einer Zahnarztfamilie Lagerblad unter Vertrag genommen wurde. Ich selbst reiste auf einem Dampfer der Ahlmark-Reederei in die »neue Heimat«.

Kaum eine Woche im Lande, wurde ich eingeschult, ohne schwedische Sprachkenntnisse. Man meinte, die Praxis würde das schnell ändern. Und tatsächlich, so war es auch. Außer meiner Mutter sprach niemand deutsch und da meine Mutter arbeitete, war ich eigentlich immer in der Obhut der Familie Johansson, deren beide Kinder schon etwas älter waren: Sigurd und Ruth.

Der Beginn der Schulzeit stand für mich noch unter dem Einfluss der englischen Kriegspropaganda. Das soll heißen, ich wurde von einigen meiner Mitschüler verprügelt, weil ich Deutscher war. Gegen die gut genährten und sportlichen Jungs hatte ich Mägerling sowieso keine Chance. Mit am schlimmsten war, dass der Lehrer der Prügelei während der Pause im Hof zusah, ohne einzuschreiten. Dabei war Schweden neutral gewesen und hatte keine negativen Erfahrungen, was Deutschland anbetraf. Im Gegenteil: es machte mehr oder weniger geheim gute Geschäfte mit dem »Dritten Reich«.

Nach wenigen Monaten war das vorbei. Es bildeten sich Freundschaften, merkwürdigerweise gerade mit einigen der prügelnden Rabauken. Die führten mich auch in die aktive Sexualität ein, denn sie praktizierten schon eifrig Onanie, wobei man sich gegenseitig anspornte. Eine neue, sehr intensiv erlebte Erfahrung, ohne jede Homosexualität. Und ein Laster begann hier auch: das Rauchen. Ich ließ mir von einem Erwachsenen eine Schachtel Zigaretten kaufen. Sie war grün, Marke »Robin Hood«. Um nicht damit erwischt zu werden, versteckte ich die in einem Haufen Kartoffelkraut. Bekanntlich ist die Tendenz eine langsame Steigerung des Verbrauchs. Dieses Laster wurde ich erst Jahrzehnte später wieder los.

An die Winter erinnere ich mich noch gut. Es war eine wunderschöne Zeit, die einen oft zu Eigeninitiativen zwang, was wohl für die Entwicklung nur gut sein kann.

Zum Beispiel, wenn es nachts stark geschneit hatte, fuhren keine Busse zur Schule, sondern man musste sich Skier unterschnallen und allein im noch Halbdunklen zur Schule gleiten. Die Luft war eisig. Eine Wolke von warmer, feuchter Luft stand vor Nase und Mund und gefror zu kleinen Eiszapfen in den Haaren.

Außerhalb der Schulzeit organisierte ich eine Indianerbande, was die Schweden nicht kannten, und mit der machten wir die Wälder um Kristinehamn unsicher, immer auf der Suche nach Opfern. Immer mal hörte man es dann schreien: »Tysken kommer«. (der Deutsche kommt). Das war dann immer der Höhepunkt der Jagd.

Meine Mutter hatte inzwischen die Anstellung gewechselt und wurde als Hausdame in die Familie Monsén aufgenommen. Ich zog also um in deren Haus, etwas außerhalb von Kristinehamn, auf einer Wiese gelegen, wo ich mit dem gleichaltrigen Sohn Claes aufwuchs, der eine jüngere Schwester, Maria, hatte und einen Babybruder, Peer. Um diesen musste sich meine Mutter hauptsächlich kümmern. Monséns waren für sozialdemokratische schwedische Verhältnisse eine sehr moderne Familie mit Auslandserfahrung. Der Vater, Lasse genannt, war Bau-Ing für Staudämme. Sein letzter großer Job in den 50-ziger Jahren lag im brasilianischen Rio de Janeiro, wo die beiden älteren Geschwister geboren wurden. Frau Monsén, Titti genannt, bekam das Klima dort nicht. Sie war oder gab sich oft krank. Etwas introvertiert, war sie das genaue Gegenteil von Lasse, der gerne viele Menschen um sich hatte, feierte, trank und die in Schweden üblichen Trinksprüche mit viel Humor gab. Das am meisten gesungene habe ich noch im Kopf: und so rollen wir wieder auf dem Fass.

Etwas abseits des großen, modernen Hauses gab es eine alte, unvollendete Baustelle. Fertig geworden war nur der Keller, mit einer Garageneinfahrt, darüber die Betondecke. Entfernt erinnerte das an einen Erdbunker. – Zu der Zeit waren gerade die ersten Comics mit Rittern als Lichtgestalten unter uns Kindern verbreitet. Und wir taten es ihnen nach, zumindest bei der Bewaffnung und der »Rüstung«. Aus Pappen, die wir mit Ölfarbe bemalten und dadurch starrer machten, fertigten Claes und ich Harnische. Dazu kamen Holzschwerter und Pfeil und Bogen. Die Spitzen der Pfeile versahen wir mit einem Stück Holunder von etwa fünf Zentimeter Länge. Holunderzweige haben innen ein Mark, das an festen Schaum erinnert und sitzen dann fest auf dem Pfeil.

An die Wände des Kellers kamen große Schilde und daneben brachten wir Halterungen für Fackeln an, die mit alten, ölgetränkten Lappen umwickelt waren. Man konnte sie anstecken, was die Stimmung noch realer machte.

Fertig war »die Burg«. Aber wo war der Feind? – Der stellte sich aus der weiteren Nachbarschaft bald ein, denn unser Tun blieb nicht unbemerkt. Über die Felder näherte der sich, während wir gut versteckt auf ihn warteten. Auf Pfeillänge heran, griffen wir die drei Invasoren an. Ich zielte und traf einen direkt ins Auge. Viel Geschrei und ein großer Schreck bei mir. Am Ende ging alles noch glimpflich ab. Die Holunderspitze verhinderte, dass der Pfeil ins Auge eindrang. So wurde es nur ein dickes »blaues Auge«. Auf eine Anzeige wurde verzichtet, sodass auch ich sozusagen »mit einem blauen Auge« davonkam.

Zwischen dem Haus von Monséns und unserer Burg floss ein kleiner schneller Bach. Irgendwann im Sommer oder Herbst fand das sogenannte Krebsfest statt. Die Süßwasser Krebse mit scharfen Scheren lebten in dem Flüsschen und nur zu dieser ganz genau festgesetzten Zeit durften sie gefischt werden, weil sie dann schon ihre Eier abgelegt hatten und die nächste Generation gesichert war. Krebse mögen faules Fleisch. Also legten wir einige Fische für Tage in die Sonne, bis sie stanken, zerteilten sie in kleinere Portionen und knoteten diese in der Mitte eines Senknetzes fest, das mithilfe einer Stange ins Wasser gelassen wurde. Vom Ufer aus verteilten wir so etwa 20 runde Netze, gingen dann wieder an den Anfang und zogen die Netze ganz schnell aus dem Wasser. Da waren die Krebse, die sich sofort daran machten, zu fliehen. Man musste beim Fangen sehr vorsichtig sein, denn mit den beiden Scheren konnten die Krebse sich sehr gut wehren.

Die Beute wurde sofort in die Küche gebracht und in kochendes Wasser geworfen, das mit allerlei Gewürz vorbereitet war. Ich erinnere mich nur an den in Schweden sehr beliebten Dill.

Das Krebsfleisch ist lecker, aber man muss schon Geduld mitbringen, denn die wehrhaften Tiere sind rundherum gut gepanzert und die harte Schale knackte man mit kleinen Holzhämmern. Krebsessen ist eine Zeremonie in Schweden und geht einher mit viel Alkohol und lustigen Trinksprüchen. Ich kann mich erinnern, dass man schon zu Brot und anderem Essen greifen musste, um satt zu werden. Vom Krebsfleisch allein war das kaum möglich.

Im Sommer zog die Familie in ihre Sommervilla, an einem Arm des Väner-Sees gelegen. Die nach Kristinehamn bestimmten Handelsschiffe mussten etwa 50m entfernt an der Villa vorbeifahren, die zur Hälfte auf Pfeilern auf massivem Felsen im Wasser stand. Zu erreichen war das Haus problemlos nur von der anderen Seite des Wasserarms mit einem Ruderboot. Wenn dieses bei der Villa angebunden war, musste man sich durch Pfeifen oder Rufen bemerkbar machen, damit man abgeholt wurde. Es gab auch noch ein größeres Kabinenmotorboot, mit dem wir auf dem riesigen Vänersee Fahrten machten. Das lag in einer kleinen Werft, von denen es damals noch viele gab. Der See ist übersät mit größeren und kleineren felsigen Inseln. Manche sind bewohnt, andere nicht. Wir fühlten uns wie Seeräuber oder Entdecker, wenn wir auf einer Insel landeten, um an einer kleinen Bucht mit viel Schilf zu angeln. Fische gab es genug, vor allem Raubfische wie Barsche, die wir sofort ausnahmen und über einem kleinen offenen Feuer brieten. Wenn man Hechte fangen wollte, musste man am Schilf Schnappköder mit aufgespießten kleinen Fischen anbringen, die am folgenden Tag dann kontrolliert wurden. Hechte aß ich nicht gern. Sie waren mir zu trocken und hatten zu viele Gräten.

Da es in der Sommervilla keine Kanalisation gab, musste man zur Notdurft auf den Donnerbalken. Monséns hatten dazu ein Häuschen mit einer Tür gebaut. Innen war eine lange Bank mit drei Löchern für das »Geschäft«. Über denen ließ man sich nieder. Darunter standen, von hinten außen zu erreichen, drei hohe große Zinktonnen. Turnusmäßig mussten alle Bewohner der Villa ran, um die zu leeren. Ja, aber leeren wohin? War da ein Abholservice oder wurden unsere Hinterlassenschaften irgendwo im Wald verscharrt? Ich kann mich nicht mehr erinnern.

Im Herbst sammelten wir Preissel- und Blaubeeren im Wald, in Norddeutschland auch Bickbeeren genannt. Dazu kamen Pilze, vor allem Pfifferlinge. Die sehr druckempfindlichen Blaubeeren mussten vorsichtig von Hand gepflückt werden. Während es für die Preisselbeeren eine Art Pflückschaufel gab, die vorne lange, elastische Drahtfinger hatte, mit denen man durch die niedrigen Büsche bürstete. Die roten Beeren fielen in den hinteren geschlossenen Teil der Schaufel.

Wenn im Winter der See zugefroren war, begann eine weitere Angelsaison. Man fuhr mit dem »Spaken«, einem Tretschlitten mit einem Haltebarren. Der Schlitten hatte zwei lange Kufen. Auf einer davon stand man mit einem Fuß, während man mit dem anderen Fuß, mit Spikes darunter, den Schlitten antrat. Vorn gab es einen Sitz.

Weit ging es auf den See hinaus. Brote mit fettem Belag, eine große Thermosflasche süßen Tee, sowie die Angelausrüstung bestehend aus Eispicker, »Pimpelspö« und Ködern vervollständigten die Ausrüstung. Ich selber war warm und so dick verpackt, mit einer gefütterten Kapuze, wie sie die Eskimo tragen, dass ich mich kaum rühren konnte. Das musste sein. Auf dem Eis und ohne irgendwelchen Windschutz bliess ein starker Wind, der einem die Eiskristalle ins Gesicht schleuderte. Viele Erwachsene, die diese Angeltouren machten, hatten noch einen speziellen Aufwärmer dabei, den in Schweden so beliebten »Snaps« oder Akvavit, aus Kartoffeln destilliert. Wie alle Alkoholika gab es den nur gegen einen Trinkerausweis in besonderen staatlichen Geschäften, »Sistembolaget« genannt. Die gekauften monatlichen Mengen waren limitiert und wurden auf dem Ausweis eingetragen und wenn der Konsument gegen »die Regeln« verstoßen hatte, konnte der Ausweis eingezogen werden. Für die saufbegeisterten Schweden eine schlimme Strafe.

Der »Pimpelspö« ist ein etwa 40 bis 50 cm langes Holz, zur Hälfte am Griff rund und hohl (innen bewahrt man den Angelhaken auf) und nach vorne hin nach unten gebogen, wie die Hälfte eines Flitzebogens. An der Spitze befindet sich im Holz ein Loch, durch das die Angelschnur gefiert wird, die im runden hinteren Teil um zwei hochstehende Stifte gewickelt ist. Hatte man sich für die Angelstelle entschieden, wurde mit dem Pickel ein etwa 10 cm großes Loch ins Eis gestoßen. Vor solchen Luftlöchern sammelten sich die Fische auf der Suche nach mehr Sauerstoff, sodass man eigentlich nie erfolglos angelte.

Die Angelrute, mit einem Stück Fisch als Köder gespickt, wurde nun ins Wasser hinabgelassen. Ein Bleigewicht sorgte dafür, dass man die Grundberührung spürte. Jetzt musste man die Schnurlänge so festsetzen, dass der Köder etwa 10cm über Grund hing. Die Fische wurden durch eine Auf-und-Ab-Bewegung der »Pimpel-spö« auf den Köder aufmerksam gemacht und es dauerte meist nicht lange, bis ein heftiges Ziehen vom Anbiss kündigte. Nun wurde die Schnur langsam und stetig eingeholt, über die beiden Stifte in Achterschleifen fest-gemacht, bis die Beute im Eisloch erschien. Meist waren es Barsche, mit ihrem quergestreiften rot-grün-braunem Schuppenkleid, zwischen 20 und maximal 40 cm Länge. Ganz, ganz selten waren sie grösser. Ein Schlag auf den Rücken direkt hinter dem Kopf beförderte die Beute ins Jenseits. Man ließ sie auf dem Eis neben dem Loch liegen und die Temperatur sorgte dafür, dass sie innerhalb von Minuten starr gefroren waren.

Und weiter gings: neuer Köder, neues Anglerglück. Alle zehn Minuten ein erfolgreicher »Hohl«. Ein Blick auf die Uhr und den Himmel! Dunkle Wolken, die sich jagten? Heftigere Windböen fegten über das Eis? Zeit, den Rückweg anzutreten, denn es wurde außerdem sehr früh dunkel. Oft schon um 4 Uhr nachmittags begann die Grauphase, bis es zwei Stunden später wirklich dun-kel war, bis zum nächsten Morgen um neun.

Die Sommervilla wurde im Winter mit Eis versorgt, das über das ganze Jahr vorhielt. Dieses Eis wurde in Barren aus dem zugefrorenen Vänersee gesägt und in einem speziellen, in die Erde gegrabenen Keller eingela-gert: eine Lage Sägemehl, eine Lage Eis und so weiter. An einen Kühlschrank kann ich mich nicht erinnern.

Natürlich durfte man in Schweden den Wintersport nicht vergessen, aber dafür war ich wirklich nicht zu gebrauchen. Zu schwächlich, zu langsam. Es ging um

Eishockey, wo sich die Rabauken so richtig austoben konnten, mit Bodychecks, Stockschlägen und was es da alles an »dirty tricks« gab. Da ich schon nicht mehr ausgeschlossen wurde, stellten sie mich ins Tor und es war wohl allen klar, dass es nur funktionierte, wenn sie den Gegner schon weit vor einem Torschuss abfangen konnten. Ich war viel zu langsam und hatte auch Angst vor der Haltgummischeibe, Puck genannt. Damals kämpften die Teams noch nicht wie heute, als gepanzerte Eisritter. Andererseits waren die Schüsse der Jugendlichen auch nicht so brutal. Trotzdem: ich habe Verletzungen gesehen, die mir Eishockey nicht sympathischer machten.

Eines Tages kam bei meinen Eltern das Thema auf den Tisch: in Schweden bleiben, die deutsche Staatsangehörigkeit aufgeben, Schwede zu werden? Für meine Mutter und mich inzwischen überhaupt keine Frage mehr. Wenn es denn beschlossen würde, wollten wir uns in Schweden für immer einrichten! Auslöser für die Debatte war, dass Kunibert Krüger als Ausländer nicht Kapitän auf einem schwedischen Schiff werden konnte. Aber wozu hatte er sein Kapitänspatent denn nachgemacht. Welche Wartezeit er eventuell hätte einrechnen müssen, um Kapitän bei einer eher kleinen Handelsmarine zu werden nach Erlangung der Staatsangehörigkeit, erfuhr ich nie. Ich glaube heute auch, dass er nach Deutschland zurückwollte. Einige unschöne Dinge, die sich an Bord zugetragen hatten, und von denen ich erst viel später erfuhr, trugen wohl dazu bei. Er hatte zum Beispiel einem Quälgeist aus der Mannschaft das Handgelenk gebrochen, weil der ihn immer wieder gepiesackt hatte. Der Fall wurde als Notwehr behandelt und eingestellt, aber der Arbeitsfriede an Bord war dahin. Und aus Bremen und Hamburg brachte er von seinen Fahrten hoffnungsvolle Nachrichten. Die deutsche Handelsflotte! Werften hatten die Auftragsbücher voll, die Aufholjagd einer ehemals stolzen Schifffahrtsnation hatte begonnen. Und Kunibert Krüger wollte dabei sein.

Schweden war für mich damals das Paradies. Ich hatte nach einem Jahr in der Schule bei einem nationalen Wettbewerb von »Radio Sverige«, dem staatlichen Rundfunksender, den höchsten Preis der Schule bei einem Wettbewerb gewonnen. Als Ausländer, der ein Jahr zuvor noch nicht mal schwedisch sprechen konnte. Das Thema lautete: Was tue und werde ich, wenn ich einmal groß bin? Ich ging die Frage ganz pragmatisch an. Natürlich würde ich die hellblonde Maria (die jüngere Schwester meines Freundes Claes Monsén), heiraten, wir würden zwei Kinder haben und so weiter. Warum die Zensoren das für was Besonderes hielten, weiß ich nicht. Vielleicht war es die Zielstrebigkeit, mit der ich mein Leben plante?

Wir zogen von Schweden wieder einmal um, zurück in unsere Heimatstadt Bremen, in die Worpsweder Strasse 66, in ein neu errichtetes mehrstöckiges Mietshaus, zweite Etage, auch im Findorff gelegen. Kleinbürgertum, schon nicht mehr Eisenbahnersiedlung, aber immer noch im selben Stadtteil. Unsere Nachbarn waren Beamte wie Polizisten, Bäcker, Kleinunternehmer und so weiter. Wenn man aus dem Fenster sah, blickte man auf die Fassade der Nachbarhäuser gegenüber oder in den tristen Hinterhof. Nach vorne raus waren die Grundstücke auf der anderen Straßenseite noch nicht wieder bebaut. Im Keller gab es noch einen Abstellraum, in den von außen durch ein kleines Fenster in Bodenhöhe Kohle geschaufelt werden konnte oder Kartoffeln für den Winter.

Ich hatte zum ersten Mal mein eigenes Zimmer, etwa 3-mal 2m, mit einem Balkon nach hinten raus in den tristen Hof. Darin stand ein zum Bett ausklappbares Sofa, ein alter eichener dunkler Bücherschrank, ein Stuhl und ein Aquarium, das ich mir lange gewünscht hatte und die ersten Fische brachte ein Onkel Menner, Professor der Biologie in der DDR, mir in wasserfesten Tüten mit. Dieser Prof hatte den Übergang vom Dritten Reich zur DDR offenbar mühelos geschafft, denn er war dem Regime wichtig und wurde für seine Arbeiten mit Westreisen belohnt. Nach meiner Erinnerung soll er während der Hitlerzeit an einem optischen Projekt gearbeitet haben, das es ermöglichen würde, die Schärfe des Adlerauges auf Linsensysteme für Kameras zu übertragen. Die Luftwaffe war daran sehr interessiert.

Qualjahre

Ich merkte es nicht, aber hier in dieser ganz neuen Etagenwohnung wurden einige wichtige Weichen für mein weiteres Lebens gestellt.

Es war an der Zeit, für meinen schulischen Übergang. Ganz bewusst, meine ich heute, hat meine Mutter das gesteuert. Sie hatte schon immer einen Hang »zu den Akademikern«. In der Familie gab es keinen. Obwohl inzwischen mit Kunibert Krüger verheiratet, der nur über eine Privatschule das »Abi« geschafft hatte, nicht wegen fehlender Fähigkeiten, sondern wegen Indisziplin und anderer Eskapaden, sollte ich wohl nun das Opfer der Mutterambitionen werden. Natürlich konnte ich das nicht so klar sehen wie heute, aber es ist wohl doch ganz schlüssig.

»Tiere magst du doch? Du hattest schon Hamster, Weiße Mäuse, Schildkröten (die Landschildkröte hatte Vater Kunibert in der Türkei gekauft und nach Bremen geschmuggelt, wo sie in ein ganz anderes Klima kam, das sie völlig durcheinanderbrachte und schließlich tötete, trotz viel Liebe und Zuwendung).« Biologie ist bestimmt richtig.

Na, jedenfalls ging die Diskussion Richtung Sprachen, die man als Biologe beherrschen musste, also Latein! Und da gab es nur zwei Bildungsanstalten in »erreichbarer Nähe« und ich wurde im Gymnasium Am Barkhof eingetragen. Welche Kriterien meine Mutter dabei verfolgte, lässt sich heute nicht mehr feststellen, aber ich hätte es zu einem anderen Gymnasium etwas näher gehabt.

An die Einschulung habe ich überhaupt keine Erinnerungen, nur sehr, sehr deutlich an das, was dann in den nächsten Jahren folgte und meine Einstellung zur Schule in ihrer damals praktizierten Form, mit ja, Abscheu und Renitenz, erfüllte. Aus der Reihe der Lehrer Am Barkhof hoben sich nur zwei positiv ab, die aber den Gang der Dinge nicht ändern konnten: Stuckert, unser Geschichtslehrer, und der als »Klima-Müller« von vielen verehrte Klassenlehrer. Die schlimmsten waren Rasthede (Englisch) und Plättner (Latein). Ich hätte keinerlei Bedenken, deren »Angedenken« noch mal einen Kübel Jauche überzukippen. Denn wie kann es sein, dass ich in Geschichte Klassenbester war, in Englisch Gut hatte, und mit dem Lehrerwechsel ganz plötzlich in den Keller rutschte. Für mich ein ganz klarer Fall: Ich kam aus dem falschen Nest und wurde gemobbt. Ich war der Einzige, der jeden Schultag eine für Kinder enorm lange Strecke laufen musste, die Admiralstrasse runter, dann neben dem Schlachthof entlang an der Bürgerweide bis runter zum Lettow-Vorbeck-Denkmal, dann an einem Gymnasium vorbei weiter bis zum Am Barkhof. Für ein körperlich nicht so gut entwickeltes Kind eine enorme Strecke. Aber wen interessierte das schon? Nicht mal meine Mutter. Ich war immer allein, auf dem Hinweg und auf dem Rückweg und musste an dieser stinkenden Schlachthofs Grenze vorbei, wo morgens die Leute um »Freifleisch« anstanden oder um Bullenhoden, für einige soll das eine Delikatesse sein.

Am Barkhof öffnete sich mir eine ganz andere Welt. Die Schüler waren anders und ich sehr vorsichtig mit Freundschaften. Kein Wort, woher ich kam. Die Schüler waren sich selber ihrer privilegierten Positionen gar nicht bewusst, glaube ich. Wir waren noch Jugendliche. Das da interessierte nicht.

Das große »Schisma« kam ganz leise. Ich jedenfalls merkte das nicht. Der Lehrstoff wurde intensiver, komplizierter. Hausaufgaben mussten erledigt werden. Und da rutschte ich sehr schnell ab, ohne es zunächst zu bemerken. Vor allem bei Mathematik und Latein. Meine Mitschüler hatten, was ich mir nicht mal erträumen konnte: Eltern, die eine akademische Bildung besaßen und es bei den Hausaufgaben an ihre Kinder weitergaben. Was hatte ich? Nichts! Ich hörte immer nur: hast du deine Hausaufgaben gemacht? Niemals: lass doch mal sehen, wo ich da vielleicht helfen kann. Meine Mutter war absolut unbrauchbar für meine Nöte. Ihre Defizite eingestehen tat sie nicht. Was machten wir? Nachhilfe-Lehrer holen. In Englisch, keiner in Latein, wenn ich mich recht entsinne. In Mathe auch nicht. Wenn Vater Kunibert mal zuhause war, fragte er mir lateinische Vokabeln ab. Er hatte ein enormes Gedächtnis und erinnerte sich an seine eigene Schulzeit. Nicht so gut fand ich, dass er mich nachts weckte, um Vokabeln abzufragen! Meine Mutter schnappte da einige Worte auf und brachte sie unter unsere Gäste.

Trotzdem gab es positives vom Am Barkhof zu berichten. Die geplanten eigenen Theater-Aufführungen, zum Beispiel »Warten auf Godot«. Mein Schulkamerad

Jürgen Dickomeit mimte einen der Wartenden so schön, das man glaubte, gleich müsse Godot aus den Kulissen treten.

Meine Leistungen wurden schlechter und schlechter. Kurz vor Weihnachten harrte man auf die sogenannten »Blauen Briefe«, die ankündigten, dass man wohl nicht mehr versetzt werden würde. Konsequenz: Wiederholung. Nach dem ersten Jahr schaffte ich es gerade noch. Da waren noch die guten Noten in Geschichte und Englisch. Dann folgte der Lehrerwechsel, wie schon beschrieben. Am schlimmsten war der Englischlehrer Rasthede, ein dicker Mann, der unter Schuppenflechte litt und auch noch einen dunklen Anzug trug. Seine Haut am Hals und den Armen und der Jacke war voller Schuppen. Der dunkle Untergrund seiner Kleidung machte es nur noch schlimmer. Er sah schon eklig aus, aber durch seine Art, zu drangsalieren, forderte er mich heraus.

Klassenarbeiten: wann begann der Betrug? Als zwischen den Erwartungen meiner Mutter und den »schulischen Leistungen« ein zu großer Abgrund aufriss? Als es unmöglich wurde, das von zuhause erwartete Ergebnis mit der Realität zu vereinen? Bei Klassenarbeiten, die eine fünf oder sechs brachten, mussten die Schüler die Note im Heft zuhause von den »Erziehungsberechtigten« unterschreiben lassen und dann dem Lehrer vorlegen. Ich fälschte offenbar sehr gut die Unterschrift meiner Mutter und damit war erst Mal Ruhe. Dachte ich.

Meine Mutter benutzte schon lange ein neues Drohpotential: warte nur bis Vati (!) kommt, dann kriegst du deine Tracht. Ich war inzwischen adoptiert und hieß ganz offiziell Krüger. Die Strafen wurden addiert und betrafen irgendwelche nicht befolgten Befehle. Nur, der zum Vater aufgerückte wollte sich nicht als Vollstrecker verstanden wissen und ich hörte ihn auch ganz klar sagen: »Herta, der Junge darf keine Angst vor mir haben. Was du da an Problemen hast, musst du selbst mit ihm lösen.« Na, prima! Endlich mal jemand, der ihre Flügel stutzte.

Manchmal musste auch Opa August als Vollstrecker ran. Er legte mich übers Knie und verpasste mir einige Schläge auf den Hintern. Das hatte ein abruptes Ende, weil ich ihn in die Wade biss.

Unten im Haus in der Bäckerei arbeitete ein Ehepaar. Wir hatten privat viel Kontakt. Die Bäckersfrau arbeitete mit einem Türken. Der Mann machte die Auslieferung. Er hatte eines der ersten Autos in unserer Nähe, eine Isetta, mit der Tür, die nach vorne aufging. Fahrer und Beifahrer mussten sich erst mal reinsetzen, dann zog der Fahrer die Tür zu. Fertig. Man saß da und hatte vor sich nur das Blech der Tür und den Lenker. Der Motor sass hinten.

Dieser Bäcker war schwul, wahrscheinlich überließ er seine Frau dem Türken, um die Tatsache zu übertünchen. Jedenfalls näherte er sich mir über seinen Gesang mit der Gitarre und fing mich ein. Aber es dauerte noch lange, bis wir wirklich zu einer »händischen Sexualität« kamen. Da wohnten wir bereits im von meiner Mutter angestrebten neuen Stadtteil Gartenstadt Vahr. Vor den geforderten Intimitäten habe ich regelrechten Ekel gehabt. Der Bäcker gab sich Mühe, diese Phase zu überwinden, aber es half nichts. Den Ekel habe ich bis heute.

Die schulische Situation wurde nicht besser. Die schlechten Noten häuften sich und dann war »das Maß« wohl voll. Im Herbst plante ich die Flucht, weg von zuhause. Mit wem? Viele Freunde hatte ich nicht. Aber es gab sie, In der Nähe hatte ich mich mit einem Schüler angefreundet, der von seinem besoffenen Vater oft geschlagen wurde und von der Mutter keine Hilfe erfuhr. Außerdem hatte ich mit ihm schon einige Süßwaren- und Zigaretten-Automaten geknackt, um deren Inhalt zu verkaufen und das machten wir so:

Wir fanden jemanden, der DM-Münzen an der Kante mit einem ganz dünnen Elektrobohrer anbohren konnte. Den Rest machten wir selbst, mit Glühdrähten von Brotröstern. Die waren resistent, sehr dünn und wir steckten sie in das Loch im Münzenrand und hämmerten es zu. Der praktische Test: Den Fall der Münze bis zur internen Waage des Automaten so zu kontrollieren, dass das System die Sperre freigab, ohne dass man die Münze verlor. Es klappte vorzüglich, oft, und wir wurden dann auch leichtsinnig. Jemand beobachtete uns. Na, gekriegt haben sie uns nicht. Jeder sprintete in eine andere Richtung davon. Da der »Feind« hinter mir her war, entledigte ich mich meiner Werkzeuge. Erst flog eine Zange über irgendeinen Zaun, dann der Draht, bis nix mehr war.

Im Frühherbst war es dann soweit. Wir beide beschlossen, mit unseren Fahrrädern zu flüchten. Etwa eine Woche Vorbereitung und ich hatte meinen Teil beisammen:

einen Kochtopf, trockene Erbsen, Nudeln, Streichhölzer, Bratpfanne, eine Decke, eine Zeltplane und noch was weiß ich für Kleinkram. Offiziell wollte ich zu einer Fahrt in die Lüneburger Heide oder ins Teufelsmoor. Das weiß ich nicht mehr. Das Wetter war stabil. Wir kamen trotz unserer schwer beladenen Räder gut voran.

Die erste Nacht verbrachten wir nahe Lübbecke im Wald. Wir wollten ja nach Süden, also wohl Italien als Ziel oder so was. Darüber wurde nie gesprochen, nur dass wir wegwollten. Diese Nacht war kalt. Unser Platz lag etwas oberhalb einer Straße, auf der die ganze Nacht Verkehr herrschte. Wir kamen kaum zum Schlafen. Unser sogenanntes Zelt war nur eine Plane, nix darunter und keinen Schutz vor Wind und Feuchtigkeit. Es nieselte.

Am Morgen war von unserer Bereitschaft, in der Natur zu übernachten, schon nicht mehr viel übriggeblieben. Wir sattelten unsere Räder und mein Begleiter meinte, er wüsste eine Jugendherberge in der Nähe, wo wir mal so richtig gut ausschlafen könnten. Dort kamen wir nachmittags an und wurden freundlich aufgenommen. Kaum hatten wir uns in einem Zimmer mit Stockbetten eingerichtet, klopfte es an der Tür. Ob ich, Hans-Erich, mal rauskommen könnte. Meine Mutter sei am Apparat. Schock! Kalte Dusche!

Der Wortwechsel war ganz kurz. Ich solle sofort freiwillig zurückkommen, sonst würde die Polizei mich bringen. Kein Versprechen auf Pardon oder sowas. Meine Mutter klang so, als ob sie durch meine Flucht beleidigt worden sei und dabei blieb sie auch später. Am nächsten Morgen sattelten wir also unsere Räder und zurück ging es nach Bremen.

Ich erinnere mich noch gut wie mein Eintreffen war. Mutter machte kommentarlos die Tür auf und setzte ihre Hausarbeit, Teppich saugen, fort, ohne mich weiter zu beachten. Als ich später auspackte, sagte sie nur, den Topf hätte sie als erstes vermisst und schon geahnt, dass irgendwas nicht stimmen konnte. Damit war das Thema »Flucht« erledigt und wurde lange nicht mehr erwähnt. Da die Polizei eingeschaltet worden war, musste ich ins Präsidium und versprechen, sowas nicht noch mal zu machen. Die Ursachen für mein Ausreißen tauchten aber schon sehr bald auf. Zu Weihnachten, ausgerechnet, gab es den gefürchteten »blauen Brief«, in dem stand, ich würde das Klassenziel wohl nicht erreichen. Und Ostern war es dann soweit: sitzen geblieben! Und mitten im folgenden Jahr zeigte sich, dass meine Lücken auch durch Wiederholung nicht mehr zu schließen waren, trotz Nachhilfeunterricht, selbst in Englisch, einem Fach in dem ich eigentlich nie schlecht gewesen war. Eine Welt brach zusammen, nicht bei mir. Dabei hatte mein letzter Klassenlehrer Am Barkhof, Müller, den wir Klimamüller nannten, weil er immer so schön sonnenbraun war, meiner Mutter mehr als einmal versichert, ich könnte es gut schaffen, aber warum das nicht funktionierte, wusste er auch nicht. Dabei war es so einfach: ich hatte es satt, wollte keine Lehrer und keine Schulen mehr sehen. Aber ganz ohne ging es ja nicht. Einen regulären Abschluss musste ich schon machen, das war mir klar.

Ich ging ab und auf die Mittelschule An der Regensburger Straße. Nahe bei unserer Wohnung und dort konnte ich in den zur 10. Klasse fehlenden knapp 2 Jahren meine schlechten Noten wett machen, zugegebenermaßen allerdings durch teilweises Abschreiben bei gutmütigen Mitschülern. In diese Zeit fiel auch die Diagnose zu meiner Sehstärke. Ich hatte es schon länger gemerkt, dass ich beim Ablesen der Tafel im Klassenzimmer die Augen zusammenkneifen musste. Dass ich von jetzt ab eine Brille tragen musste, empfand ich als Katastrophe. Die machte mich noch verletzlicher, als ich wegen meiner geringen Körperkräfte sowieso schon war.

Meine Mitschüler waren der typische Durchschnitt des Findorffs. Und Umgebung. Die Eltern kleine Leute. Wer eine Bäckerei hatte, was schon was Besonderes. Zwei oder drei hoben sich durch ihre Aggressivität von den anderen ab und nahmen sich immer dieselben Opfer vor, die verprügelt wurden bis sie bluteten. Ohne irgendwelchen Anlass. Die anderen kuschten vor diesen Brutalos, wofür ich mich noch heute schäme. Leider war ich körperlich nicht in der Lage einzugreifen. Wenn der Lehrer den Klassenraum betrat und das Blut sah, wurde behauptet, das Opfer sei gegen die Tür gelaufen oder sowas.

Einer meiner Freunde war Dieter Hermans. Er wohnte mit seiner Mutter und mehreren Geschwistern am Weidedamm. Die Familie war katholisch und damit eine Minderheit in Bremen. Wir heckten zusammen einige Geschäfte aus. Zum Beispiel kauften wir die damals sehr begehrten Naylonhemden (pures Naylon: waschen, aufhängen und wieder tragen). Die Zahl der Abnehmer war für uns Schüler natürlich begrenzt und daher bot ich die Hemden auch bei mir zuhause an. Mein Vater kaufte. Als er jedoch erfuhr, dass ich auf den Einkaufspreis meinen Gewinn aufgeschlagen hatte, kippte die Stimmung. Er meinte, sowas gehöre sich nicht, bei den eigenen Eltern noch Gewinn machen zu wollen. Verständnis habe ich dafür bis heute nicht.

Ein weiterer Markt waren Schallplatten. Wir fanden heraus, dass die Platten der Musikautomaten in regelmäßigen Abständen ausgetauscht und die »alten« Platten vernichtet wurden. Einige Wirte hatten nichts dagegen, dass wir uns die besonders guten Titel aussortierten und daraus machten wir jeweils ein Musikpaket von etwa fünf Platten und verkauften die. Wie alles in der schnelllebigen Zeit damals, ging das einige Wochen gut und dann war ganz einfach Schluss.

Stets auf der Suche nach einer Aufbesserung meines Taschengeldes, kam Roulette an der Schule in Mode. Ich hatte mir zu Weihnachten ein Roulette mit allem Zubehör schenken lassen und probierte es nach der Schule aus, wobei ich meistens die »Bank« hielt und die Schulkameraden spielen ließ. Nach Meinung von »Experten« verlor die Bank fast nie. Und so war es auch. Beim Kasse machen blieb immer etwas übrig. Schnelllebig wie diese Zeit damals war, verlor das Roulette bald seine Attraktion und landete dann irgendwann in einer Ecke und verstaubte.

Noch während der Schulzeit lernte ich auf einer Klassenreise ins Weingebiet von Rhein und Mosel Ursula Schmidt näher kennen, eine etwas kleinere, rundliche, sehr energische Mitschülerin. Sie lebte ebenfalls im Findorff, nur mit ihrer Mutter zusammen und mit einem älteren Bruder. Der Vater hatte sich irgendwann davongemacht.

Sie war künstlerisch begabt und hob sich von den eher rüden Mitschülern ab. Über Bücher kamen wir uns näher. Ich las schon immer gerne Abenteuerbücher und über Tiere und hatte auch schon kleine Geschichten geschrieben, die in den »Bremer Nachrichten« abgedruckt wurden. So Geschichten über Igel, Hamster, Weiße Mäuse und Schildkröten. Es war die Zeit, als ich meine Liebe zur klassischen Musik entdeckte, zunächst die Opern von Mozart, Verdi und Puccini. In unserem Wohnzimmer stand eine kombinierte Radio-Musiktruhe, wie sie damals modern waren.

Erste »Erfahrungen« mit dem anderen Geschlecht kamen dazu. In einer nahen Straße wohnte das Mädchen Helma, die ich über ihren Vater kennenlernte, der wie ich, ein Aquarium hatte. Bei dem machte ich mich schlau, wenn Fische bei mir krank wurden oder ein Wechsel beim Futter angezeigt war. Helma war drall, 14 Jahre alt, strahlte Sexualität und Körperschweiß aus und war einem »Quicky« gar nicht abgeneigt. Sie erzählte mir, dass sie von ihrem Onkel entjungfert worden war.

Aber wie sollten wir es anstellen und wo? Der ideale Anlass wurde das Verleihen von Büchern an sie, die sie sich bei mir abholte, wenn meine Mutter nicht da war. Es waren aufregende Momente, ohne Präservativ (Koitus interruptus) und immer in der Erwartung, Mutter könnte zurückkommen. Helma war allzeit bereit und ich fand es toll. Präservative gab es ohnehin fast nur in Pissoir aus dem Automaten (Werbespruch: »Männer, schützt eure Gesundheit!«) und die waren noch nicht so sensitiv wie heute.

Zu den Haustieren in der Worpswede Straße gehörten außer Fischen noch ein Wellensittich, Hansi genannt, und eine türkische Landschildkröte. Die hatte Vater Kunibert von einer Levantefahrt mitgebracht. Er fuhr damals mit seinem Schiff der Argo-Reederei Länder wie Griechenland, Türkei, Libanon und Ägypten an. Waren Frachten für Israel an Bord, wurde ein zweites Bordbuch benutzt, denn die arabisch sprechenden Länder verweigerten Schiffen, die Israel anliefen, die Einfahrt.

Sobald Vater in Bremen war, war High Live bei Krügers, das begann schon in der Worpsweder Straße und setzte sich später in der Gartenstadt fort. Eltern und Freunde hatten einen guten Zug, rauchten stark. Und wenn Hansi auf meiner Schulter auftauchte, führte mein Vater »sein Kunststück« vor. Er setzte Hansi auf den Rand seines Cognacglases und hielt es etwas schief, sodass der neugierige Vogel seinen krummen Schnabel eintauchen konnte. Beim zweiten Mal war er bereits so »blau«, dass er kopfüber reinstürzte. Mein Vater fand das sehr lustig. Ich war empört, zog ihn schnell am Schwanz heraus und hastete in meine Zimmer, um ihn zu säubern und mich auszuweinen.

Im März 1957 wurde ich in der St. Michaelis-Luthergemeinde konfirmiert. Unser Pastor Hackländer, ein starker Mann mit vollem Kinnbart, hatte seine liebe Not mit seinen Schülern, die während seiner Lehrstunden nichts als Unsinn im Kopf hatten. Aber er wusste sich durchzusetzen, indem er seine große, schwere Bibel mit festem Griff packte und sie Ruhestörern gegen den Kopf knallte.

Zur Konfirmation gehörte das Familienfest. Wichtige Geschenke waren ein Siegelring mit Stein und eine Armbanduhr. Beides hatte ich vorher noch nicht besessen. Diese und Geschenke von Freunden und Nachbarn der Eltern waren sehr wichtig, vor allem für mich.

Wie der Name schon sagt, ist ein Siegel auf dem Ring. Oder sollte es sein. Wir hatten aber gar kein Siegel, folgten also nur der Mode. Mein Stein war »nackt«. Es kann auch sein, dass das Geschenk auf meinen Vater zurückging. Der besaß einen Siegelring. Ich weiß nur nicht, ob darauf ein Siegel war, meistens das Familienwappen. Dieses Detail war mir damals wohl nicht so wichtig. Das änderte sich erst sehr viel später und seitdem fristet der Ring in einer dunklen Ecke eines Schrankes vor sich hin.

Die Religion spielte bei uns zuhause keine Rolle. Vater lehnte sie ab, sprach jedoch nie darüber, warum. Und so gab es auch keinerlei christlichen Wandschmuck. Aus meiner Kinder- und Jugendzeit kann ich mich an ein einziges Mal erinnern, dass ich mit meiner Mutter zusammen in der Kirche war.

Umzug in die Gartenstadt

Das muss im Jahre 1956 gewesen sein. Zum ersten Mal sollten wir in einem eigenen Haus wohnen, einem Reihenhaus mit Keller, 1. Stock und ausbaufähigem Dachgeschoss. Bardowick Straße 99, Gartenstadt, lautete die Adresse. Baugespart hatten meine Eltern darauf schon länger. Aber es war meine Mutter, die das anstrebte, denn meinem Vater war es egal. Er hat mal gesagt, man könne auch ganz gut zur Miete wohnen. Natürlich war der Kauf finanziert, aber zu erträglichen Konditionen, wenn man nicht gerade arbeitslos wurde. Diese Gefahr bestand bei uns nicht. Meine Mutter ging wieder arbeiten, sodass die finanzielle Belastung erträglich war. Sie suchte wohl auch Bestätigung, denn Hausfrau allein wollte sie nicht sein.

Im neuen Heim ergaben sich die Kontakte zu den Nachbarn fast von selbst. Die Gärten vor und hinter dem Haus hatten keine oder nur niedrige Abgrenzungen. Man sprach miteinander beim Pflegen der Pflanzen. Der kleine Traum meiner Mutter ging in Erfüllung. Um uns herum »gehobenes« Bürgertum: Lehrer, Werbefachleute, Zahnarzt, Kapitäne, Journalisten oder Pensionäre. Aber auch hier machte sie Unterschiede. Die Aktiven wurden bevorzugt.

Ein stetes Problem war das Taschengeld. Mir erging es wohl wie fast allen Jungen: man hatte immer zu wenig. Also sah ich mich nach einer neuen Quelle um. Die fand ich im Bremer Hafen. Jeden Morgen wurden zusätzliche Arbeitskräfte eingestellt, wenn die fest angestellten es nicht schafften. Ich stellte mich da also in meiner Freizeit an und wurde, wenn ich Glück hatte, eingeteilt. Bei Arbeitsschluss erfolgte die Bezahlung auf die Hand. Es war schwere Arbeit: Säcke auf Karren aus Eisenbahnwaggons heraus in die Lagerschuppen fahren und das im »Dalli-Dalli-Tempo«. Das machte ich einige Monate mit, denn es musste sich ja mit meinen Schulzeiten vertragen, also meistens am Wochenende.

In dieser Zeit fand flächendeckend die erste Schluckimpfung gegen Kinderlähmung in Bremen statt. Meine Mutter begleitete mich. Zeitverzögert sollte noch die zweite Impfung folgen. Daran habe ich aber keinerlei Erinnerung. Darauf irgendwann sehr viel später angesprochen, reagierte meine Mutter schroff, als wenn ich sie bei einer Unregelmäßigkeit ertappt hätte. Sie wisse das nicht mehr. Wo denn die Unterlagen über meine Impfungen seien? Wisse sie nicht, war die Antwort. Das roch stark nach Nachlässigkeit. Ich weiß bis heute nicht, gegen was ich in der Kindheit geimpft wurde. Fragen von Ärzten aus späteren Jahren, was ich über Krankheiten meiner Eltern und Verwandten wisse, musste ich immer mit einem Kopfschütteln beantworten, denn ich wusste wenig. Zu meinem leiblichen Vater und dessen Verwandtschaft erfuhr ich nie etwas.

Zu unserer privaten Zerstreuung gehörte Kartenspielen. Mit Anita, einer Schneiderin und Freundin meiner Mutter, spielten wir Canasta und, wenn mein Vater kurzfristig von einer Levantefahrt (Mittelmeer) bei der Argo-

Reederei zuhause war, Skat. Vater war sehr aufbrausend, wenn man falsch ausspielte, was mir Skat vergrault hat. Canasta machte Spaß, aber Vater war nie dabei, sondern Anita mit Mann. Mutter und ich komplettierten die vier nötigen Personen.

1958 ging ich mit einem guten Zeugnis von der Mittelschule Regensburger Straße ab und bewarb mich bei einer der ersten Adressen im internationalen Handel: der Firma Gebrüder Kulenkampff. Es war das erste Mal, dass die GK genannte Firma einen Nicht-Abiturienten einstellte. Ob das daran lag, dass sich zu wenige beworben hatten und also kaum kritische Auswahl möglich war, kann ich nicht sagen. Jedenfalls wurden die drei folgenden Lehrjahre bei monatlichen Bezügen von DM 50,00 im ersten Jahr, DM 70,00 im zweiten und dann wurde der Betrag für das dritte Jahr von den vertraglichen DM 90,00 auf DM 120,00 angehoben. Drei Teilhaber teilten sich die Arbeitsbereiche: Nebelthau, Duckwitz und Bischoff.

GK handelte mit Tabak für Zigarren-, Pfeifen-, Schnupftabak und natürlich Zigaretten aus aller Welt: aus den USA, Griechenland, dem Ostblock, Indonesien, Türkei, Korea, Rhodesien und aus Deutschland selbst. Der inländische Anbau lag am Zwischenahner Meer, einem See in Niedersachsen. Raucher gab es genug. Der Markt war in Expansion. Während des Krieges war Deutschland von Importen abgeschnitten, deshalb Eigenanbau, der sich noch lange hielt, weil es eine nicht widerrufene Bestimmung gab, einen gewissen Prozentsatz deutschen Tabaks in den Mischungen zu verarbeiten.

Meine Lehrzeit war wie eine Erlösung. Zum ersten Mal spürte ich, dass ich etwas konkretes und produzierendes tat. Entsprechend waren meine Beurteilungen stets sehr gut. Traditionsgemäß wanderten die Lehrlinge, wir waren drei Neue, durch alle Abteilungen. Die Neuen erhielten zunächst die Verantwortung für die Portokasse. Damals wurden die Briefe noch im Büro mit Briefmarken frankiert, für deren Kauf der Lehrling einen bestimmten Betrag erhielt. Alle Bewegungen wurden in ein Portobuch eingetragen und die Kontrollen waren streng und kamen immer unerwartet, vom Chefbuchhalter. Ganz plötzlich spürte ich seinen Finger auf meiner Schulter. Er sagte: Kassensturz. Bargeld-Einnahmen, Ausgaben für die Marken und Briefe Ausgang wurden peinlichst geprüft und der Saldo musste bis auf den Pfennig stimmen. Tat er das nicht, musste so lange gesucht werden, bis der Fehler gefunden war. Oft dauerte das. Ich kam bis auf ein- oder zwei Male gut davon, anderen erging es schlecht. Differenzen durch »Nachschuss« aus der eigenen Tasche auszugleichen, kam fast einer Straftat gleich! Manch einer versuchte es, aber das flog immer auf, denn schließlich war immer ein Fehler in den Buchungen und ein »Nachschuss« bedeutete, dass dann plötzlich zu viel Geld in der Portokasse war.

Im April 1959 bekam unsere kleine Familie Zuwachs. Mein Bruder Karsten Kunibert wurde geboren. Nach den vielen Jahren Ehe hatten die Eltern damit wohl nicht mehr gerechnet. Man freute sich und Vater Kunibert war sichtlich stolz.

In meine Lehrjahre fiel die Gründung eines privaten

Clubs. Den Kellerraum, bei dem es sich um einen Luft-schutzkeller unter einem alten freistehenden Haus handelte, stellte Nils Andressen zur Verfügung. Er lag etwas außerhalb der Stadt an der Autobahn. Für mich war es nur mit einem Moped zu erreichen. Busse oder Bahnen gab es dorthin nicht. Das Haus stand auf einem großen Grundstück mit vielen Eichen und wurde vom Groß-vater Andressen bewohnt, einem alten Kapitän und Kap Hornier. Der beobachtete mit seinem Teleskop-Fernrohr den Verkehr auf der Autobahn. Daneben das Wohnhaus der Familie Andressen, ein moderner Bau, der nicht so recht zu dem alten Gebäude passen wollte. Dieses Haus hatte keine rechtwinkligen Ecken, alles war abgerundet.

Wir hatten uns für den Club anspruchsvolle Ziele gesetzt: es sollte musiziert (New Orleans Shuffle Jazz), diskutiert (Gedichte und Bücher – Existentialismus), getanzt und getrunken werden (Bier). Wir gaben dem Club den Namen »Die Fliege«. Wir waren etwa 10 Grün-dungsmitglieder. Dazu kamen Gäste, sodass der Keller mit 15 bis 20 Personen jeden Sonnabend gerammelt voll war. Da keiner das Geld für richtige Musikinstrumente hatte, mussten wir improvisieren. Die Trompete bestand nur aus dem Mundstück, der Bass war eine Tee Kiste aus Sperrholz, in deren Deckel in der Mitte ein Loch gebohrt war, aus dem die Saite (eine einfache Schnur) zu dem Ende eines Stockes führte, der an einer Ecke der Kiste aufgesetzt wurde. Je nachdem wie stramm man die Saite mit dem Stock spannte, veränderte sich der Ton. Das Schlagzeug bestand aus einem alten Waschbrett, über dessen Rillen man schrappte, an den Fingern kleine

Metallhütchen wie man sie zum Stopfen von Strümpfen braucht.

Ich lud des Öfteren einen brasilianischen Gast in unseren Club ein: Rolf von Czekus, der als Volontär bei meiner Lehrfirma arbeitete. Wir hatten viel Spaß, aber die hehren Ziele wurden nach und nach aufgeweicht. Die Kriterien bei der Wahl der Gäste litten und so langsam wurde aus der »Fliege« ein Knutsch- und Vögelclub. Ich selbst habe das Ende nicht mehr miterlebt.

Im zweiten Lehrjahr wurden mir bereits Aufgaben unseres Prokuristen Konrad Wolf übertragen, wenn der in die Ferien ging. Er hatte als einziger bereits eine elektrische Rechenmaschine, ein echtes Monstrum mit einem Schlitten von fast einem Meter Länge. Diese Maschine konnte Resultate mit bis zu acht Stellen hinter dem Komma auswerfen und Konrad Wolf übernahm die Stellen komplett in seine Preis- Kalkulationen, was ihm beim Personal und den anderen Tabakfirmen und Maklern den Spitznamen: »Achtstellen-Wolf« eintrug. Aber da es bei den Kalkulationen um große Beträge ging, kam so immer noch die eine oder andere D-Mark zusammen. Wir Lehrlinge und die unteren Angestellten mussten uns mit kleinen Rechenmaschinen, bei denen man seitwärts manuell kurbelte begnügen. Ich glaube, es waren schwedische Modelle.

Zu den Kunden von GK gehörte auch das italienische Tabakmonopol. Die Einkäufer kamen nach Bremen, um in den Lägern im Hafen ihre Indonesien-Tabake auszuwählen, was früher in den Niederlanden geschah. Die Indonesier hatten jedoch die Auktionen total nach

Bremen verlegt, weil sie nicht mehr mit den ehemaligen Kolonialherren kooperieren wollten. Die Bremer Händler schlossen sich zusammen und, unter der Leitung von Maklerfirmen wie Köster & Schriefer, wurden die Italiener zu den Lagerhäusern geführt. Aus den Ballenstapeln zog man Proben, begutachtete oder verwarf sie. Dann wurden mit einer Schablone Zeichen für abgelehnte oder akzeptierte Ballen gepinselt. Weiter ging es zum nächsten Lager, die alle in einer langen Reihe nebeneinander lagen. Auf der einen Seite Eisenbahngleise und Kai, auf der anderen Seite eine Rampe für LKW.

Während die Tabakkommission sich also durch die Hallen arbeitete, wurden die Markierungen manipuliert. LKW karrten außerdem abgelehnte Ballen in die Hallen weiter vorne, bis zu denen die Kontrolleure noch nicht vorgestoßen waren und boten sie erneut an. Die Markierungen hatte man entfernt. Das nur mal zu den sogenannten »vornehmen Hanseaten« mit ihrem Öffentlichkeits-gepflegten Image ehrbarer Kaufleute.

Die Auktionen für Indonesientabake fanden im Überseehafen statt. Eine riesige Halle stand zur Verfügung. Auf langen Tischen lagen die Tabakproben mit ihrer jeweilen Kennzeichnung. Da die Bremer keine Fachleute für diese Tabake hatten, wurden Holländer angeheuert, die die Taxierung machten. Man kann sich vorstellen, dass es seitens der Holländer manch einen gab, der ob dieser Situation mit den Zähnen knirschte. Kulenkampff hatte dort eine große Box, in der die Kaufpreise festgelegt wurden, wobei die holländische Tabakindustrie über die Bremer direkt mitboten.

Mein Onkel Wolfgang wollte heiraten. Er war Maler von Beruf und blieb sein ganzes Leben lang Geselle. Die Meisterprüfung wollte er nicht machen, wohl weil er wieder die Schulbank hätte drücken müssen. Seine Angebetete Leni war Tochter eines kleinen Bauunternehmers aus dem Umland von Bremen. Die Hochzeit fand auf einem Bauernhof statt. In der riesigen Scheune waren lange Tische montiert, die sich mit Speisen und Getränken füllten. An die hundert Gäste, viel Alkohol, tanzen, Fröhlichkeit. Unter den Gästen war auch Anita, die Canasta-Partnerin.

Nicht mehr ganz nüchtern, folgte ich ihr in den Obstgarten, an dessen dunklem Ende sich die Toiletten befanden. Dass sie wiederholt mit mir geflirtet hatte, machte mir Mut, sie dort abzufangen und an einen etwas schief gewachsenen Obstbaum zu drängen. Wir hatten es beide sehr, sehr eilig. Von der Umgebung nahmen wir keine Notiz.

Hinterher schworen wir uns, so etwas nie wieder zu tun, aber was sind schon solche Schwüre wert? Es wiederholte sich von da ab regelmäßig, wenn ihr Mann nicht zuhause war und ich gerade allein. Anita wurde meine Lehrerin in Liebesdingen über eine lange Zeit.

Im letzten Lehrjahr teilte mir die Geschäftsführung mit, dass sie mich für eine Kaufkampagne nach Bahia schicken wollten. Ich war sehr stolz, als einziger ausgewählt worden zu sein. Aber noch fehlte die Abschlussprüfung, Kaufmanns-Gehilfen-Prüfung genannt. Während der drei Lehrjahre besuchte ich die Berufsschule. Was man an Wissen für den Kaufmannsberuf brauchte, wurde dort vermittelt: Buchhaltung, Schriftverkehr, Englisch, kaufmännisches Rechnen, Geografie. Bei den Kalkulationen machte vor allem das Umrechnen von englischen Pfund, Shilling und Pence sowie Massen und Gewichte einen großen Teil der Schulung aus. Mein Zeugnis von der Berufsschule war erstklassig, aber das wichtigste fehlte noch: die Fachprüfung in Tabak. Sie fand nachmittags in den ehrwürdigen Räumen der Handelskammer am Markt in Bremen statt. Davor hatte ich etwas »Bammel«. In der Prüfungs-Kommission saß unser strenger Chefbuchhalter Bredehorn, der sich immer sehr knurrig gab, aber eigentlich ein »ganz prima Kerl« war. Er sorgte dafür, dass man mir mit bohrenden Fragen nicht zu nahekam. Nötig war das nicht. Ich konnte alle vorgelegten Tabakproben ihrem Ursprung zuordnen und sie richtig bewerten.

Mein Kaufmanns Gehilfenbrief war der zweitbeste des Jahrgangs und ich war mächtig stolz. Sobald die Prüfung und Verabschiedung erledigt war, überquerte ich zusammen mit einem weiteren Kandidaten den Platz und steuerte den Ratskeller an, der an einer Ecke des Rathauses über eine Treppe in die Gewölbe leicht zu erreichen war. Wir setzten uns an einen der Holztische auf die Bank und bestellten Schoppenwein. Im Ratskeller musste man immer bedenken, dass es viele Stufen steil nach oben ging, wenn man das Lokal verließ. Daher sollte man nicht zu viel des guten Weißweines »intus« haben!

Ich bat den für meine Ausbildung verantwortlichen Prokuristen Konrad Wolf, der Mann mit den acht Stellen hinter dem Komma, mir ein Zeugnis über meine Lehrzeit auszustellen. Er äußerte darin seine volle Zufriedenheit, mein selbständiges Handeln und schloss, dass ich zu den besten Hoffnungen für mein weiteres Fortkommen Anlass gäbe.

Erste Brasilienreise

Mein Arbeitgeber Gebrüder Kulenkampff nutzte die Kundenstellung bei den Reedereien aus, mit denen Tabak von Südamerika nach Bremen verschifft wurde. Für meine Passage musste die Firma nichts zahlen. Meine Eltern brachten mich an Bord. Der besonders stabile Kabinenkoffer, den sie mir kauften, existiert immer noch. Er hatte solide abgerundete Holzleisten rundherum und an den Schmalseiten dicke, feste Griffe aus Leder.

Der Frachtdampfer der Hamburg-Süd-Reederei durfte bis zu 12 Passagiere mitnehmen, ohne dass ein Arzt an Bord sein musste. Ich erhielt eine Kabine ganz für mich allein, in der alles festgeschraubt war, auch der Tisch und die beiden Stühle. Das Bett, Koje genannt, war in eine Wand eingebaut und hatte hohe Seitenteile, damit man bei Seegang nicht herausfallen konnte.

Das Essen durfte ich zusammen mit der Schiffsführung in der Offiziersmesse einnehmen. Alle drei Mahlzeiten waren streng geregelt. Wer zu spät kam, kriegte nichts mehr. Und ich kam in den ersten Tagen mehrmals zu spät beziehungsweise gar nicht, weil ich seekrank war und mir die Seele aus dem Leib kotzte. Das verging nach wenigen Tagen, ohne dass ich auf wohlmeinende Vorschläge zurückgreifen musste, wie: an ein Stück Speck einen Bindfaden knoten, den Speck runterschlucken und dann am Faden wieder hochziehen. Mehrmals wiederholen. Ich glaube auch nicht, dass das erfolgreich ausprobiert wurde. Auf solche Vorschläge konnten nur echte Landratten hereinfallen, bestimmt zum Gaudi der Besatzung.

Damals war es noch mit einer Zeremonie verbunden, wenn das Schiff den Äquator kreuzte. Neptun, der Herrscher der Meere, sandte ein Diplom, eine nette Erinnerung. Auf irgendwelche Quälereien der Passagiere durch die Mannschaft, wie durch einen wassergefüllten Sack kriechen, mit Mehl bestäubt zu werden und eventuell noch heimlich einen Hieb abzubekommen, verzichtete man auf dieser Reise. Bei späteren Reisen habe ich anderes erlebt.

Schön der weite Nachthimmel. Das sanfte Rauschen des Meeres, nachdem wir in ruhigere Zonen nach Las Palmas gekommen waren. Das Schiff hob und senkte sich in stetig gleichen Bewegungen. Ein Decksoffizier erklärte mir die Konstellationen der Sterne und nach dem Äquator zeigte er mir das Kreuz des Südens, von dem ich schon viel gehört und dass ich mir sehr viel imposanter vorgestellt hatte.

15 Tage waren wir unterwegs, ab Rotterdam gerechnet, bis nach Salvador im brasilianischen Bundesstaat Bahia. Die Luft wurde schwül und schwer, der Schweiß rann bei der kleinsten Anstrengung. Da war bei der Ankunft der salzig-faule Geruch des Meeres (oder von toten Fischen). Wir mussten ankern. Eine Barkasse brachte den Zoll und einen Arzt an Bord. Nach Stunden des Palavers machten wir schließlich fest. Die Gangway hoch kamen der Agent der Reederei und ein Vertreter der Tabakfirma vor Ort, der sich sofort um mein Gepäck kümmerte, das ja noch durch die Zollinspektion musste.

Für die Anpassungszeit wurde ich bei einer brasilianischen Witwe mit deutschen Wurzeln untergebracht, die einen Sohn in meinem Alter hatte. Rolf von Czekus, den ich aus der »Fliege« kannte, kam dazu und begrüßte mich sehr ernst und freundlich. Er hatte sich inzwischen den Baha-í angeschlossen und lebte bei einem amerikanischen Ehepaar derselben Religion. Für irgendwelche Vergnügungen fiel Rolf aus. Das machte der Sohn meiner Wirtin mehr als wett, den es jeden Abend in die Bordelle von Bahia zog. Er war ein wilder und fröhlicher Bursche.

Von der Hauptstadt Salvador aus fuhren wir mehrmals ins Hinterland, zu den Anbaugebieten von Zigarrentabaken: Cruz das Almas (Kreuz der Seelen) war eines der Anbaugebiete. Die von Hand einzeln geernteten Tabakblätter wurden in Lagerschuppen aufgehäuft und fermentierten. Dieser Prozess musste gut überwacht werden, weil die Temperaturen stark steigen konnten und die Blätter schwarz machten. Also musste nach Erfahrung immerzu umgeschichtet werden, bis die Blätter die richtige Farbe und Reife erreicht hatten. Man unterscheidet zwei Typen von Blättern: für die Füllung und für das Umblatt. Darüber kam dann später noch das Deckblatt, das keinerlei Beschädigungen aufweisen durfte, weil sonst die Zigarre nicht zog. In den Lägern wurden die Zigarren bis zum Umblatt gefertigt und anschließend in hölzerne Pressen gelegt, in deren Innerem 10 oder mehr Formen den Zigarren ihre definitive Form gaben. Die Handarbeit wurde von Frauen, meistens Schwarzen, geleistet, die auf dem nackten Boden saßen. Es herrschte eine infernalische Hitze, die außen von der Sonne und innen von der Fermentation gefördert wurde. Die Füllung wird von Hand zusammengedrückt und dann das in Streifen geschnittene Umblatt darum gewickelt. Als Unterlage für diese geschickte Arbeit dient die Innenseite der weiblichen Oberschenkel. Dort ist für das Rollen oder Wickeln genügend gleichmäßig großer Platz. Diese Zigarren sind sehr begehrt, aber ich glaube nicht, dass deutsche Raucher um das Geheimnis Hautkontakt der Brasil-Zigarren wissen.

Brasilien exportierte nicht nur Rohtabak, sondern auch fertige Zigarren. Eine der bekanntesten Marken dürfte in Deutschland Suerdick sein. Die in Blech- oder Holzkästchen verkauften Zigarren hatten phantasievolle Namen wie »Flor da Bahia« (Blume von Bahia).

Auf diesen Fahrten mit den brasilianischen Tabakexporteuren lernte ich einen Arbeitskollegen kennen: Robert Kamlack hieß er und war Holländer. Er sollte bei unserer Expedition nach Arapiraca im Bundesstaat Alagoas, nördlich von Bahia gelegen, dabei sein. Der brasilianische Exporteur, DaMotta, besaß mehrere Lagerhäuser in verschiedenen Dörfern, in denen es keine Hotels oder Pensionen gab. Kamlack, DaMotta und ich schliefen im Wohntrakt dieser Läger.

Eine Köchin, die dort wohnte, bereitete unser Abendessen vor, das wir beim Schein von Öllampen einnahmen. Dann ging es direkt ins Bett. Die Räume hatten keine Decke und keine Türen, sodass es etwas Ventilation gab. Gegen Mücken schützten wir uns mittels kleiner grüner

Spiralen, die, auf einen Stift gesteckt, angezündet wurden. Sie schwelten die Nacht über langsam vor sich hin. Der Geruch vertrieb die meisten Plagegeister.

Von nebenan drangen Geräusche zu mir, die nur eines bedeuten konnten: der Boss DaMotta hatte gerade seine Köchin bestiegen. Das gehöre dazu, meinte anderntags Kamlack. DaMotta hatte in jedem Städtchen mit Tabakaktivitäten seinen Sexualproviant zur Verfügung. Sehr praktisch.

Es kam der Tag unserer Abreise in den Nachbarstaat Alagoas. Mit zwei offenen Geländewagen und jeder Menge Gepäck machten wir uns auf den Weg, bis wir an den Rio Sao Francisco kamen, an dessen Mündung in den Atlantik. Zwischen Penedo auf der Alagoas-Seite und Bahia verkehrte eine Fähre, die auch Fahrzeuge übersetzte. An der Anlegestelle badeten Jungen, wobei einige von Land aus den Strom beobachteten, der verseucht war von Piranhas. Die Badenden wurden gewarnt, sobald sich ein Schwarm näherte. Die Fische haben das Maul voller kleiner scharfer Zähne. Sie stürzen sich auf alle Warmblüter und können, wenn der Schwarm groß genug ist, ein Rind oder auch Menschen völlig skelettieren. Ich habe später Filme gesehen. Es wurde ein Affe ins Wasser gehalten. Um ihn herum schäumte das Wasser. Als man ihn nach Minuten herauszog, war der Teil der im Wasser gehangen hatte nur noch Knochen und Sehnen!

Und weiter ging es durch den Süden von Alagoas nach Arapiraca. Die Sonne brannte, das Land war trocken und wir vollkommen verstaubt, als wir unser Ziel am späten Nachmittag endlich erreichten. Was für eine Ansammlung von armseligen Gebäuden! An der »Hauptstraße« machten wir an einem sogenannten Restaurant mit Pension halt. Es ging einige Stufen hinauf, dann eine Veranda und eine halbhohe Pendeltür, wie man sie aus Cowboy-Filmen kennt. Und hinein. Es roch noch nach Pulver. Kurz zuvor hatte es eine Schießerei zwischen politischen Gegnern gegeben. Einer war geflohen, der andere ließ sich gerade verbinden. Polizei? Keine!

Na, wir ließen uns die Zimmer zeigen und duschten erst mal den klebrigen Reisestaub ab. Dann ein kaltes Bier. Wir wurden von zwei lokalen Mitarbeitern erwartet, die schon einen Lagerraum gemietet und mit dem Ankauf von Tabak begonnen hatten. Es fehlte nur noch eine Unterkunft für uns.

Arapiraca war eine lausige Kleinstadt in einer der ärmsten Gegenden des Nordostens. Der Boden sandig, hell. Die Niederschläge unregelmäßig. Große Hitze Tag und Nacht, fast das ganze Jahr hindurch. Elektrizität gab es nur im Zentrum während einiger Stunden. Infrastruktur wie Wasser und Abwässer: null. Kaum asphaltierte Straßen. Das einzige »Schmuckstück« war der zentrale Platz mit Bäumen, Wegen und Sitzbänken, auf dem abends die Jugend flanierte.

Wir fanden ein großes Haus (Flachbau) mit weitläufigem Hinterhof, mehreren Zimmern und einer überdachten Küche mit Holzherd, letztere ohne Außenwände. Zentral im Hinterhof ein Ziehbrunnen für die Frischwasserversorgung. Vier Meter davon entfernt eine Sickergrube für Abfälle und Fäkalien aus dem sogenannten Türkenklo, das in einer Ecke des Hofes an den 2m hohen Außen Mauern errichtet worden war. Dabei handelte es sich um einen Turm mit 3m Seitenlänge, auf dessen Dach ein Wassertank für die Dusche stand, die direkt neben dem Klo aus der Decke ragte. Über einen Hebel konnte man die Wassermenge regulieren. Die Exkremente wurden mit Wasser aus einem Eimer weggespült. Das Türkenklo ist ein in den Boden eingelassene emaillierte rechteckige Schüssel mit einem Loch in der Mitte. Ein Hockklo also.

Für die Beleuchtung benutzten wir Petroleum Laternen. Sie standen in allen Zimmern, außerdem Kerzen auf kleinen Tellern. Wir hätten uns gerne einen Generator zugelegt, aber da wir nur wenige Monate bleiben wollten, verzichteten wir darauf.

Das Klo musste aber unbedingt »modernisiert« werden. Wir brachten einen Wasserkasten an, sodass wir richtig spülen konnten. Der Hockabort darunter wurde durch ein gewohntes WC ersetzt, das es im Ort tatsächlich schon zu kaufen gab: in einem Krämerladen, inklusive Klobrille, so wie wir es gewohnt waren. Und die Dusche wurde etwas versetzt, damit sie nicht alles nass machte. Der Tank auf dem Dach des Turms reichte für unseren Bedarf nicht mehr. Ein größerer wurde gemauert und per Eimer, die hinaufgetragen werden mussten, jeden Morgen gefüllt.

In den ersten Nächten litt ich sehr unter den Temperaturen. Auch wenn man ganz still auf dem Bett lag, floss der Schweiß in Strömen. Kein Lüftchen bewegte sich. Um sich etwas zu betäuben, nahm man einige Schlucke

»Feuerwasser«, also Zuckerrohrschnaps von der billigen Sorte. Die Mückenplage hielt sich noch in Grenzen. Ich vermutete, dass die uns noch nicht entdeckt hatten, denn das Haus stand lange leer. Aber ich wusste ja aus Bahia, wie man sich vor den Plagegeistern schützen konnte.

Um die Küche und Reinhaltung von Haus und Wäsche mussten wir uns nicht kümmern. Arbeitskräfte waren billig und wir stellten eine Köchin, eine Hilfe und eine Frau fürs Grobe ein. Die Köchin war uns auch für unsere persönlichen Bedürfnisse gern »zu Diensten«. Es wiederholte sich die Situation, wie ich sie aus Cruz das Almas schon kannte. Der sauberste Platz dafür war der große Küchentisch, wenn sonst niemand im Haus war.

Jeden Morgen machten wir uns auf den Weg zu unserem Lagerhaus, das an einer Einfallstraße lag. Wer ins Zentrum von Arapiraca wollte, kam an unserem Lager vorbei. Neben dem Eingang stand mein Tisch mit der Kladde, in die alle Käufe eingetragen wurden. Hinten im Lager warteten eine Sackwaage, ein großer, enorm kräftiger Mulatte und ein Adjutant auf die Ware.

Der Zigarrentabak wurde vor allem von Kleinbauern gebracht, die ihre Familie zur Kultivierung und Ernte einsetzten, von Kindern bis zur Oma. Der Transport in die Stadt machten sie mit einem Karren und Esel. Meine Aufgabe war es, die Caboclos genannten Bauern anzuhalten und ein Angebot zu machen. Die beiden lokalen Mitarbeiter unterstützten mich dabei, denn meine Sprachkenntnisse waren noch miserabel.

Ein Kauf lief meistens so ab: Der Bauer hielt seinen einachsigen Eselswagen an und ließ uns Proben ziehen.

Die großen Tabakblätter waren notdürftig in Jutesäcke gepackt und heiß von der beginnenden Fermentation. Beim Öffnen der Ballen konnte man meistens schon am stechenden Ammoniakgeruch feststellen, ob der Tabak noch innerhalb der Temperatur Toleranzen war oder schon überhitzt, was die Qualität stark minderte. Wir machten ein Angebot und das Feilschen begann. Wurden wir mit dem Bauern einig, kam unser starker Mulatte und lud sich einen Ballen, der bis zu 100kg wiegen konnte auf den Kopf und lief damit nach hinten in den Schuppen zur Waage. Der Caboclo immer hinterher, um das wiegen zu kontrollieren. Anschließend lud der Mulatte, mit Hilfe des Adjutanten den Ballen wieder auf den Kopf und warf ihn in eine freie Ecke, wo er sofort geöffnet und der Inhalt verteilt wurde, um den Temperaturanstieg zu unterbrechen. Von jetzt ab war es unsere Aufgabe, die Fermentation kontrolliert ablaufen zu lassen. Der Bauer wurde von mir in bar ausgezahlt. In der Schublade meines Pultes war genügend Geld, das wir aus Bahia mitgebracht hatten. Es gab nur eine einzige Bankfiliale in Arapiraca und wir wussten nicht, wie die mit Barmitteln ausgestattet war. Um unsere Sicherheit mussten wir uns keine Sorge machen. Der Mulatte war furchteinflößend genug und wir alle hatten uns offen im Gürtel getragene Revolver zugelegt, um uns im Notfall wehren zu können.

Das war völlig normal. Alle Männer liefen mit irgendeinem Schießeisen herum, meistens unter dem über der Hose getragenen Hemd verborgen, aber schnell zur Verfügung, wenn nötig.

Am Wochenende war nichts los. Und was kann man da unternehmen? Ein einziges Kino gab es und den zentralen Platz, auf dem sich die Mädchen abends präsentierten, immer zu zweit, eine der Anstandswauwau der anderen. Wir machten die Bekanntschaft eines Dentisten, der ein leidenschaftlicher Jäger war. Er besaß mehrere gut abgerichtete Apportierhunde. Die Vegetation der Gegend ist niedrig, dorniges Gestrüpp, kaum Bäume. Aber es gibt viele Rebhühner und die wollten wir zusammen mit dem Dentisten bejagen. Schrotflinten waren vorhanden. Wir mussten uns nur die Munition selbst herstellen. Das ist recht einfach. Man benutzte wiederverwendbare Messinghülsen, in die der Zünder eingesetzt und dann von oben Schwarzpulver und Schrot gestopft und mit einem Pfropfen verschlossen wurden.

Bevor die Hitze all zu groß wurde, erreichten wir ein Gehöft, wo wir unsere Geländewagen stehen ließen. Der Dentist fragte nach Zahnschmerzen bei den Bewohnern und meistens konnte er neben der Jagd gleich noch einige Zähne ziehen und ein zusätzliches Schnäppchen machen. Von Zahnbehandlung war man damals in dieser Gegend noch sehr weit entfernt und der Markt war gut, denn von Zahn- oder Mundhygiene hatte dort noch niemand etwas gehört.

Die Hunde immer voran, ging es in die sanft wellige Umgebung. Man musste auf zweierlei achten: wohin man trat und wie sich die Hunde benahmen. Verhielten diese, hatten sie eine Spur aufgenommen und das war meistens ein Rebhuhn. Also: Gewehr bereit! Sobald der Vogel aufflog waren jeweils zwei von uns Jägern bereit. Ich hatte noch nie gejagt und musste hier noch viel lernen. Immerhin hatte ich den ersten Schuss, der fast immer vorbei ging. Und dann knallte auch schon das Gewehr meines Nachbarn. Federn stoben durch die Luft und der Vogel stürzte ab, die Hunde sofort hinterher. Es war jetzt Eile geboten, denn die Hunde versuchten, das Rebhuhn sofort zu verspeisen. An meinem Gürtel hing ein Haken mit vielen kleinen Lederschleifen. In die steckte man den Kopf, zog zu und auf ging es zur nächsten Beute.

Mit etwa 20 Rebhühnern kamen wir spät am Abend wieder in Arapiraca an. Nur eines davon hatte ich geschossen und ich nahm mir fest vor, beim nächsten Mal besser zu werden. Während in der Küche die Vögel gerupft, gewürzt und gebraten wurden, genehmigten wir uns einige Schnäpse. Das Bier dazu war warm, denn wir hatten ja keinen Strom und also auch keinen Kühlschrank. Noch schnell geduscht, dann ein Abendessen mit sehr zähem Fleisch, dessen Fasern sich fest zwischen die Zähne setzten, und dann ins Bett. Ich war todmüde.

Ich besuchte aus Neugier einmal die Praxis dieses Dentisten. Das Prunkstück seiner Ausrüstung war eine Bohreinrichtung, die mit Fuß Pedale angetrieben wurde. Je schneller man pedalierte, umso emsiger drehte sich der Bohrer im Zahn. Dass sich niemand freiwillig auf den Stuhl setzte, kann man sich wohl vorstellen.

Diese Jagdtouren unternahmen wir noch mehrere Male. Eine davon ist mir besonders in Erinnerung geblieben, nicht so sehr wegen der Jagd, sondern wegen der Einladung eines großen Fazendeiros (Farmer) zum Mittagessen in Familie, eine ungewöhnliche Ehre gegenüber Fremden. Wieder ein brütend heißer Tag, der Himmel strahlend blau ohne eine einzige Wolke.

Die Zutaten kamen wohl alle aus eigener Produktion: gebratene Hühner, Schweinefleisch, geröstete Rinderfilets, Reis, gekochte Bohnen, Salate, Eier, knusprig gebratener Speck. Dazu verschiedene Säfte und jede Menge Cachaça (Zuckerrohrschnaps) mit ausgepressten Limonen. Um den großen Wohnzimmertisch herum nahmen nur Männer am Essen teil. Die Frau, Töchter und Gesinde liefen ständig zwischen Küche und Esszimmer hin und her, bedienten uns. Als wir satt und zufrieden waren, räumten sie den Tisch ab und verzehrten anschließend in der Küche was wir übriggelassen hatten. Wir Männer begaben uns in den Garten, wo einige leere Flaschen aufgestellt waren, die als Ziele für Revolverschiessen dienten. Mit dem Treffen war es nicht mehr weit her, dazu waren wir schon viel zu betrunken.

Ich vermute, der Farmer wollte seine Töchter vorzeigen, denn so ein Ausländer als eventueller Schwiegersohn, das wäre doch schon was Besonderes. Eingedenk der Warnungen, nahm ich mich vor. Das Schicksal eines anderen Bremer Tabakkaufmanns war mir noch gut in Erinnerung. Der hatte sich in eine Bahiana aus gutem Hause verguckt und war mit ihr Hand in Hand spazieren gegangen. Am nächsten Tag standen zwei ihrer Brüder vor seiner Tür und sagten, er habe ihre Schwester kompromittiert und sei sich doch im Klaren darüber, dass er sie heiraten müsse (der Kollege packte seine Koffer und war kurz darauf verschwunden).

Zurück nach Arapiraca. Die Einkaufskampagne ging weiter. Der Mulatte in unserem Lager hatte einen Narren an mir gefressen. Warum, weiß ich nicht. Jedenfalls sagte er mir einmal vertraulich, ich solle ihm sagen, ob ich einen Feind hätte. Er wäre sehr gerne bereit, den aus dem Weg zu räumen. Ich erfuhr, dass er noch einer anderen Tätigkeit nachging. Er verkaufte sich als Killer. Das war nichts weiter Aufregendes und ich erfuhr, dass einige Leute das wussten. Sein Angebot lehnte ich freundlich ab. Wenn ich da schon gewusst hätte, dass ein Feind ganz in meiner Nähe war, der mir schweren Schaden zufügen würde, hätte ich vielleicht anders reagiert...Wer weiß?

Der sogenannte Nordestino oder Nortista, wie er weiter im Nordosten auch genannt wird, ist ein gedrungener Menschentyp mit sehr kurzem Hals und rundem Kopf. Unproportioniert, würde ich sagen. Unserem Schönheitsideal entspricht er nicht. Natürlich gibt es jede Menge Ausnahmen, aber eher in den großen Küstenstädten, wo die Ernährung vielfältiger ist und durch Zuwanderer Blutauffrischung stattfindet. Ansonsten haben die Holländer in ihrer kurzen brasilianischen Kolonialzeit jede Menge blonde, helläugige Nachfahren hinterlassen.

Wenn es dunkel wurde, hielt ich mich immer wieder an dem schon erwähnten zentralen Platz auf. Nicht so sehr wegen der flanierenden Mädchen, sondern um mit jungen Lehrern zu diskutieren. Die waren natürlich sehr interessiert zu erfahren, wie es in Deutschland so ist. Und dann kamen die Vergleiche, wobei ich ihnen nicht verdenken konnte, dass sie sehr linke Gedanken vertraten. Ich sah ja selbst, wie es um den Fortschritt bestellt war und wie immens die sozialen Unterschiede und Ungerechtigkeiten waren. Das musste zu Spannungen führen. Wir merkten zwar nichts davon, aber auf dem Lande gärte es. Arbeiter der Zuckerrohrplantagen taten sich zu sogenannten »Ligas« zusammen. Soweit ich es verstand, war Francisco Julião ihr oberster Anführer, der sie dazu aufrief, die Plantagen zu brandschatzen. Ob ich nicht wüsste, mit wem sie, die Lehrer, Kontakt in Deutschland aufnehmen könnten und um Hilfe bitten.

Wie es dann dazu kam, dass ich ihnen Zugang zur Adresse der DDR-Staatssicherheit versprach, weiß ich nicht mehr genau. Die offizielle Adresse war ja in den zugängigen Quellen. Jedenfalls setzte ich mich am nächsten hin und schrieb sie auf meiner Reiseschreibmaschine fein säuberlich auf. Es gab wohl zwei oder drei Versuche, weil ich mich verschrieben hatte, die ich wegwarf.

Die steigenden Spannungen wurden mit sogenannten Sozialprogrammen bekämpft, bei denen man nie feststellen konnte, ob die Hilfe auch vollständig bei den Bedürftigen ankam. Die USA lieferten über ihr Hilfsprogramm »Aliança para o Progresso« oder »Food for Peace« vor allem Lebensmittel wie Weizenmehl und kurbelten damit das Backen von Weißbrot und Brötchen an, die es im Nordosten noch kaum gab. Überwacht wurde die Verteilung von jungen Amerikanern, angeblichen Freiwilligen, die vor allem unter den Mormonen rekrutiert worden waren. Mormonen gelten als 150%-ige Patrioten bei der amerikanischen Regierung, was mich verwundert, wenn man an die Verfolgung der Mormonen durch die Amerikaner zurückdenkt. Später erfuhr ich, dass diese jungen Männer noch einer anderen Tätigkeit nachgingen: in den kleinen Städten wurden akribisch Listen der Einwohner und ihrer politischen Ausrichtung angelegt, wobei man sich besonders auf Lehrer und Gewerkschaftler konzentrierte.

Inzwischen war es mit dem Holländer Kamlack wiederholt zu Spannungen gekommen, der sich nach meiner Ansicht nicht genügend für unsere Firma einsetzte. Ich hatte ihn im Verdacht, dass er die holländischen Tabakfirmen über Arapiraca informierte und das teilte ich Gebrüder Kulenkampff per Post mit. Nach etwa drei Wochen kam die Antwort: ich solle sofort nach Bremen kommen!

Da ich damit rechnete, in Kürze wieder zurückzukehren, machte ich mir nicht die Mühe, alle behördlichen Instanzen zu durchlaufen, sondern ließ über Bahia meinen Flug buchen. An den Aufbruch von Arapiraca kann ich mich noch gut erinnern. Die ersten Anzeichen der Regenzeit brachten heftige Gewitter. Der Bus von Arapiraca in die Landeshauptstadt Maceio blieb auf der ungepflasterten Straße im Schlamm stecken. Wir Passagiere mussten aussteigen und schieben helfen. Knüppel wurden vor die Räder gelegt und nach mehrmaliger Wiederholung hatten wir das kritische Stück Straße hinter uns. Völlig verschmutzt kamen wir in Maceio an. Dann weiter nach Bahia und Rio de Janeiro, von wo aus damals alle internationalen Flüge nach Europa starteten.

Journalist

Meine Mutter fiel aus allen Wolken, als ich nachmittags plötzlich vor der Tür stand. Ich beruhigte sie. Es sei nur ein kurzer Besuch und in wenigen Tagen würde ich wieder abreisen.

Am nächsten Morgen nahm ich die Straßenbahn bis zum Polizeipräsidium am Wall und von dort ging ich zu Fuß zum Bürogebäude von GK. Im Empfang war Frau Börner dabei, den obligatorischen Tee für alle zu brauen. Auf meinen Gruß reagierte sie sehr verhalten, was mich hätte misstrauisch machen müssen, aber so war es nicht. Mein Chef Duckwitz rief mich zu sich ins Büro. Kaum das ich saß, zog er einen Zettel hervor und legte ihn vor mich. Ob ich wisse, was das sei?

Es war einer der Zettel, die ich weggeworfen hatte, mit der Anschrift der DDR-Staatssicherheit. »Haben Sie das verfasst,« fragte er. Völlig benommen nickte ich, war nicht in der Lage, einen klaren Gedanken zu fassen. Mein Kopf war völlig leer. Duckwitz sagte: »Sie sind entlassen.« Sonst nichts. Keine Diskussion, keine Fragen, wieso, warum. Nichts. Ich stand auf und ging, ohne ein weiteres Wort.

Wie ich nach Hause gekommen bin, weiß ich nicht. Mal heulte ich, mal hätte ich vor Wut schreien können. Und nun? Wie sollte es weitergehen? Was sollte ich meinen Eltern erzählen? Details ganz bestimmt nicht. Das würden sie gar nicht verstehen. Ich legte mir also zurecht, ich hätte mich politisch betätigt und das habe der Firma missfallen. Geglaubt haben sie es nicht. Meine Mutter war felsenfest davon überzeugt, dass ich gestohlen, unterschlagen oder sonst eine Unehrlichkeit begangen hätte. Dabei blieb es. Alle Versuche, die Sache etwas mehr zurechtzurücken, festigten nur deren »Überzeugung«.

Ich erfuhr später, dass genau zu dem Treffen im Büro von Gebrüder Kulenkampff etwas ganz anderes eingeleitet war: die Besetzung des Postens des ersten Botschafters der Bundesrepublik in Polen durch den Bruder meines ehemaligen Chefs Duckwitz. Kein Zweifel: ein Bauer wurde geopfert, der keine Rolle spielte, es sei denn er würde politisch von der Öffentlichkeit vorgeführt.

Ein neuer Job musste her. Und der Personal-Chef sollte sich keinesfalls bei GK erkundigen, warum ich dort entlassen wurde. Gar nicht so einfach. Niemand würde die Situation verstehen. Ich selbst verstand ja nicht einmal, wieso ich mich in diese Lage bringen konnte. War es Revolte wegen der erbärmlichen Lebensumstände in Arapiraca? Abenteuerliche Vorstellungen, dass man die Welt verändern müsse. Oder was?

Ein Chemiehandel ganz in der Nähe zeigte Interesse und stellte mich ein, ein alter vergammelter Laden mit zwei Vorgesetzten, die ganz so aussahen, als ob sie noch Jahrzehnte auf ihrem Posten sitzen würden. Aufstiegschancen: gleich null. Ich hielt es gerade mal zwei Wochen dort aus und schmiss hin. Und dann war monatelang nichts, ich saß nur herum.

In der gegenüberliegenden Häuserzeile wohnte eine

befreundete Familie mit einem Sohn, jünger als ich. Der Mann, Gernot Döring, war Journalist und Werbefachmann, führte in Hamburg zusammen mit einem Partner eine Werbeagentur und arbeitete von zuhause aus für technische Zeitschriften, die zum Deutschen Fachverlag in Frankfurt gehörten. Eines Tages fragte er mich, ob ich Interesse hätte, als Assistent für ihn bei der Fachzeitschrift »Tiefkühl-Praxis« zu arbeiten, zunächst indem ich die Artikel von Ausschnitts Diensten und amerikanischen Zeitschriften auf Verwendbares für die Berichterstattung durchsuchen und daraus Kurznotizen für die sogenannten Gelben Seiten verfassen sollte. Es war ein Test, ob ich Talent hatte. Das Rüstzeug dazu brachte er mir bei. Dazu gehören die klassischen fünf »W« des Journalismus, die bei allen Meldungen beantwortet werden mussten. Zufrieden mit den ersten Resultaten, wurde ich offiziell als Volontär eingestellt. Nach Zeugnissen und meiner Vergangenheit fragte Döring nicht, obwohl er durch den Kontakt zu meinen Eltern gewusst haben musste, dass es irgendetwas verstecktes gab.

Es begann mein zweiter Berufsweg, den ich nach zwei Jahren als Jungredakteur abschloss. Um zu meinem Arbeitsplatz zu kommen, musste ich gerade mal über den Fußweg zwischen den Häuserreihen gehen. Bequemer ging es nicht. Mein Chef war oft geschäftlich verreist und ich auf mich selbst angewiesen, was bedeutete, ich musste Initiativen entwickeln. Nach einem halben Jahr machte ich die Gelben Seiten schon ganz allein. Döring beschränkte sich darauf, Korrekturen anzubringen.

Bremen lag schon damals abseits der wichtigsten Entwicklungen. Um näher am Geschehen zu sein, wurde beschlossen, nach Hamburg umzuziehen. Im Stadtteil Hammerbrook richteten wir uns ein Büro im Verwaltungsteil eines Kühlhauses ein. Dort waren wir schon ganz am Puls unserer fachlichen Aktivitäten. In Hamburg nahm ich mir ein Zimmer und blieb auch an den Wochenenden mehr dort. Vorübergehend lockerte sich der Kontakt zu meinen Eltern.

Mein Boss sorgte für die großen Themen in der monatlich für den Einzel- und Großhandel erscheinenden »Tiefkühl-Praxis«. Tiefgefrorene Lebensmittel in den Läden waren für Deutschland eine neue Variante des Angebots. Unsere Aufgabe war es, aufklärend zu berichten und die Chancen dieser Produkte hervorzuheben. In meine Zuständigkeit fiel jetzt auch die eine oder andere Reportage, der Besuch von Pressekonferenzen und Marktanalysen.

Einige Reisen für den Verlag machte ich gemeinsam mit meinem Chef Döring. Er hatte zwei »Macken«, wie man bei uns sagte. Er meinte für Ordnung sorgen zu müssen und verfolgte auf der Autobahn das Verhalten anderer Fahrzeuge genau. Wer »verkehrswidrig« fuhr, wurde notiert und angezeigt. Es liefen häufig mehrere Prozesse gleichzeitig, denn er fand bei den anderen fast immer etwas, sei es Nötigung durch auf- und abblenden, scharfes Auffahren. Geschwindigkeitsüberschreitungen nahm er nicht übel.

Die andere »Macke« ging aber »tiefer«. Er hatte zwei Adressbüchlein, eines für Geschäftliches, das andere für privat. Dort hatte er, nach Städten sortiert, die Namen von willigen Damen notiert. So kam es, dass ich im Hotel übernachtete und er im Bett solcher Damen. Ob seine Frau davon wusste oder es ahnte, weiß ich nicht. Jedenfalls war er von Sex besessen und musste sich wohl auch immer wieder beweisen, dass er »fit« war. Ein Detail erfuhr ich von seinen Katergängen: es gab da eine Ärztin, die eine Statistik über Penislängen ihrer Liebhaber führte. Länge, Umfang, Form und Verhalten wurden akribisch aufgeschrieben. Wollte die Frau damit an die wissenschaftliche Öffentlichkeit gehen?

Nach etwas mehr als einem Jahr verlangte der Verlag den Umzug der Redaktion nach Frankfurt in die Zentrale. Die Distanz zu Bremen wurde grösser. Ich arbeitete von nun ab im Zentrum des Geschehens und lernte die Redakteure kennen. Die Hauptpostille vom Deutschen Fachverlag war die »Lebensmittel-Zeitung«, die wöchentlich erschien, sowie die »Textil-Wirtschaft«, eine mächtige Publikation, die Fabrikation und Mode in einem Blatt vereinigte. Die Chefredaktion der Lebensmittelsparte bestand aus zwei ganz besonderen Typen. Der Chef erschien morgens gegen neun Uhr und trank als erstes einen halben Liter Bier. Seine Stellvertreterin war eine vollbusige Sechzigerin, die ihre Körpermaße durch ein knarrendes Korsett zusammenhielt. Während der Hitlerzeit war sie BdM-Führerin in Holland gewesen. Und die Verlagsleitung lag bei Oberst Knapp, während des Krieges Oberst im Generalstab (von welchem, weiß ich nicht). Es gab noch weitere Vertreter der Vergangenheit. Mein unmittelbarer Chef Döring war bei der SS. Wie er betonte, bei der Waffen-SS. Er wurde bei der

Invasion in der Normandie gefangen genommen und in einem englischen Speziallager interniert.

Im Verlag gab es ein besonderes Zimmer, zu dem nur die Chefredaktion Schlüssel besaß. Dort wurden Geschenke von Firmen aufbewahrt, die meistens direkt an einen Redakteur geschickt worden waren. Die Lebensmittelbranche ist ein weites Feld. Dazu gehört auch die Getränkeindustrie. Auf diese Art sollte verhindert werden, dass gezielt Mitarbeiter geschmiert wurden. Zu Weihnachten verteilte man die gesammelten Bestände dann unter den Angestellten.

Bei unseren Fachzeitschriften war es üblich, dass sich Redaktion und Anzeigen-Abteilung bei anstehenden Reportagen absprachen. Das heißt, man fuhr oft gemeinsam zu unseren Gesprächspartnern. Der eine machte die Reportage, der andere akquirierte dann Anzeigen. In meinem Bereich war das Peter Weißbach. Beide hatten wir einen ausgeprägten Hang zum Feiern nach erfolgreicher Reise, die wir fast immer mit der Bahn unternahmen. Und auf der Rückfahrt nach Frankfurt saßen wir dann im Speisewagen und ließen die Gläser kreisen. Bei Spesen war der Verlag sehr großzügig, wenn man Erfolge mitbrachte. Oder wir feierten schon vor der Rückfahrt, einmal so heftig in Hamburg, dass wir zur Pressekonferenz bei Unilever am nächsten Morgen noch nicht nüchtern waren.

Überhaupt waren die Redakteure keine Freunde von Trübsal. Es wurde viel getrunken, aber meistens nach der Arbeitszeit, die je nach Deadline sehr unterschiedlich sein konnte. Der Rhythmus war vorgegeben. Die

»Lebensmittel-Zeitung« erschien jeweils am Freitag. Die Redakteure fuhren zur Druckerei, machten den Umbruch und die Korrektur und sobald man an der Vibration merkte, dass die Presse anlief, fuhren sie gemeinsam zu einem Restaurant, aßen sehr schick zu Mittag und legten sich dann aufs Ohr, denn mancher hatte sich die Nacht vorher um die Ohren geschlagen, um fertig zu werden. Beim Umbruch begann man jedenfalls schon mit dem Bier.

Für mich und die »Tiefkühl-Praxis« war einmal im Monat Termin. Als erstes erhielt ich die Druckfahnen aus dem Linotype-Drucker, sah sie auf Fehler durch und legte sie dann über den Metallrahmen der jeweiligen zu druckenden Seite. Dann mussten Fotos eingepasst und räumlich umgestellt werden, die Unterschriften zu den Fotos kamen dazu. Zeit war immer knapp, denn um Punkt 12 Uhr musste alles erneut angedruckt, von Lektoren gelesen, dann auf eine Mater gepresst worden sein, die dann halbrund ausgegossen wurde und so die Hälfte eines Druckzylinders ausmachte. Immer unter Zeitdruck. Es war eine herrliche Zeit, denn man sah seine Arbeit buchstäblich erscheinen, gedruckte Realität werden, was dem Ego gut bekam.

Neben der Reaktionsarbeit waren Fortbildungskurse angesetzt, besonders im Bereich Tiefkühltechnik und Einzelhandel. Große Supermärkte kannte man aus Amerika, aber hier in Deutschland beherrschten noch die kleinen Läden an der Ecke und Genossenschaftsketten das Geschehen. Für diese war nicht nur die Anschaffung von Kühltruhen, sondern auch der knappe Platz zum Aufstellen derselben ein Problem. Wir konnten da praktische Vorschläge machen.

In meinem ersten Jahr als Redakteur konnte ich mir eine bessere Bude leisten und zog um in eine Dachetage (4. Stock). Auf demselben Stockwerk wohnten vier junge Damen, mit denen ich viel feierte. Denn ich war als Koch begehrt. Mustersendungen an den Verlag oder an mich mussten zwar abgegeben werden, aber das galt nicht für tiefgekühlte Waren, die uns zusammen mit Trockeneis zugestellt wurden. Sofortiger Verbrauch war nötig und so landete der größte Teil bei mir.

Meine nördlichste Reportage machte ich in Tromsö, Norwegen, nördlich des Polarkreises. Der Flug von Oslo an der unwirtlichen schroffen Küste entlang war beeindruckend. Hohe Berge mit Schnee, steil ins Meer abfallend, die vielen Fjorde. Tromsö lebte vom Fisch, genauer gesagt vom Kabeljau. Der Geruch danach waberte über der Stadt. Das Leben wurde von der Uhr diktiert, nicht von Tag und Nacht, denn als ich dort war, gab es da kaum einen Unterschied. Die Sonne schien 24 Stunden, wenn auch nur knapp über den Horizont.

Mein Blick aus dem Hotelfenster fiel auf unzählige Satteldächer auf den steinigen Flächen. Das waren keine Häuser, sondern Darren zum Trocknen von gesalzenen Kabeljauhälften. Auf die Entfernung hatte ich sie für Schindeln gehalten.

Ein Teil der angelandeten Fänge wurde also filetiert und gesalzen oder tiefgefroren und als Filets verkauft. Die besonders fette Leber kam im Hotel gebraten oder gekocht auf den Tisch. Sehr lecker, sehr fett und eigentlich brauchte man zur besseren Verdauung dazu einen hochprozentigen kalten Schnaps oder auch mehrere.

Auf meinen Reisen lernte ich viele Länder kennen: in Schweden die sehr modernen Frosteranlagen für Erbsen von Findus und die Zucht von Pilzen, in Belgien und Frankreich die Konservierung von feinem Gemüse, in der Schweiz die Herstellung von Eiskrem der Meisterklasse und so weiter.

Eines Tages unterbrach ein Schreiben der Bundeswehr meinen Frieden: der Einberufungsbescheid, schon mit Datum und wo ich mich zur Abholung einfinden sollte. Vor Jahren war ich gemustert worden und als bedingt tauglich als 3 klassifiziert, weil ich Senkspreiz Füße hätte, wohl eine Vorform von Platt Füssen. Mit einer Einberufung hatte ich gar nicht mehr gerechnet, weil mein Jahrgang mehr Rekruten liefern konnte als benötigt wurden. Den Dienst wollte ich nicht machen, weil ich die Zeit als verloren und schädlich für mein Weiterkommen ansah.

Mein unmittelbarer Chef Döring besprach das Problem mit dem Verlagsleiter. Beide waren begeisterte Militärs gewesen und hatten wenig Verständnis für meine Lage, wohl aber für die des Verlages, denn es gab für mich im Moment keinen Ersatz. Also wurde ein Antrag gestellt. Bei den Verbindungen, die Verlagsleiter Knapp zu seinen uniformierten Kameraden hatte, kein Problem. Mir gab dieser Bescheid aber zu denken und ich suchte nach Auswegen. Für den Moment war ich jedenfalls aus dem Raster der Einberufer heraus.

Obwohl mich Rita, die Frau unseres Hauswarts, sehr nett über einsame Tage hinwegtröstete, hatte ich nach wie vor engen Kontakt zu meiner Flamme Ursula in Bremen. Auf einem kurzen Urlaub in meiner Heimatstadt machte ich ihr einen Heiratsantrag. Die Verlobung fand abends im Haus meiner Eltern statt. Ursula war selig. Sie setzte sich auf den Schoss meines Vaters und sagte, nun habe sie auch wieder einen Vater. Ihre Mutter lebte schon sehr lange allein. Warum der Erzeuger sich davon gemacht hatte, weiß ich nicht.

Die Feier strebte so gegen 22 Uhr ihrem Höhepunkt zu, während bei mir ganz abrupt Ernüchterung einsetzte. Mir wurde plötzlich klar, dass die Heirat mich in meiner Freiheit einschränken würde. Das hätte ich eigentlich schon vorher wissen sollen, aber wenn man verliebt ist, lässt man vieles unbeachtet. Unter einem Vorwand zog ich mich zurück und verließ heimlich das Haus, Bremen und alles sonst. Ein Nachtzug brachte mich nach Frankfurt in meine Mansardenwohnung, wo ich kein Telefon hatte, mich also auch niemand erreichen konnte. In den folgenden Tagen spielte ich erst mal »krepiert«, wie wir es nannten. Dann folgte Häppchenweise die Auflösung.

In Köln öffnete die internationale Nahrungsmittel-Messe ANUGA ihre Tore. Für unseren Verlag war diese Messe sehr wichtigt. Ich ging dort auf die Suche nach Neuheiten für Reportagen. Unter anderem fand ich einen Stand des »Instituto do Café« aus Brasilien. Starker dunkler Kaffee mit Zucker wurde dort ausgeschenkt. Ganz plötzlich waren meine Erinnerungen an Brasilien wieder da, gemischt mit etwas Wehmut. Denn aus der

Entfernung verloren die scharfen sozialen Ungerechtigkeiten ihre Konturen und die positiven Elemente überwogen, vor allem meine Erinnerungen an die freundlichen Menschen, die mir ohne irgendwelche Vorbehalte oder Vorurteile begegnet waren.

Von der brasilianischen Botschaft war eine junge Frau abkommandiert: Gerti hieß sie. Wir kamen ins Gespräch und ich gab ihr gegenüber zu, dass ich seit meiner Rückkehr aus Brasilien öfter wehmütige Empfindungen hätte und eigentlich gerne wieder zurückkehren würde. Aber als Journalist sei das wohl unmöglich. Und wenn ich als Tabakkaufmann wieder nach Bahia gehen würde, fragte Gerti. Das wollte ich nicht riskieren, weil ich nicht wusste, wer alles in die Gründe für mein plötzliches Verschwinden eingeweiht war. Gerti erwähnte, sie habe vor ihrer Zeit in der Botschaft für einen deutschen Geschäftsmann in São Paulo gearbeitet. Jürgen Leisler Kiep hieß er. Der käme regelmäßig nach Hamburg zur Firma Theodor Wille. Wenn ich Interesse hätte, könne sie mir seine Adresse geben.

Und so kam es, dass ich den Herrn Leisler Kiep in Hamburg im Hotel Vier Jahreszeiten traf. Seine erste Frage war, warum ich nach Brasilien wolle. Da war ich vorsichtig bei meiner Antwort. Ich erwähnte meine Ausbildung zum Aussenhandels-Kaufmann und die Tatsache, dass ich meine als Journalist erworbenen Kenntnisse über den Lebensmittelsektor sehr gut bei der Akquisition von Industrieprojekten einsetzen könne. Seine nächste Frage hätte mich hellhörig machen müssen. Ob ich jede Tätigkeit während einer Bewährungszeit von einem Jahr übernehmen würde. Das sagte ich, ohne weiteres zu. Wir einigten uns darauf, innerhalb von einigen Monaten einen Vertrag zu machen. Das Wort Vertrag mochte Kiep gar nicht. Verträge seien dazu verdammt, gebrochen zu werden. Eine ganz neue Sichtweise für mich.

Aus der Presse wusste ich, dass sich die politische Lage in Brasilien zuspitzte. Der als Saubermann angetretene Präsident Janio Quadros warf nach wenigen Monaten alles hin und machte »okkulte Kräfte« dafür verantwortlich. Dahinter versteckte sich der Journalist und Herausgeber Lacerda, der eine erbarmungslose Kampagne gegen den Vice in Brasilia führte. Lacerda war in solchen Dingen erfahren, hatte er es doch mit einer Pressekampagne geschafft, Präsident Getúlio Vargas in den Tod zu treiben. Der Vice rückte nach: João Goulart. Und radikalisierte die Politik, wobei ihn die kommunistisch beherrschten Gewerkschaften unterstützten. Wieder zog Lacerda die Strippen im Hintergrund. Als Teile der Marine in Rio rebellierten, war das Maß voll. Das Militär intervenierte am 31. März 1964 und übernahm die Macht. Niemand musste sein Leben lassen. Das war eine für Südamerika untypische Situation, aber für Brasilien irgendwie doch »normal«.

Zweite Brasilienreise

Das Einstellungsgespräch mit Leisler Kiep fand im Haus seiner Mutter in Kronberg/Taunus statt, einem sehr schönen Anwesen mit alten Bäumen und viel Grün. Es verlief reibungslos. Ich akzeptierte seine Bedingungen. Bei der Gelegenheit lernte ich auch seinen Bruder kennen, der auf einem imposanten schweren Motorrad auftauchte: Walter Leisler Kiep, der später für die FDP Entwicklungshilfe-Minister werden sollte.

Brasilien fuhr zu jener Zeit eine sehr restriktive Politik gegenüber Ausländern, die in Brasilien arbeiten wollten. Man musste nachweisen, dass man Kenntnisse besaß, die brasilianische Arbeitnehmer nicht hatten. Dazu sprang die Regner Firma Perrot, Calw, ein, die für mich eine Bescheinigung ausfertigte und mich zum Beregnungstechniker machte. Unter dieser Berufsbezeichnung war ich viele Jahre tätig, in denen ich mir die Kenntnisse aus der Praxis auch aneignete. Es dauerte dann noch einige Wochen, bis das Konsulat mir das Visum erteilte.

Alles weitere regelte die Hamburger Firma Theodor Wille, die Kieps neuesten Mitarbeiter mit schelen Augen betrachtete. Ob es daran lag, dass ich aus Bremen stammte oder was sonst, weiß ich nicht. Jedenfalls wurde ich mit den dortigen Hanseaten nie warm, hatte aber auch wenig mit ihnen zu tun. Möglich, dass sie lieber einen Kandidaten ihrer Wahl nach São Paulo geschickt hätten, denn Kiep dirigierte aktiv das Geschehen von und für Brasilien und Theodor Wille war nur Vollzieher. Ich hielt die leitenden Personen für eine Gruppe »alter Knacker«. Von Pepp war da nichts zu spüren.

Blieb nur noch die Kündigung beim Deutschen Fachverlag. Der Wehrpass wanderte in die Schublade und wenn er nicht verschimmelt ist, liegt er noch irgendwo bis heute. Es war nicht ganz fair von mir, den Verlag vor vollendete Tatsachen zu stellen, nachdem der sich für mich beim Militär eingesetzt hatte. Aber ich meinte zu spüren, dass es bald zu einer neuen Einberufung kommen könnte.

Der Abschied von meiner Mutter fiel mir leicht. Wir hatten die Trennung ja schon vorher vollzogen. Mein Bruder Karsten, inzwischen fünf Jahre alt, war jetzt allein bei meiner Mutter, die immer mal bei meinem Vater mitfuhr und für Wochen »aushäusig« war. Wer sich um Karsten während dieser Reisen kümmerte, weiß ich nicht mehr.

Die Hamburger Hanseaten buchten wieder einen Dampfer nach Santos/Brasilien, ich glaube, es war der Königlich-Niederländische Lloyd. Dieses Mal ging die Äquator-Überquerung nicht ohne Hiebe und Knuffe ab. Die Matrosen hatten aus einer Persenning einen Schlauch genäht und mit Meerwasser geflutet. Durch den musste ich hindurchkriechen. Leichte Fußtritte gegen den Schlauch sorgten dafür, dass man sich beeilte, die etwa 10m zu überwinden. Ich war nicht das einzige Opfer. Hinterher gab es Genever und Bier und ein sehr gutes Essen.

Leisler Kiep steckte mich in eine Pension in einer Parallelstraße der Rua da Consolação, die von der Avenida Paulista mit ihren Banken und Multi-Unternehmen direkt leicht abwärts ins alte Zentrum am Munizipal-Theater führte.

Zunächst musste ich meine Personalpapiere beantragen, damit ich offiziell eingestellt werden konnte. Für Ausländer zuständig war die Politische Polizei, die nach der Machtübernahme repressiv gegen alles vorging, was politisch links war. Sie residierte in einem baulich kuriosen Gebäude mit Türmen und Türmchen über mehreren Stockwerken und verspielten Portalen. Die Außen Mauern bestanden aus nackten roten Ziegeln oder waren rosa angestrichen. Als ich da so auf einer langen Bank im Korridor wartete, kamen mir bange Gedanken. Was ist, wenn meine Kontakte zu den Lehrern in Arapiraca aktenkundig sind? Werde ich verhaftet und verschwinde in irgendwelchen Kellern? Aus dem Hintergrund wurden die Wartenden namentlich aufgerufen. Für mein Gefühl dauerte es schon zu lange. Da war was im Busch. – Endlich wurde ich aufgerufen: Hanseriqui! Ich hatte mich daran gewöhnt, dass es den Brasilanern schwerfällt, meinen Namen auszusprechen. Hinter einem alten Schreibtisch saß ein schwitzender Mann in Zivil. Ein Ventilator wirbelte die verbrauchte Luft herum und erzeugte auf der schweißnassen Haut das Gefühl von Kühle.

Warum ich nicht erwähnt hätte, dass ich schon mal in Brasilien war und zwar mit Arbeitserlaubnis. Einen Teil vom Behördenkram hätte ich gar nicht gebraucht. Meine Antwort: weil es mehrere Jahre her sei, hätte ich gedacht, das sei verfallen. Und damit gab sich der Mann zufrieden. Gelobt sei, dass es in der Kooperation von Behörden Lücken gibt!

Drei Monate pendelte ich zwischen Pension und Büro, um mich auf meinen Einsatz vorzubereiten. Dann ging es ab nach Recife, der am Atlantik gelegenen Hauptstadt des Bundesstaat Pernambuco, also im »armen Nordosten«. Die Reise fand per PKW statt. Mein Begleiter war der Kollege Carlos Liebenschütz, der sich die Reisetage damit vertrieb, mit einem Revolver auf die Verkehrsschilder zu feuern. Oder er machte anderen Verkehrsteilnehmern obszöne Zeichen und forderte mich dann auf, ich solle beobachten, ob die umdrehten und hinter uns herkämen. So wie die Schilder aussahen, schien das Schießen auf sie ein Nationalsport zu sein. Es ist nicht einfach, aus einem schnell fahrenden Auto so ein Schild zu treffen. Meist sah man den Einschlag gar nicht, hörte nur das klatschende Geräusch.

Kiep hatte mehrere Firmen in Brasilien. Seine Holding hieß Hanseatica, die laufenden Geschäfte wurden in São Paulo von Diederichsen-Theodor Wille getätigt; das Paradepferd war Asbrasil, die unter deutscher Perrot-Lizenz Beregnungsanlagen herstellte und außerdem baute er sich eine Farm im Inland auf. In Recife besaß er die Fabrik Tubos Guararapes, die Rohre aus Kunststoff und galvanisierte Stahl-Rohre produzierte. Diese Fabrik war sein Sorgenkind und ich sollte bald herausfinden, warum das so war. Der Leiter Nelson Farrah hatte sie nicht im Griff und Liebenschütz stand als Option für den Chefposten in Wartestellung.

Kaum waren wir in Recife angekommen, meldete sich

mein Blinddarm, der mir schon auf dem Schiff zugesetzt hatte. Ich musste sofort ins Krankenhaus und wurde von einem 6cm langen, chronisch entzündetem Fortsatz »entbunden«. In der ersten Zeit wohnte ich zur Untermiete im Stadtteil Boa Viagem bei einem deutschen Ehepaar mit einem kleinen Jungen und Babyzwillingen. Der Mann arbeitete bei der Schwesterfirma Asbrasil als Projektentwickler, im selben Büro wie ich.

Wiederhergestellt, unternahm ich die erste Dienstreise ins Inland. Ein Firmenauto erhielt ich nicht, sondern konnte entweder mit dem Verkäufer zusammen in dessen Geländewagen fahren oder war auf Busse angewiesen. Der Verkäufer hatte ein Alkoholproblem. Kaum waren wir aus Recife heraus, hielt er an einer Getränkebude und kippte den ersten Schnaps hinunter. Er forderte mich auf, auch einen zu kippen. Obwohl ich gerne einen trank, war mir das denn doch etwas unheimlich. Diese Buden boten nur den billigsten Fusel an, der unter Marken wie Pitú, Tres Fazendas und Tatú, abgefüllt in dunkelbraune Flaschen wie sie auch für Bier verwendet werden. Und schließlich wollte ich auch noch arbeiten.

1966 gab es in den meisten Orten des Inlands noch keine Banken. Unsere Kunden, die Bau- und Installationsmaterial verkauften, bewahrten ihr Geld in großen, gusseisernen Geldschränken auf. Unser Verkäufer war angehalten, ausgelieferte Rohre beim nächsten Besuch zu kassieren. Das tat er aber sehr oft nicht, sondern heimste lieber neue Bestellungen ein. Bei Tubos Guararapes führte es dazu, dass sich ein großer Stapel sogenannter

Duplicatas (Warenwechsel) aufhäufte, die bereits verfallen waren. Davon hatte ich viele dabei und die strikte Order, sie zu kassieren. Der Verkäufer war willkommen, dieser Estrangeiro (Ausländer) eher lästig, zumal mein Portugiesisch noch sehr beschränkt und holprig war.

Wenn man aus der Hafenstadt Recife heraus ist, ändert sich die Landschaft in eine trostlose mickrige savannenartige Landschaft. Karg und trocken. Weiter im Inland erhebt sich eine Bergformation, die parallel zur Küste verläuft und über ein Mikroklima verfügt. Die brütenden Tagestemperaturen sind dort abgeschwächt und die Luftfeuchtigkeit erhört. Eine der größeren Städte in dieser Region ist Garanhuns. Manche nennen sie die »pernambucanische Schweiz«. Wir wollten dort übernachten, bevor sich unsere Wege trennten. Der Verkäufer lud mich zu einer Pokerrunde ein. Die Spielregeln von Poker kannte ich zwar, hatte aber regelrechte Angst davor, mich in finanzielle Gefahr zu begeben. Inzwischen schleppte ich nämlich bereits einen Stapel Geldnoten aus den Inkassos mit mir herum. Es war nicht mein Geld. Unseren Verkäufer ließ ich mit den Pokerspielern allein und ging ins Bett.

Ein langes Jahr machte ich alle paar Wochen diese Inkassotouren, meistens alleine, denn mit dem versoffenen Verkäufer wollte ich nicht mehr fahren. Immer per Bus. Das funktionierte ganz ordentlich, obwohl zwischen den Anschlüssen oft viele Stunden lagen, in denen ich vor den Geschäften unserer Kunden wartete, ob der Besitzer sich nicht doch erweichen ließ und die Duplicatas bezahlte. Ich kann mich an einen Fall erinnern: ich saß dem Mann drei Tage auf der Pelle, bis er aufgab, mich bezahlte, damit er mich endlich los war.

In den Ortschaften gab es höchstens kleine Pensionen für Reisende, ohne Betten, dafür aber mit bis zu vier Hängematten in einem Raum und Gemeinschaftstoilette mit Dusche. Den Zustand will ich hier lieber nicht beschreiben. Wohin mit dem vielen Geld? Ich reiste zwar mit einem Revolver, aber was nützt der schon, wenn man schläft? Meine Methode ging so: entweder ich ging als erster ins Bett beziehungsweise in die Hängematte oder als letzter, wenn die anderen schon schliefen. In der Matte verteilte ich die Banknoten gleichmäßig und legte mich dann darauf, immer hoffend, dass ich aufwachen würde, wenn sich jemand daran zu schaffen machte. Morgens dann wartete ich, bis alle aufgestanden waren und ihr Frühstück einnahmen, um alles wieder einzusammeln. Auf eine Dusche verzichtete ich während der Woche meistens, obwohl es sehr heiß war, weil ich nicht in die Exkremente aus dem überlaufenden Klo treten wollte.

Unter dem Frühstück darf man sich nichts Besonderes vorstellen: ein gummiartiges Brötchen und etwas ranzige Butter. Manchmal vielleicht sogar ein Klacks undefinierbarer Marmelade. Dazu schwarz gebrannter Kaffee im Glas mit Milch und Zucker.

Insgesamt gesehen, gelang es mir, etwa die Hälfte der Schulden einzutreiben. Der Rest war verloren. Meine Erfahrungen führten dazu, dass strengere Maßstäbe eingeführt wurden. Und Kiep hatte ein Einsehen und meinte, ich habe mich gut geschlagen. Von da ab arbeitete ich im Innendienst.

Privat fand ein Tapetenwechsel statt. Ich fand ein Apartment hundert Meter vom Meeresstrand entfernt. Da ich mir die Miete allein nicht leisten konnte, zog ein Engländer, John Landers, mit ein. Er war ein enger Freund meiner ehemaligen Vermieterin Ami. Zwar kannte ich nur wenige Engländer, meinte aber an ihm einige typische Eigenschaften zu erkennen, darunter das Heben des rechten Arms und den Spruch »Hans du Nazi«. Ich revanchierte mich damit, die englische Nationalhymne zu singen, aber mit abgeändertem Text ».... Good Shave The Queen«. Das funktionierte besonders gut, wenn John sich gerade rasierte und seinen Schnauzer pflegte.

Er arbeitete für eine Forschungsstelle der brasilianischen Regierung und war für »Wasserhaushalt der Böden« zuständig, eine im trockenen Nordosten wichtige Tätigkeit. Wir kamen ansonsten gut miteinander aus.

Die amerikanischen Aktivitäten auf dem sogenannten Weltraumbahnhof Cap Canaveral in Florida waren zu dieser Zeit sehr stark. Die in Recife stationierten Marinesoldaten mussten bei jedem Testschuss auslaufen, um den Aufschlag von Raketenteilen und Kapseln zu beobachten und eventuell Material zu bergen. In den Ruhephasen dazwischen warfen die Mariner mit Geld um sich und waren gern gesehene Gäste im Nachtleben von Recife. Viele von ihnen wohnten in den Hotels am Strand von Boa Viagem und spendierten nachts Runden in den sogenannten Boates. Das sind Tanzschuppen mit angeschlossenen Zimmern. Bordell würde man in Deutschland dazu sagen. Die »Putinhas« (Nüttchen) kamen von weit her, um etwas von diesem Geldsegen zu ergattern.

Mit der »Liebe« scheint es jedoch nicht so weit her gewesen zu sein, denn kaum waren die Amis ausgelaufen, wendeten die Mädchen ihre ganze Gunst uns klammen Bewerbern zu und so manche Nacht folgte ohne jede Bezahlung, Getränke ausgenommen, aber das war fast immer nur »Cuba Libre«, also Rum mit Cola oder Bier. Das konnten wir uns leisten. Es war eine wilde, schöne Zeit und vertiefte meine Liebe zu Brasilien. Die Elendsviertel waren weit, die Militärregierung hatte das politische Geschehen gut im Griff und mit der Wirtschaft ging es langsam wieder aufwärts. Irgendwann erschien im »Stern« eine Serie unter dem Titel »Der Kreislauf des Krebses« mit schockierenden Bildern aus den Slums von Rio, Bahia und anderen Küstenstädten. Ich wollte davon nichts wissen und enthielt mich aller politischen Aktivitäten, die mich zu dem Zeitpunkt sowieso nicht interessierten, da ich mich voll und ganz auf mein Fortkommen konzentrierte.

Im Juli 1966 erhielt meine Ex-Vermieterin Besuch von ihrem Vater, der, da schon alt, von der jüngeren Schwester Ernestine, genannt Stine, begleitet wurde. Sie kamen aus Angola, einer portugiesischen Kolonie, von den Portugiesen Übersee-Provinz genannt. Da ich häufig bei Ami zu Gast war, erfuhr ich viele Details über das Leben dort. Es war das Jahr der Fußball-Weltmeisterschaft und wir hörten uns im Radio die Reportage über das Spiel Portugal-Nordkorea an. Bei Halbzeit lag Portugal gegen Nordkorea 2:0 zurück. Ich spüre noch heute die Spannung und Verzweiflung über diesen Stand. Aber dann drehte sich alles. Portugal gewann 3:2, dank der überragenden Leistung eines schwarzen Spielers: Eusebio. Der kam aus Mozambik. Es war phantastisch!

Aus einem Flirt wurde was Ernsteres. Ich ging abends gerne mit Stine in einem der vielen rustikalen Bambusschuppen tanzen. Die bestanden meistens aus Stützen für ein Dach aus Palmwedeln und einigen Tischen und Stühlen. Wände waren nur rudimentär vorhanden, sodass jeder noch so kleine Luftstrom reinkam. Recife ist eine heiße Stadt und die Luftfeuchtigkeit wegen der Meeresnähe hoch.

Je mehr ich von Stine und Ami, die kräftig kuppelte, über ihre Familie erfuhr, desto mehr Zweifel kamen mir. Man denkt in dem Alter ja noch nicht weit in die Zukunft, aber immerhin war mir klar, dass unsere Herkunft kulturell und traditionell sehr verschieden war. Hinzu kam, dass sie 6 Jahre älter war. Natürlich dachte ich auch an mein berufliches Fortkommen, konnte jedoch nichts entdecken, was gegen eine Bindung sprach. Mein Chef nahm es von der humorigen Seite, als ich ihn schließlich mit meinem Entschluss konfrontierte. Und er erwähnte, dass ich demnächst in São Paulo direkt unter seiner Leitung arbeiten würde. Nur Liebenschütz machte ein furchtbares Theater, schüttelte mit dem Kopf und zweifelte an meiner geistigen Verfassung. Den bisherigen Chef von Tubos Guararapes hatte man inzwischen rausgeworfen und Liebenschütz war sein Nachfolger geworden.

Stine und ich waren uns einig, aber was würde der

Herr Papa dazu sagen, der, das hatte ich schon gemerkt, ein sehr in Traditionen erzogener Mensch war? Ein Bürgerlicher und seine adelige Tochter? Da hatte Ami schon etwas Vorarbeit geleistet und versicherte mir, dass es keine Ablehnung geben werde. Also ab in die Höhle des Löwen!

Natürlich wusste der Vater, der den mir völlig fremden Vornamen Vollrat trug, schon von der »Verschwörung«, war also vorbereitet, als ich ihn um die Hand von Stine bat. Ich erinnere mich noch gut, was er mir mit auf den Weg gab: Du heiratest die beste meiner Töchter. Und das stimmte wohl!

Dann kam etwas, womit ich nicht gerechnet hatte. Stine bestand darauf, dass die Heirat auf der Kaffeefarm in Angola stattfinden müsse und ihr Vater uns trauen solle. So war es bei den anderen Geschwistern auch gewesen. Das hieß: eine lange, teure Reise nach Afrika und wieder zurück, nur um zu heiraten! Und für die Heirat brauchte ich eine ganze Reihe von Dokumenten, die nur meine Mutter in Bremen besorgen konnte. Eine sich komplizierende Lage. Briefe und Telegramme hin und her. Unter anderem wollten die portugiesischen Behörden in Angola ein polizeiliches Führungszeugnis. Das gab es damals gar nicht mehr in Deutschland, sagten die Beamten. In Bremen stöhnte man jedenfalls, denn natürlich war alles eilig. Wir wollten nämlich am 7. Januar 1967 heiraten. »Was wir für dich alles getan haben,« war später ein Standardkommentar meiner Mutter.

Bevor meine Verlobte mit Vater wieder abflog, suchten wir noch einen Schneider für meinen Smoking und Ohrringe mit Saphiren für sie aus. Wir fanden aber keine und nahmen dann blaue Turmaline, die sehr ähnlich sind. Die Ohrringe sollten zum Verlobungsring passen, der einen Saphir enthielt. Stine pochte da auf Tradition.

Kurze Zeit später rebellierten meine Mandeln wieder einmal. Diagnose: entfernen. Was bei Kindern ohne größere Komplikationen abgeht, ist bei Erwachsenen eine Quälerei. Sie wurden mir bei örtlicher Betäubung entfernt. Ich spürte noch lange danach die Metallschlinge, mit der die Mandeln »abgedreht« wurden. Kein schönes Gefühl. Stines Schwester Ami brachte mir Eiskrem ins Krankenhaus. Feste Nahrung durfte ich erst mal nicht zu mir nehmen, aber Eiskrem tat wohl.

Der Arzt entwickelte aus meinen Mandeln eine Art Serum, um die Resistenz zu erhöhen. Das sollte ich mir über einen bestimmten Zeitraum täglich subkutan spritzen. Die Zutaten, Nadeln und Spritze, transportierte ich in einer Metallschachtel, die mit Inhalt täglich in kochendem Wasser sterilisiert werden musste.

Hochzeit im Busch

Mitte Dezember war es dann soweit. Ich flog mit der TAP zunächst nach Lissabon. Im Gepäck mein Impfset, eine ausgestopfte Klapperschlange und den »auf Körper« geschneiderten Smoking, was wenig Probleme machte, denn ich war nach wie vor ein »dünner Spund«, wie mein Vater sagte. Natürlich waren meine Eltern eingeladen, aber mein Vater war angeblich nicht abkömmlich und meine Mutter meinte, sie müsse für meinen Bruder sorgen. Ich würde also ganz allein vielen fremden Menschen gegenüberstehen und fühlte mich ziemlich allein gelassen.

Im Hotel in Lissabon geriet ich wohl in den Verdacht, mir Rauschgift zu spritzen, weil ich morgens in der Küche auftauchte und darum bat, die Metallschachtel zu sterilisieren. Es ist mir wohl gelungen, die Leutchen zu beruhigen, denn Polizei tauchte keine auf. Bei der Spritze musste ich dafür sorgen, dass die sehr feine Nadel nur unter die Haut geschoben und der Inhalt der Spritze dann ganz langsam eingegeben wurde. Es bildete sich eine Quaddel, bis die Flüssigkeit vom Gewebe absorbiert war.

Einige Tage später. Der Flug von Lissabon nach Luanda fand stets nachts statt. Die portugiesische TAP konnte aus politischen Gründen nicht direkt über die Sahara Angola ansteuern, sondern musste um Afrika herumfliegen, also praktisch die ganze Zeit über dem Atlantik.

Es ist ganz interessant, wie sich manche Ereignisse im Leben erneut manifestieren. Angola begegnete mir schon im Gymnasium Am Barkhof. Dort war ein Neuer eingeschult worden. Er hieß Eckard Rolle und war der Sohn eines Kaffeefarmers aus eben jenem Angola. Er zeigte aufregende Briefmarken mit Motiven, wie ich sie noch nie gesehen hatte: wilde Tiere, erschreckende Tanzmasken, üppige bunte Pflanzen, halbnackte Frauen. Zu meiner Leidenschaft für Bücher, vor allem über Abenteuer, kam nun noch das Sammeln von afrikanischen Briefmarken. Auch andere Länder hatten entdeckt, dass man mit Briefmarken sehr positive Werbung machen konnte. Damals gab es noch viele Briefmarkenhändler, meistens wurden die Marken in Tabakgeschäften angeboten, als Packung mit 100 Stück aus aller Welt. Was ich nicht brauchte, tauschte ich auf kleinen Börsen.

Irgendwann am Vormittag kamen wir in Luanda an. Hitze war der erste Eindruck, aber die war ich aus Recife gewohnt. Pass- und Zollabfertigung erfolgten ohne Probleme. Mein Empfangskomitee bestand aus Stine, ihrer älteren Schwester Ilse und deren Tochter Benita. Das waren also die »sanfteren« Vertreter der Familiensippe. Stines Schwester Ami hatte mich über die »Macken« der Mitglieder etwas aufgeklärt und dabei besonders den Bruder namens Krafft als sehr kritisch und streng hervorgehoben. Vor dem solle ich mich in Acht nehmen. Und dann waren da noch die vielen Kinder der Geschwister, 14 an der Zahl. Die Jungs hatten nichts als Schabernak im Kopf und warteten bestimmt schon darauf, diesem Fremdling ordentlich einzuheizen. So weit möglich, wappnete ich mich.

Ab ging es ins Hotel Turismo und alle folgten mir bis ins Zimmer, um beim Auspacken zuzusehen. Ich musste mich wohl daran gewöhnen, dass ich, praktisch Einzelkind, jetzt dauernd von »Familie« umgeben war. Es gelang mir, die ausgestopfte Klapperschlange unter die Bettdecke zu stecken, ohne dass es jemand merkte. Geschenke hatte ich nicht mitgebracht, denn ich kannte keinen und wusste nicht um Vorlieben. Benita setzte sich aufs Bett und ich nutzte die Chance, die Decke aufzuschlagen. Der Erfolg war großartig und ich erst Mal aus dem Schneider.

Am Nachmittag bummelten wir durch die Unterstadt von Luanda, die sich an einer herrlichen Bucht entlangzieht, einfach »A Baía« genannt, mit der Palmen bestandenen Avenida Paulo Dias de Novais, allgemein als Marginal bezeichnet. Die Gebäude an dieser vierspurigen Prachtstraße waren durchweg mehrere Stockwerke hoch und vor den Läden und Büros im Parterre sorgten Arkaden für Schatten. Auf der anderen Seite der Bucht die schmale sandige Insel und dann der offene Atlantik.

Unter den Sonnenschirmen und nahe dem auf einem Bergrücken gelegenen Fort São Miguel löffelten wir im Baleizão am Lago Infante Don Henrique eine große Portion Eiskrem. Um uns herum wuselte der Verkehr. Autos aus aller Herren Länder. Luanda war eine aktive und dynamische Stadt. Das merkte man sofort. An den Kreuzungen regelten dicke Polizisten in grauen Uniformen mit altertümlichen Tropenhüten von Podesten aus den Verkehr.

Später fuhren wir in die Oberstadt, zuerst die Avenida Marginal entlang zum Hafen und dann windet sich die Straße den steilen Hang hinauf. Oben angekommen hat man einen atemberaubenden Blick auf Bucht und Insel. Hier oben stehen die Häuser der Begüterten, mit viel Grün, gepflegten Gärten. In einem Reihenhaus hatte Stines Familie im ersten Stock eine Wohnung, die auf einen kleinen öffentlichen Platz mit vielen Bäumen hinausging. Sie diente als Unterkunft seit 1961, als erste terroristische Aktionen kommunistischer Wühler begannen, die vom Kongo aus gelenkt wurden. Damals waren die Frauen und Kinder nach Luanda gebracht worden, während die Männer sich bewaffneten und auf den Farmen ihren Besitz verteidigen wollten. In dem Libolo genannten Gebiet kam es nie zu Überfällen und inzwischen hatte sich die Lage so weit beruhigt, dass alle wieder ganz normal ihren Geschäften nachgingen.

Dann war es endlich soweit. Wir brachen ins Inland auf. Über den Vorort Viana ging es auf schlecht asphaltierter Straße zunächst nach Dondo, immer an der Bahnlinie entlang, die nach Malange führte. Dondo liegt am Kuanza-Fluss, der südlich von Luanda ins Meer mündet. Wir setzten mit einer Fähre über und dann ging es stetig aufwärts. Die dumpfe Luft frischte spürbar auf. Unser Ziel war der Ort Calulo im Bezirk Libolo. Der liegt in 900 m Höhe. Das Klima ist für Europäer sehr gut. Die Regenzeit hatte begonnen und immer mal erwischte uns ein Schauer. Kurz vor Calulo fuhren wir durch die Schatten vieler Bäume, die die Straße säumten, über die Brücken kleiner Flüsschen und dann öffnete sich die Vegetation ganz plötzlich und vor uns lag Calulo. Zur Linken auf einer Anhöhe eine Art Festung, von der aus man sehr weit ins Land darunter sehen konnte. Von der Festung aus verlief eine geteerte Straße schnurgerade durch das Städtchen, mit Häusern und Geschäften auf beiden Seiten und kaum hatte man das in sich aufgenommen, waren wir auf der anderen Seite schon wieder raus, vorbei an einem Dorf aus Adobe Hütten und Blechdach von Schwarzen.

Nach weiteren 20 km bogen wir von der Erdstraße ab in einen Seitenweg, vorbei an mehreren Häusern, einem Farmhof und viel Kaffeebüschen unter Schattenbäumen. Das erste Haus links war die Wohnung von Stines Schwester Ilse und Georg, ihrem Mann, genannt Schorsch. Rechts Lagerhäuser und Fabrik zur Kaffeeaufbereitung, links dann die Sanitätsstation und Büro sowie Schuppen für Reparaturen der landwirtschaftlichen Maschinen. Als letztes direkt vor uns das Haupthaus, um das wir herumfahren mussten, denn der Eingang befand sich auf der anderen Seite. Die Front des Hauses wurde von Säulen getragen, mit einer langen Veranda und einer breiten Treppe. Und vor dieser aufgereiht standen mehrere schwarze Boys und dahinter der Vater Vollrat, sein Sohn Eberhard und Schwiegertochter und viele Kinder. Das Empfangskomitee. Ich wurde sehr neugierig beäugt und begrüßt. Den Rest der Familien lernte ich am Abend noch kennen.

Zum ersten Mal feierte ich Weihnachten im Kreise

einer vielköpfigen christlichen Familie. Bei uns in Bremen wurde das Fest ohne kirchliche Einbindung »abgehakt«. Es ging da mehr um die Geschenke, sonst nichts. In den drei Familien auf den Kaffeefarmen wurden alle während der Adventszeit mental auf das Fest vorbereitet, mit singen und beten. Eine ganz neue Erfahrung.

Und dann kam der große Tag, der 7. Januar 1967. Für den Patriarchen war es ein besonderes Fest, denn mit Stine verheiratete er die letzte ledige Tochter. Wie fühlte ich mich? Der Smoking zwickte, mir lief der Schweiß, denn es war heiß und wegen der Regenzeit auch feucht. Ich glaube, etwa 50 Gäste waren angereist, die zahlreiche eigene Familie nicht mitgerechnet. Fast alles Deutsche, vor allem von Nachbarpflanzungen, aber auch aus Luanda. So zum Beispiel der Boss des traditionell nach Deutschland orientierten Handelshauses Sociedade Luso-Alema, Alexander Wünsche. Portugiesen waren nur zwei darunter, was mich doch etwas wunderte. Schließlich lebte man unter ihnen.

Da wir überall wissen ließen, dass ich wieder zu meinem Job in Brasilien zurückkehren würde und man daher möglichst auf Geschenke von Gegenständen verzichten solle, kamen erkleckliche Barbeträge zusammen, für unsere Möbelkäufe gerade zum richtigen Zeitpunkt.

Aber vor der Rückkehr nach São Paulo machten wir erst mal Flitterwochen in Angola. Wir wollten eine Rundreise mit dem Auto machen. Die erste Nacht verbrachten wir gar nicht weit von der Farm entfernt in Muquetix, einer sogenannten Pousada (ländliches Hotel). Dann ging es weiter über Quibala, Gabela in die

Hafenstädte Lobito und Benguela. Dort gab es ein Bungalow-Hotel der CFB – Caminho de Ferro de Benguela, der Eisenbahngesellschaft. Die Zimmer gingen direkt auf den Strand. Das Meer war keine 50m entfernt. Man wurde nachts vom Rauschen der Wellen begleitet und immer wehte ein Wind, der die Hitze und Luftfeuchtigkeit etwas erträglicher machte.

Während der Zeit in Angola wurde zwar über die »Turras« gesprochen, wie die Portugiesen die Freiheitskämpfer oder Terroristen nannten, je nach politischer Ausrichtung, aber ich habe nichts von terroristischen Aktivitäten gemerkt. Alles war friedlich, nicht mal erhöhte Präsenz von Militär.

Der Abschied von der Familie war für Stine tränenreich und sehr einschneidend. Noch wurde mir nicht bange, wie sich unsere gemeinsame Zukunft entwickeln würde. Von Angola und der Farm nahm ich sehr positive Eindrücke mit, auch von der portugiesischen Politik.

Zunächst flogen wir zurück nach Lissabon und dann weiter nach Bremen. Ich wollte doch meine Frau vorstellen. Die Nachbarn wussten von meiner Mutter schon Bescheid. Gernot Döring, mein Ex-Chef, lud zu einem gemütlichen Abend ein und bat mich, doch in São Paulo einen Freund zu besuchen. Sein Name sei Herbert Lichtenfeld. Ja, ganz recht, sagte Döring, Lichtenfeld sei Jude, wie der Name schon vermuten ließ, und sein Freund. Na, das war eine Überraschung. Wie kommt ein ehemaliger SS-Mann zu einem jüdischen Freund? Döring wollte es mir nicht sagen. Natürlich machte mich das neugierig. Ich versprach, ihn in São Paulo zu besuchen.

Stine wollte unbedingt noch einen Abstecher nach Heeren in Westfalen machen. Von dort kam ihre Mutter, die ich nicht mehr kennenlernte. Im Heerener Schloss wohnten ihre Tanten. Also fuhren wir mit der Bahn hin, eine etwas komplizierte Reise, weil wir zweimal umsteigen mussten bis Kamen. Wir blieben eine Nacht im Schloss, schliefen in einem knarrenden riesigen Bett und Stine musste einen Berg von Fragen ihrer Tanten beantworten. Alle waren sehr neugierig.

Unser Wunsch war es, die Rückfahrt nach Brasilien per Schiff zu machen. Erfahrung hatte ich schon von zwei Seereisen. Dieses Mal fuhren wir mit der ganz neuen »Cap San Augustin« der Hamburg-Süd. 12 Tage herrliches Wetter, sehr gutes Essen, freundliche Offiziere. Nachts nach Teneriffa friedliche Nächte auf Deck, mit einem phantastischen Sternenhimmel, wie man ihn an Land nur ganz selten zu sehen bekommt. Die Erinnerung an diese Reise ist noch heute präsent. Das Meer glatt, tagsüber begleiteten uns am Bug ganze »Schulen« von Delfinen.

Als erstes mussten wir in São Paulo eine Bleibe mieten. Wir buchten also im Hotel São Paulo, im Zentrum an der Praça da Bandeira gelegen ein Zimmer. Als ich eines Tages vom Büro zurückkam fand ich Stine am Fenster stehend und auf die laute Avenida Anhangabaú hinuntersehend, über die sich die Blechlawinen laut hupender Autos bewegten. Sie weinte. Ich tat zuerst so, als ob ich es nicht bemerkt hätte. Aber die Tränen hörten so bald nicht auf.

Wir fanden unsere Bleibe nur einige hundert Meter

entfernt vom Büro an der Rua da Consolação 1222 in einem Hochhaus und bezogen Apartment 124 im 12. Stock. Das gesammelte Geld aus der Hochzeit war dann sehr schnell für die Einrichtung ausgegeben, denn wir begannen ja bei null. Unter den ersten Anschaffungen war ein Aquarium. Ich dachte mir, dass meine Frau auf diese Weise »pflegeleichte« Lebewesen um sich hätte, denn tagsüber war sie allein im Apartment. Obwohl das Hochhaus vollständig bewohnt war, war es äußerst schwierig, Kontakte zu Nachbarn herzustellen. Man sah sich im Fahrstuhl, sagte Guten Tag und das wars dann auch schon. Auf unserer Etage befanden sich vier Apartments. Mit keinem dieser unmittelbaren Nachbarn hatten wir näheren Kontakt und das blieb so, bis wir auszogen.

Um in der Freizeit dem Grau der Gebäude zu entfliehen, hatten wir zwei Optionen: einen Club im Grünen, dem man beitreten musste, und sonntägliche Morgenspaziergänge auf dem Friedhof an der Consolação. Der lag nur wenige hundert Meter vom Hochhaus entfernt. Wir wandelten zwischen Gräbern und wunderten uns über die Darstellungen auf den Gräbern für die Nachwelt, teilweise wuchtige und aufdringliche Bauten von Grüften, in denen Generationen Platz hatten und noch Plätze frei waren. Beklemmung beim Gang zwischen den Toten hatten wir keine.

In der Gegend der Consolação gab es viele kleine Restaurants, Bars und Bierstuben. Dort probierte ich zum ersten Mal Jacaré oder Krokodil. Der Schwanz wurde wohl zunächst gekocht und dann gegrillt. Das Fleisch ist fast weiß und erinnert an eine Mischung aus Huhn und Fisch.

Die andere Option setzte ich mit Hilfe meiner Sekretärin Wiltrud Suck um. Sie war Mitglied im Clube Campo de Castello und sorgte dafür, dass wir eine Quote oder Aktie erwerben konnten. Der Club liegt an einem der wichtigen Stauseen, die die Metropole São Paulo mit Wasser versorgen. Flächen unter alten Bäumen mit vielen offenen Bratstellen für Churrasco standen den Mitgliedern zur Verfügung. Am Ufer des Sees Ankerplätze für Boote jeder Größe, die man auch mieten konnte. Wir waren oft an den Wochenenden dort, eine schöne Entspannung in dem Moloch São Paulo.

Als wir dort eintraten, gingen gerade die Wellen hoch. Der Club hatte ein indisches Ehepaar aufgenommen! Laut Gesetz gibt es keine Rassenschranken, aber in perverser Form werden sie trotzdem praktiziert. Einen Schwarzen habe ich dort nicht gesehen, es sei denn als Angestellter. Bei den Clubs müssen Mitglieder für Neue gutsagen. Im überwiegend schwarzen Bahia funktioniert das ebenfalls, wie ich von früher wusste. Der Jachtclub dort hatte nur weiße Mitglieder. Dort mussten mehrere Personen einen Kandidaten empfehlen.

Es wurde Zeit, dass ich mein Versprechen gegenüber Döring einlöste, nämlich den jüdischen Freund zu besuchen. Herbert Lichtenfeld bewohnte ein Apartment gar nicht weit von unserer Bleibe an der Rua da Consolação entfernt. Wir wurden zum Abendessen eingeladen. Beide Lichtenfeld sprachen noch fließend Deutsch, obwohl er seit dem Krieg in England gelebt hatte und auch die britische Staatsangehörigkeit besaß. In seiner ganzen freundlichen Art, sich zu geben, sich zu kleiden, war er das, was ich mir unter einem konservativen englischen Gentleman vorstellte. Die Wohnung atmete Kultur und Gediegenheit.

Es dauerte nicht lange und »das Thema« wurde angeschnitten. Wie kam es zu einer Freundschaft zwischen einem Juden und einem ehemaligen Angehörigen der Waffen-SS? Lichtenfeld, der nur sich und seine Frau vor den Schergen der Nazis retten konnte, verlor seine gesamte Familie. »Ja, wie kam es zu dieser merkwürdigen Freundschaft,« fragte er. Lichtenfeld war Verbindungsoffizier der britischen Armee und betreute die Insassen der Gefangenenlager, speziell alle SS-Leute. Und zwischen ihm und Döring entwickelte sich Empathie. Döring erzählte ihm, dass er sich sofort nach dem Notabitur freiwillig zur SS gemeldet hatte, die an den Gymnasien für ihren Orden warb. Man war glühender Nationalist und konnte es nicht erwarten, nach der Ausbildung an die Front zu kommen. Von Rassenhass wusste Döring nichts, nur dass sich die SS für etwas ganz Besonderes hielt. Konzentrationsläger? Ja, für Gefangene. Mehr wussten die jungen Rekruten nicht. Lichtenfeld hielt sie für fehlgeleitete junge Männer, deren Enthusiasmus man ausgenutzt habe.

Wir verließen das Ehepaar schwer beeindruckt. Lichtenfeld, der sich geschworen hatte nie wieder einen Fuß nach Deutschland zu setzen, besuchte Döring später in Hamburg. Einige Jahre später nahm sich Döring das Leben. Er war wohl Opfer seiner eigenen Sucht nach

Sex geworden. Als es nicht mehr so lief wie er es wollte, verlor das Leben für ihn jeden Wert.

Das Regiment in Kieps Büro Edificio Filizola führte die Sekretärin von meinem Chef, Donna Ursula, wie sie sich nennen ließ. Kiep hatte einen eigenen Raum, sehr schön mit Holztäfelung eingerichtet, dessen Tür stets verschlossen blieb. Es herrschte ein stetes Kommen und Gehen. Sein wichtigster Mitarbeiter war Jorge Strotbek, zuständig für die Finanzen. Kiep verdiente wohl mehr mit seinen Finanztransaktionen und Firmenbeteiligungen als mit dem reinen Vermittlungsgeschäft, obwohl sein wichtigster Kunde die Industrie- Gruppe Matarazzo war, deren Zentrale in einem wuchtigen, ästhetischen Gebäude direkt am Viaduto do Chá residierte. Im Erdgeschoss befand sich die eigene Bank, darüber die Verwaltung und der Repräsentationstrakt vom Conde Matarazzo, dem obersten Chef. Alles in Original-Carrara Marmor verbaut. Alle Maschinen, die aus deutschsprechenden Ländern stammten wurden via Theodor Wille Hamburg und Kiep koordiniert. So war die Absprache. Kiep liess sich diese privilegierte Stellung einiges kosten. Wohin allerdings die Provisionen wanderten erfuhr ich nie.

Es war für mich die Zeit vieler Reisen innerhalb Brasiliens. Ich hatte mir einen VW-Käfer gekauft, der in Brasilien Fusca genannt wurde. Das war eine abgespeckte Version des deutschen Käfers, auf das noch nicht sehr gut ausgebaute technische Assistenznetz in Brasilien zugeschnitten. Ich wollte Konservenfabriken besuchen, die vor allem im Süden Brasiliens arbeiteten.

Entsprechende Vertretungen aus Deutschland hatte ich mir besorgt. Kiep ließ mir da jede Freiheit. Als Kieps Frau Helga, mit der Stine engeren Kontakt hatte, erfuhr, wohin wir fahren wollten, drängte sie uns, auf jeden Fall Wolldecken mitzunehmen. Wir würden durch extrem kalte Gebiete kommen. Mein Auto hatte keine Heizung und als wir in den südlichen Bundesstaat Santa Catarina kamen, leisteten diese Decken uns während der Fahrt gute Dienste. Im Inland sank die Temperatur auf unter null. Bei Frau Kiep verkehrte meine Frau öfter. Sie saß in ihrem Haus in Santo Amaro mit dem jüngsten Sohn Bernhard, ziemlich allein. Kiep hatte wohl schon das Interesse an ihr verloren und nahm ihr den Nachzügler übel. Seine ganze Liebe galt der hübschen, selbstbewussten Tochter (ein echter Feger, wie wir sagten), die einen Göbbels heiratete, ein Neffe des Propaganda-Ministers unter Hitler. Der arbeitete für einen deutschen Konzern in Brasilien.

Wir kamen bis nach Rio Grande, am südlichen Ausgang der Lagoa dos Patos von Rio Grande do Sul, wo ich eine Zwiebel-Trocknungsanlage besuchte. Die Bauern dort hatten sich endlich entschlossen, die Zwiebeln zu verarbeiten, statt sie frisch auf einem Markt anzubieten, der gleichzeitig aus anderen Gegenden mit Zwiebeln überschwemmt wurde. Entsprechende Trocknungsanlagen von Büttner bot ich an.

Die Regierung hatte mit dem Ausbau von Universitäten vor allem im Nordosten begonnen. Ich nahm Vertretungen für wissenschaftliche Geräte dazu, unter anderem Mikroskope und Mikrotome der österreichischen

Firma Reichert Optische Werke. Die bestanden darauf, dass die Vertreter an Kursen teilnehmen müssten, um ihr Gerät auch warten zu können. Also reiste ich nach Wien. Der Mikroskopie Kurs dauerte zwei Wochen. Morgens Theorie, meistens Physik, nachmittags Praxis mit den verschiedenen Geräten. Es nahmen Vertreter mehrerer Länder daran teil. Mit zwei Holländern schloss ich engeren Kontakt.

An den langen Abenden gingen wir in die Weinschenken und ließen uns von Wein, Schrammelmusik und Ambiente einfangen. Dort lernte ich einen jüdischen Anwalt kennen, der nach eigener Aussage ein guter Freund von Simon Wiesenthal war, dem Leiter des Jüdischen Dokumentationszentrums. Davon hatte ich schon gehört. Bei dem Aufspüren von Nazis hatte Wiesenthal wiederholt entscheidende Hinweise gegeben. Ob ich mit dem mal sprechen wolle. Auf meine Frage, warum, meinte der Anwalt, in Brasilien gebe es noch Nazis mit krimineller Vergangenheit, die sich der Festnahme und Bestrafung bisher entzogen hätten. Ich könnte ja mal herumhören unter den Deutschen.

Da war er wieder, dieser Kitzel nach Abenteuern, der mir schon mal geschadet hatte. Oder war es meine Sehnsucht nach elitärem Tun? Zu diesem Zeitpunkt konnte ich das noch nicht so energisch spüren wie später. Ich erbat Bedenkzeit und sprach mit den beiden Holländern darüber. Und die rieten mir dringend ab, wobei man berücksichtigen muss, dass die Niederländer nicht gerade für ihre Deutschfreundlichkeit bekannt waren. Wenn du dich da einfangen lässt, kommst du nie wieder davon los, meinten sie. Es sei wohl richtig, Nazis zu jagen, aber das sei doch wohl nicht meine Sache. – Beim nächsten Treffen mit dem Anwalt sagte ich ab. Er hatte sogar schon einen Termin bei Wiesenthal für mich festgemacht. Immerhin speicherte ich diese Begebenheit in meinem Gedächtnis. Man kann ja nie wissen…Aber es blieb ein bisschen »schade, dass…« zurück, bis heute.

Unsere wissenschaftliche Abteilung bei Diederichsen-Theodor Wille wuchs unter der Leitung vom Österreicher Brichta und damit auch die Häufigkeit meiner Reisen. Über eine muss ich unbedingt berichten. Es war, glaube ich, in João Pessoa, Paraíba, also im Nordosten. Dort wurde eine neue Anatomie eingerichtet, in einem um eine Grünfläche herumgebauten Flachbau im Bungalowstil. Die Türen gingen alle nach Innen auf einen offenen Gehweg. Der Anatomiesaal hatte eine halbhohe Schwingtür, wie man sie aus Texasbars in Wildwestfilmen kennt. Im Saal war Platz für 12 Zementtische, auf denen die für Studenten verfügbaren zu sezierenden Leichen lagen. Um diese herum wuselten die. Der eine entnahm ein Auge, ein anderer setzte ein Bisturi an, um die Glandulas Mamarias zu extrahieren, wieder ein anderer machte sich am Hals oder dem Brustkorb zu schaffen. Dann entschwanden sie in einen benachbarten Raum zur näheren Begutachtung ihrer Extrakte.

Ich musste erst mal schlucken und meinen Magen beruhigen. Der Geruch nach Formol war sehr stark. Der Professor zeigte sich sichtlich stolz und führte mir alles vor. Trotz der Hitze draußen, gab es keine Klimaanlage, nur natürliche Ventilation und einige elektrische Ventilatoren unter der Decke.

Ich war angereist, um unser Reichert-Programm sowie Laborglas und Porzellan zu verkaufen. Leider kam ich zu spät. Das Rennen hatte die DDR gemacht, die an die Universitäten ihr komplettes Programm von Zeiss lieferte. Es handelte sich um ein Kompensationsgeschäft gegen landwirtschaftliche Produkte wie Kaffee und Südfrüchte. Mit unseren marktwirtschaftlichen Methoden konnten wir dagegen nichts ausrichten.

Im Gespräch mit dem Anatomen kamen wir auf die schlechte »Versorgung« deutscher Universitäten mit Leichen für Lehrzwecke zu sprechen. Er erzählte, dass bei ihm fast, könne man sagen, ein Überangebot herrsche. Das sei alles bestens organisiert. Trupps klapperten morgens früh die Zufahrtsstraße aus dem Inland ab und sammelten auf, was dort so lag. Bei der katastrophalen Lage der medizinischen Versorgung schafften es viele nicht mehr bis ins Krankenhaus der Hauptstadt. Jede Woche kamen zwei oder mehr »Eingänge«, die zunächst ins Formolbad gesteckt wurden. Man wartete einige Tage. Wenn niemand kam, der nach den Leichen suchte, wurden sie seziert.

Ein wichtiger Platz war Pernambucos Hauptstadt Recife. Die dortige Universität suchte nach Gefriermikrotomen, die wir im Angebot hatten. Das sind Geräte, in denen Gewebeproben schockgefroren und in hauchdünne »Scheiben« geschnitten werden, die man dann sofort auf Krebs untersuchen kann. Oft steht das Gerät im Operationssaal und die Bestimmung, ob Krebs oder nicht, wird gemacht, während der Patient noch auf dem Tisch liegt. Hier kam ich im richtigen Moment.

Weiter ging die Reise nach Bahia. Ohne geschäftliches Ergebnis, dafür aber mit einer makabren Einlage, wobei man Einlage wörtlich nehmen kann. Eingelegt in Spiritus starrten mich acht grimmige Gesichter an. So kam es mir vor, obwohl die Augen geschlossen waren. Das waren mal Mitglieder der Cangançeiros gewesen, einer Bande von Banditen, die über viele Jahre das Hinterland unsicher gemacht hatten. Ihr Anführer nannte sich Lampião (Virgolino Ferreira) und hatte sieben Bundesstaaten im Nordosten Brasiliens, zusammen mit zwei weiteren Banden, über Jahre unsicher gemacht, bis er 1937 getötet wurde. Lampião war einer in einer Kette von Aufrührern, die nur in der Trostlosigkeit des Sertão genannten Trockengebietes mit seinen geschundenen Menschen entstehen konnten. Es gibt einen berühmten auch in Deutschland gezeigten Film über die Cangaceiros, mit ihrer ledernen Kleidung und Hüten, die vor allem zu Fuß unterwegs und schwer zu fassen waren. Ihre Kleidung war dem von stacheligen Gewächsen durchsetzten Sertão angepasst, wirkt aber auf Europäer etwas lächerlich.

In Salvador Bahia besuchte ich Rolf von Czekus, der dazumal bei Gebrüder Kulenkampff volontierte und den ich in die »Fliege« eingeführt hatte. Er war inzwischen fromm geworden. Das schrieb ich ja schon. Er lebte in Bahia bei einer amerikanischen Baha-í Familie. Ich nahm an einem Abendbrot teil. Zunächst wurde gebetet, wobei sich alle rund um den Tisch herum an den Händen fassten, und dann das Brot brachen. Der Brotteller wanderte von einer Hand zur anderen. Kein Alkohol. Ich erfuhr wichtige Details über die Sekte, die weltweit gut vernetzt war. Es gab die sogenannten »Sieben Hände«, das waren Personen, die den Kontakt zwischen den Gruppen machten und sich regelmäßig besuchten. Im Taunus befand sich ein Tempel der Baha-í. Das Hauptheiligtum steht in Israel. Die Baha-í waren im Iran streng verboten. Mich hat die Einfachheit dieser Menschen beeindruckt, die keine offensive Werbung für ihren Glauben machten. Soweit ich es feststellen konnte, stammten die Mitglieder alle aus gut situierten Verhältnissen und waren überwiegend Akademiker. Hier meldete sich bei mir wieder diese Sehnsucht nach dem besonderen, dem ausgewählten, der Elite. Ich bin der Religion später nachgegangen und fand nur Positives dazu.

In São Paulo hatten sich die Prioritäten bei meiner Firma verschoben. Kiep verbrachte viel mehr Zeit mit seiner Farm im Inland des Bundesstaates und mit der Spekulation von Aktien. Bei der Farm ging es zum Beispiel darum, ob man aufforsten sollte, natürlich nur bei staatlicher Unterstützung durch Steuererleichterungen. Sein Bruder war inzwischen Entwicklungshilfe-Minister in einer CDU-FDP-Regierung geworden und ließ sich immer mal in Brasilien sehen. Ob und was da für Jürgen Kiep lief, weiß ich nicht. Der es wusste, sein Finanzmann Strotbek, sagte nichts.

Privat gab es Tapetenwechsel. Wir zogen aus dem Hochhaus im Zentrum aus und in den etwas feineren Vorort Santo Amaro, allerdings ganz am Anfang, wo die Häuser noch kleiner und einfacher waren, in einer Abzweigung nach rechts an der Avenida Santo Amaro. Vom Hochhausbeton zogen wir in den Flachbau-Zement. Um das neue Häuschen gab es keine einzige Stelle, wo man Erde sehen konnte, alles zugemauert, zu zementiert. Aber wir waren aus der Anonymität der Wolkenkratzer heraus! Und mit unserer Nachbarin, der an uns am gemeinsamen Trockenplatz für Wäsche grenzte, hatten wir sofort Kontakt: Donna Gertrudis, die Stinchen ganz lieb Donna Ernestinchen nannte. Ich muss ihr hier ein kleines Denkmal setzen, denn sie nahm mir viel psychologisches »Gepäck« ab, weil sie da war, wenn meine Frau wieder mal ihren »moralischen« kriegte.

In einer nahen Tierhandlung sah ich eines Tages einen etwa 20cm großen grün-gelben Papagei. Als ich mich ihm in seinem Vogelbauer näherte, zog sich die Iris seiner goldgelben Augen aufgeregt zusammen und er plusterte sich. Es war Liebe auf den ersten Blick zu diesem kleinen, noch sehr jungen Vögelchen. Wir kauften ihn. Damals waren die Gesetze zum Vogelschutz noch nicht so streng. Mir war durchaus klar, dass der Papagei aus Nestplünderungen stammte. Aber das war nun mal geschehen und damit basta! Unsere Fische erhielten also Gesellschaft. Unser privates Leben wurde von diesem charmanten, personenbezogenen, sich immer einschmeichelnden, immer neugierigen, temperamentvollen Papagei jedenfalls umgekrempelt. Wir nannten ihn Hugo. Er sollte für viele, fast 40 Jahre unser geliebter Begleiter sein. Wahrscheinlich war Hugo ein weibliches Tier, denn es schloss sich bedingungslos an mich an. Stine, mit ihrer bei Tieren ausgeprägten Geduld, hatte bei ihm kaum

eine Chance. Man sagt, dass Tiere den Geschlechts-
unterschied durchaus spüren. Ist das so?

In Santos lag Kieps Segeljacht. Von ihr gehört hatte
ich schon mehrmals, aber noch nie gesehen. Im Büro
wurde diskutiert, wie man die in Europa erworbenen
Instrumente für die Navigation einbauen könne, die in
Uruguay lagerten, ohne dass sie durch den brasilianischen Zoll mussten. Man entschied sich dafür, die Jacht
nach Uruguay zu segeln, sie in Punta del Este damit aus-
zurüsten und nach Santos zurückzusegeln. Dazu sollten
zwei Mannschaften zusammengestellt werden: eine für
die Hin-, die andere für die Rückfahrt. Der erste Teil war
schnell erledigt und die Jacht legte ab Richtung Süden.
Skipper war Werner Klaussner, von der Asbrasil für die
Reise nach Süden. Kiep und die neue Crew sollte dann
in Punta del Este übernehmen, für die Rückreise.

Wieso Kiep mir anbot, Teil seiner Crew zu sein, weiß
ich nicht. Ich war ja nicht mal »Seemann«, nur jemand
mit zwei linken Händen, wo zwei rechte Hände nötig
wären, besonders auf einer Segeljacht. Natürlich nahm
ich an. Das würde bestimmt wieder ein aufregendes
neues Abenteuer.

Nach Uruguay fuhren wir mit Kieps neu herausgekom-
menen Fahrzeug, dem Galaxi, einem riesigen »Schlitten«
mit einem Schluckspecht von Benzinmotor, der sehr gut
beschleunigte.

Er hatte schon seit vielen Jahren einen Fahrer, der ihn
auch in São Paulo immer herumkutschierte: Francisco.
Wir waren vier für den Crew-Wechsel: Kiep, zwei na-
menlose und ich. Als wir bei der Werft in Punta del

Este ankamen, war kein Boot zu sehen, auch keines da gewesen. Wir standen vor einem Rätsel. Die Telefonverbindungen waren damals schlecht. Im Büro hatten sie eine Person, die den ganzen Tag nichts anderes tat, als zu versuchen, eine Freileitung oder »Amt« zu ergattern. Mit Glück kamen wir durch. Keine Nachricht.

Am letzten Abend besuchten wir das Spielcasino von Punta del Este. Und siehe, wen wir dort trafen: den ins Exil abgeschobenen brasilianischen Präsidenten João Goulard. Der gab sich ganz locker. An Geld mangelte es ihm jedenfalls nicht. Kein Wunder. Dieser Linke hatte Reichtum im Rücken. Der Familie gehörten weitläufige Farmen in Rio Grande do Sul.

Es wurde beschlossen, die Küste abzuklappern, ein mühseliges Unterfangen, denn es gab keine ausgebaute, gut befahrbare Küsten Straße. Die Fernstraßen verliefen meisten weiter im Inland und zu den verschiedenen Häfen gingen Stichstraßen.

Schließlich fanden wir das Boot in Santa Catarina. Warum es nicht bis Punta del Este gekommen war? Widrige Winde, Probleme mit dem Motor und dem Ruder. Aber alles schon behoben. Nur der Einbau der im Ausland gekauften Instrumente musste verschoben werden. Also: Crewwechsel! Skipper war jetzt natürlich Kiep selbst.

Es war später Nachmittag als wir ablegten. Steter Wind aus südlicher Richtung. Genau richtig für den Törn nach Santos. Kiep setzt sich in die vordere Ecke der Plicht. Er trug einen abgetragenen Ledermantel, der wohl ehemals schwarz gewesen war, jetzt aber grau wie von Schimmel. Es handelte sich um seinen U-Bootfahrer-Mantel aus dem 2. Weltkrieg, den er irgendwie hinübergerettet hatte.

Da saß er nun und sang leise: »Und der Wind, der weht, übers weite Meer...« Die Sonne ging über dem Küstengebirge unter und das Meer schob uns mit kleinen Wellen vor sich her. Die Beleuchtung des Kompassgehäuses warf warme Schatten, der Kompass schwamm in seiner Flüssigkeit. Wir hatten das Hauptsegel mit seinem schweren Querbaum und das Bugsegel gesetzt, nicht den Spinaker vorne. Kiep erklärte für die Nacht: »Achtet auf den Kompass. Die See kommt leicht von achtern steuerbord. Ihr müsst immer, wenn eine Welle kommt, etwas gegensteuern und auf den alten Kurs zurückfallen. Volle Aufmerksamkeit!« Damit wünschte er uns Gute Nacht und verschwand nach unten in seine Koje.

Jeder Bootsgast hatte drei Stunden Ruderdienst und dann war ich dran. Schon vor dem Wachwechsel zu mir, geriet die Jacht aus dem Kurs. Kiep, in seiner Koje merkte es sofort. Er tauchte fuchsteufelswild auf und beschimpfte den Rudergast mit den unflätigsten Ausdrücken. Und immer wieder warnte er vor dem Hauptsegel, das querab stand. Er hatte den Kursfehler am Flattern des Segels gespürt.

Ausgerechnet in dieser unstabilen psychologischen Situation musste ich das Ruder übernehmen. Ich fühlte mich nach dieser Beinahe-Pleite ausreichend motiviert, alles richtig zu machen. Kiep verschwand nach unten. Und die ersten beiden Stunden vergingen, die Wellen schoben und ich korrigierte den Kurs, immer die Augen fest auf den Kompass gerichtet, der in seiner Flüssigkeit schwamm und so beruhigend wirkte.

Es muss wohl eine etwas größere Welle gewesen sein, die sich achtern aufbaute und das Boot stärker aus dem Kurs hob. Jedenfalls schrillten meine Nerven Alarm, als es schon zu spät war. Ganz plötzlich war ich 20 Grad aus dem Kurs. Das Schott ging auf, Kiep erschien mit wildem Blick und gab Befehle, beizudrehen. Zu spät. Der Mastbaum kam mit voller Wucht herum. Ich konnte gerade noch den Kopf einziehen, sonst hätte er mich mit seiner kinetischen Energie voll erwischt. Es knallte furchtbar, als das Segel andern Bords wieder vom Wind erfasst wurde. Patenthalse nannte Kiep das. Oft geht dabei der gesamte Mast gebrochen über Bord. Da der Wind nur mäßig wehte, hatten wir Glück. Die Schimpfworte, mit denen ich belegt wurde, will ich hier nicht wiederholen. Ich fühlte mich wie der letzte Dreck. Er benutzte nur Substantive, keine Adjektive. Die hätte ich wohl eher übelgenommen.

Der Rest der Reise verlief ohne Zwischenfälle.

Inzwischen war das Jahr 1969 angebrochen. Wirtschaftlich lief nicht alles gut. Kiep trennte sich von Tubos Guararapes und brach gegenüber dem Geschäftsführer Liebenschütz sein Wort. Wenn Kiep in Recife war, gab es abends im Hotel Boa Viagem oder anderswo Lagosta Termidor. Das sind längs aufgeschnittene, gekochte Langusten, die, mit Kartoffelbrei und geriebenen Käse überbacken werden. Er hatte mal gesagt, dass Liebenschütz der erste sein würde, der es erfährt, wenn er sich von der Firma trennen sollte. Wie sich nun herausstellte, war

Liebenschütz der letzte. Er fiel aus allen Wolken. Etwas Häme war für mich dabei, denn Liebenschütz hielt sich für besonders privilegiert. Es muss schmerzhaft sein, wenn man dann so direkt auf den Hintern fällt.

Im Geschäft mit Beregnungsanlagen waren weitere Konkurrenten auf den Markt gekommen, teils mit moderneren Ausrüstungen als die Asbrasil sie produzierte. Eine Alternative wäre gewesen, sich mit einer der ganz großen Marken aus England oder USA zusammenzutun, aber dann hätte Kiep nicht mehr die alleinige Kontrolle gehabt und das konnte er nicht akzeptieren.

Ich spürte, dass es bei weiterer Schrumpfung auch meine Abteilung erwischen könnte, wenn nicht mehr Aufträge hereinkämen. Mit der US-Firma Fisher Scientific Company, die ihr breites wissenschaftliches Programm über Kataloge verkaufte, versuchte ich tiefer in die Abteilungen der Universitäten einzudringen, indem ich die Kilo-schweren blauen Kataloge verteilte. Der Haken dabei war, dass die Leute bei den Unis auch direkt bestellen konnten, wenn sie die Produkte mit Referenznummer nannten. Es kam darauf an, als erster einen Bedarfsfall zu melden, damit man Anrecht auf Provision hatte.

Um Ostern 1969 herum traf ein Brief aus Angola bei mir ein. Absender war Alexander Wünsche, Boss der Firma Sociedade Luso-Alemã, Lda. Wünsche hatte mich auf der Hochzeit kennengelernt. Er machte mir ein Angebot als Assistent der Geschäftsführung, also von ihm, und fügte einen Drei-Jahresvertrag gleich mit bei. Bezahlung in Angola-Escudos. Umzug zu seinen Lasten.

Eintritt so bald wie möglich. Ich wusste natürlich, dass Wünsche keine Kinder hatte, dafür aber einen portugiesischen Teilhaber.

Also: erst mal Bedenkzeit für mich und Stine. Natürlich war sie sofort Feuer und Flamme für dieses Angebot. Andererseits hatte ich mir eine Abteilung geschaffen, die ausbaufähig war. Sollte ich nach nur knapp vier Jahren alles hinschmeißen? Aus dem Stand übernehmen konnte meine Arbeit niemand. Andererseits: sollte ich warten, bis der Schrumpfprozess mich auch erreichte? Das Beispiel von Liebenschütz war noch ganz frisch!

Erst mal bestätigte ich den Erhalt und versuchte, einige Verbesserungen der Vertragsbedingungen zu erreichen. Zum Beispiel die Auszahlung eines Teils des Gehaltes in DM in Deutschland, eine Krankenversicherung und ein Fahrzeug nur zu meiner Verfügung mit Spritkosten zulasten der Firma, auch für Privatfahrten. Das gab mir etwas Zeit, denn der Briefverkehr dauerte damals für hin und her zwischen Brasilien und Angola einen Monat.

Die Lage bei Kieps Firmen änderte sich nicht oder eher zu mehr Eingriff, weniger Autonomie der Abteilungsleiter. Es begannen Kämpfe um die Verantwortung für die Lage zwischen den verschiedenen Fraktionen. Reisen von Kiep nach Santa Catarina, wo die Firma Fundição Tupí den Markt der Connections für hydraulische Systeme fast monopolisiert hatte, wurden immer hektischer. Ich verstand nicht mehr, was da eigentlich ablief. Die Antwort aus Angola machte alles etwas leichter. Nicht alle meine Forderungen wurden erfüllt und Wünsche ließ auch keinen Zweifel, dass es keine weiteren Verhandlungen geben könne. So sei es immer gewesen, so sollte es auch weiterhin bleiben! Mir war klar, dass ich mich entscheiden musste und zwar sofort. Sonst würde diese Chance verschwinden.

Reise in ein Paradies

Im Juni fiel die Entscheidung, Anfang Juli flogen wir direkt von Brasilien nach Afrika. Der Abschied von unseren wenigen Freunden in São Paulo war kurz und schmerzlos. Meine Sekretärin bei Kieps Firma, Wiltrud Suck, war die Einzige, die über die Jahre Kontakt zu uns hielt und uns in Angola noch später besuchen sollte. Mit ihrem überheblichen Ehemann konnten wir sowieso nie viel anfangen. Der hatte ein Ego-Problem und schaffte es auf bessere Berufspositionen nur mit Hilfe seiner umtriebigen Frau.

Wir beschlossen, unseren Papagei Hugo auf jeden Fall mitzunehmen. Dazu musste ein Gesundheitszertifikat her. Meine Frau kümmerte sich darum. Und natürlich ein Käfig für den Transport. Damals war man noch nicht so pingelig. Nichts Genormtes. Wir bastelten den Käfig selbst. Hupo passte zwar hinein, aber sein Federschwanz war zu lang. Also schnitten wir die Federn mit einer Schere ab, runter bis zu seinem Pürzel. Oh, wie war der Vogel beleidigt. Ihn reinbugsieren und dann die Tür und den Vorhang zu schließen war dann die Höhe!

Der Flug sollte nachts vom internationalen Flughafen von Rio de Janeiro mit der VARIG abgehen. Wir saßen im Stadtflughafen Congonhas von São Paulo und warteten auf den Zubringer. Draußen dicke Brühe, das heißt Nebel. Niemand startete, niemand landete. Was tun? Wir waren drauf und dran unseren Flug nach Afrika zu verpassen. Immer wieder Beschwichtigungen. Sobald der Nebel sich verflüchtige, würden wir starten. Und die Zeit drängte.

Irgendwann schnappte ich mir andere Passagiere, die in derselben Lage waren. Was wäre, wenn wir mit einem Taxi sofort zum alternativen Flughafen in Campinas aufbrächen. Campinas ist eine Millionenstadt etwa 100km von São Paulo entfernt. Und von dort, in der klaren Luft, kein Nebel, gab es Verbindungen nach Rio de Janeiro. Wie so oft, wenn jemand eine Initiative ergreift, stirbt das Strohfeuer der anderen fast sofort wieder, wenn es ins »Unbekannte« geht. Wir drei: Stine, der Papagei Hugo und ich, blieben alleine. Einen Taxifahrer hatten wir gefunden, mit einem ziemlich alten DKW-Zweitakter, wie sie damals viel zirkulierten. Warum ich nach dem Kühler fragte, weiß ich nicht mehr, aber das war bei den älteren Fahrzeugen fast immer der wunde Punkt. Nein, alles klar, er müsse nur immer mal Wasser nachfüllen. Wir machten den Preis für die Fuhre klar und los ging es, nachdem wir mit viel Druck unser Gepäck, das schon eingecheckt war, wieder zurückerhielten.

Dunkle Nacht. Das Taxi tuckerte los. Nach etwa der halben Strecke brachte die Wassertemperatur unser Taxi bei einer Raststadion zum Stehen. Es sei irgendwo ein Leck. Der »Radiador« (Kühler) verlöre Wasser und müsse repariert werden. Also Ende von allem? Nein, das durfte nicht sein. Der Fahrer war es offenbar gewohnt, mit seinem Fahrzeug Probleme zu haben. Hier lernte ich mal wieder die Improvisationsfähigkeit der Brasilianer kennen. Der Fahrer meinte, es gäbe eine Methode, die kurzfristig das Problem beheben würde. Man müsse an das Leck im heissen Kühler unreife Bananen einreiben. Die Masse der Bananen würde das Leck vorübergehend abdichten.

In unserer Lage akzeptierte ich jede Idee. Also: mach schon! Auffüllen und weiter ging es. Wir schafften es tatsächlich mitten in der Nacht zum Flughafen Campinas, aber der war für Publikumsverkehr an diesem Tag schon lange geschlossen!

So nahe am erwarteten Ziel? Alles umsonst? Ich jagte durch die Gänge. Alle Check-Ins geschlossen. Niemand zu sehen. Ich wusste nicht, dass ein Airport so leer sein kann. Aber da das Glück mit dem Tapferen ist, lief mir eine uniformierte Frau über den Weg, die sich gerade vom Service verabschieden wollte. Und sie hatte ein Einsehen. Gegen alle Regeln, gegen alle Gesetze. Sie wusste, dass draußen auf der Piste eine Maschine stand, die nur im Transit zum Auftanken zwischengelandet war. Ich erzählte ihr unsere Odyssee und sie organisierte unsere Reise nach Rio.

Ein Fahrzeug, irgendwie requiriert, brachte uns und das Gepäck raus auf die dunkle Piste. Ich weiß nicht, welcher Typ von Flugzeug dort stand, gut erinnern kann ich mich nur, dass wir durch eine Heckklappe ins Innere stiegen, während draußen die Luken für unser Gepäck geöffnet wurden. Es rumpelte, wir tasteten uns in der Kabine zu einem freien Platz durch und dann startete der Flug auch schon durch. Ich glaube, die meisten Passagiere haben gar nicht mitbekommen, dass in Campinas drei Passagiere aufgenommen wurden, weil die meisten bei der gedimmten Beleuchtung weiterschliefen.

In Rio war es wieder Routine. Wir stiegen in den VA-RIG-Flug nach Johannesburg, der Luanda überflog und erst auf der Retourroute bediente. Da wir kein Visum für Südafrika hatten, blieben wir bis zum Weiterflug im Transit vom Jan Smuts Airport. Wir mussten aber durch die Gepäck-Kontrolle. Und dabei erschien aus einer Tasche unser Papagei Hugo. Meine Frau hob den kleinen selbstgemachten Käfig heraus und öffnete das Türchen mit dem Vorhang. Der Zöllner hob erstaunt die Augenbrauen und rief: Look, a parrot. Hugo benahm sich aber auch gut und stürmte die Herzen. Aber vor allem war er beleidigt, wie meine Frau glaubte, denn wir mussten ihm ja die Schwanzfedern ganz knapp kürzen, damit er in den Käfig passte.

Sechs Stunden später ging es weiter und nach wenigen Stunden landete die VARIG in Luanda.

Angola hatte uns wieder. Wie sehr dieses Land einen Menschen vereinnahmen konnte, merkten wir erst, als alles schon viel zu spät war. Zunächst jedoch war Optimismus angesagt und auch berechtigt. Trotz aller internationalen »Unkenrufe« gedieh Angola, es wurde investiert, neue Fabriken entstanden, in der Landwirtschaft wurden Überschüsse erwirtschaftet. Überall Fortschritt, Zukunftsglauben. Portugal hatte es eilig, die Versäumnisse von früher nachzuholen. Das geschah vor allem in der Infrastruktur, also Straßenbau, Airports im Inland, Elektrifizierung, Staudämme. Überall war Aufbruch und der Wille dazu. Terroristen? Wo? Also, wir haben nie welche gesehen und von deren Aktionen gehört. Das wurde für die internationale Bühne aufgeblasen, um Portugal zu schwächen. In anderen Gebieten wie Mozambik oder Guinea-Bissau mag es wohl anders gewesen sein, aber nicht hier in Angola.

Feuchte, warme Luft. Unser Hugo kam endlich frei und konnte herumturnen. Reine Lebenslust. Wir zogen zunächst in die Wohnung von Stines Familie in der Oberstadt ein, die die Familie 1961 gekauft hatte, als die Unruhen vom Kongo nach Angola übergriffen. Frauen und Kinder wohnten dort in den ersten kritischen Jahren, während die Männer auf den Farmen blieben, sich zu Reaktionsteams zusammenschlossen und bewaffnet der weiteren Entwicklung entgegensahen. Aber es blieb in der Gegend, die Libolo genannt wurde, ruhig.

Die ersten Tage in der Firma waren ausgefüllt mit Kennenlernen. Das Büro lag an einem kleinen Platz an der Marginal genannten palmengesäumten Avenida Paulo Dias de Novais. An einer Ecke. Unten war eine Bank, im ersten, zweiten und dritten Stock hatte die Sociedade Luso Alemã ihre Büros. An dem kleinen Platz befand sich Deutschland mit seiner diplomatischen Vertretung, ein Generalkonsulat. Ganz unspektakulär in einer Häuserreihe. Wenn das Schild und die Fahne nicht gewesen wären, würde man die Vertretung gar nicht bemerken.

Mir wurde ein Raum im 2. Stock zugewiesen, den ich mir mit einem anderen älteren deutschen Angestellten teilen sollte, der die sogenannten Indent-Geschäfte bearbeitete. Das sind Verkäufe deutscher Waren an angolanische Importeure gegen Provisionszahlung. Der Kollege verließ die Firma kurz danach und alles landete bei mir. Hinzu kamen dann nach und nach weitere Vertretungen, die mein Chef Wünsche bin dahin selbst bearbeitet hatte. Die Palette der Firmen war groß und bestand ausnahmslos aus deutschen Firmen wie AEG, Telefunken, Osram, Bayer Pflanzenschutz, BASF Dünger, Farbpigmente und Tonbänder, Siemens Medizintechnik. Dazu kamen zwei Tochterfirmen der Luso-Alemã: die Sodifarm (Vertrieb von Schering und Merck) und Casa da Electricidade (Ladenverkauf der »weißen Linie« von AEG sowie Unterhaltungstechnik Telefunken).

Über mir im 3. Stock saß die Buchhaltung, die nur aus Frauen bestand. Wünsche pendelte häufig zwischen dem 1. Stock und dem 3. hin und her. Er war ein misstrauischer Mann, aber sehr genau und unerbittlich, wenn irgendeine Zahl nicht stimmte. Diese Haltung kannte ich ja noch aus meiner Lehrzeit! Das war dieselbe Generation mit ihrem fest gefügten Bild einer Gemeinschaft, der ich mich auch zugehörig fühlte. Im 1. Stock hatte auch der Junior-Teilhaber von Wünsche sein technisches Büro: José Carvalho Amaro, Ingenieur für Starkstrom (AEG), verheiratet mit einer ehemaligen deutschen Sekretärin von Wünsche. Ich merkte bald, dass meine Einstellung von ihm nicht »goutiert« wurde. Wahrscheinlich empfand er mich als Bedrohung seiner bisherigen Kronprinzenstellung. Man sollte meinen, dass ein offenes Gespräch vieles erleichtern würde, aber das hätte Amaro als der Ältere einleiten müssen. Stattdessen intrigierte er versteckt und versuchte, mich zu isolieren.

Wir fanden bald eine sehr schöne Wohnung, in einem Doppelhaus im Stadtteil Samba, Rua Francisco Soto Maior 113. Auf der einen Seite wohnte der Besitzer des

Doppelhauses, auf der andern waren nun wir, die Garageneinfahrt und etwas Grün drum herum. Der Garten nach hinten raus hatte es uns angetan, denn wir waren entschlossen, endlich mal unser eigenes Gemüse zu erzeugen. Hinter dem Haus stand ein Mangobaum und daneben eine gemauerte, geschlossene Garage. Ich hatte immer mal die Idee, den Baum zu fällen, dazu kam es nicht, weil er mit seinem schattigen Charme unsere Gartenfeste beherrschte. So können Pflanzen sein!

Während im Büro alles so lief, wie Wünsche es geplant hatte, soweit ich es beurteilen konnte, zum Guten der Firma, gab es natürlich den privaten Bereich. Schon oben vom Apartment der Familie aus, hatten wir eine sehr intensive Freundschaft zu Peter Knauf und seiner Frau geschlossen. Das Ehepaar hatte zwei Kinder und wohnte an dem kleinen Park, an dem auch das Apartment von Stines Familie lag. Wir konnten uns, mit etwas Halsverdrehen, sozusagen gegenseitig quer über den Platz sehen oder zumindest hören. Peter Knaufs Mutter arbeitete im Generalkonsulat von Südafrika, das seine Verwaltung im höchsten Neubau von Luanda am Platz vorm Hafen hatte.

Was machten die Leute an den Wochenenden mit ihrer Freizeit? Es gab eine Vielzahl von Möglichkeiten. Man konnte mit oder ohne Familie auf die sogenannte Ilha (Insel) fahren und an die Strände der Bucht, oder, wer es etwas heftiger mochte, an den offenen Meeresstrand gehen, der durch ins Meer ragende Buhnen aus Bruchsteinen in Sektionen geteilt waren, um der Strömung entgegenzuwirken, die an der Meerseite nagte.

Die Insel war voller kleiner »Bars«, die kleine Happen und Getränke anboten. Restaurants kamen dazu. Man hatte eine gute Auswahl, was man wollte. Sogar chinesische und indische Angebote gab es schon, wobei ich vermute, dass es sich um Flüchtlinge aus Goa und Macau handelte, die rechtzeitig die Zeichen der Zeit erkannt hatten.

Egal. Luanda wurde zu einer internationalen Stadt, nachdem die politische Polizei bis dato stark gebremst hatte. Wer Aufbruch und Fortschritt will, muss sich den Problemen stellen. Die Behörden waren enorm flexibel und steuerten entsprechend, ohne jede Anwendung von Gewalt. Man konnte das erkennen, denn es gab mehr Waren, die nicht aus Portugal stammten. Ein sogenannter Supermercado Paula Carvalho, eine neue Bezeichnung, die bisher hier unbekannt war, erweiterte sein Angebot durch Importe, die man bisher in Luanda noch nie gesehen hatte. Das war in der Oberstadt, für die »betuchten Käufer«. Und in der Unterstadt steuerte ein anderer, genannt Versailles dagegen. Es war genügend Raum für alle und es gab auch die Käufer. Die Konsumenten räumten die Regale leer und alle waren »happy«. Das alles in einem angeblich vom Untergang gezeichneten Modell der Gesellschaft? Das Gegenteil: die kommunistische Alternative der »Gemeinmachung«?

Die erste Reise in den Libolo, wie wir es nannten, wenn wir nach Calulo und nach Quitila fuhren, führte uns über die schon bekannte Strecke. Es gab zwei Abzweigungen: bei Munenga die erste. Sie verlief über einen Berghang direkt nach Calulo, wo die Verwaltung des

Distrikts saß. Die andere war am Ende eines sehr steilen Aufstiegs bei Lussusso. Den nahmen wir, denn er führte schon nach dem Aufstieg in ebenem Terrain Richtung Quitila. Man musste allerdings durch zwei Dörfer fahren. Probleme? Überhaupt nicht. Die Leute, Kinder vor allem, winkten und wir fühlten uns absolut sicher. Auf den Hügeln dieser Gegend, die von Steinformationen durchsetzt waren, thronten kleine Aufschichtungen wie Mini-Pyramiden, von denen ich erfuhr, es handele sich um die Gräber der Köpfe von Häuptlingen oder berühmten Jägern, die von dort aus über ihre Heimat blicken könnten. Bei einer näheren Untersuchung dieser Kopfgräber fand ich keine Knochen, wohl aber die kleinen dreieckigen »Ausblicke« durch vier in den Himmelsrichtungen angebrachten Öffnungen.

Quitila! Wir waren da. Als erstes kam das Haus von Stines Schwester Ilse in Sicht. Gleich links. Dann rechts die Lagerhäuser, wieder links die Sanitätsstation und das Büro und Traktor-Garagen. Dann rechts die Küche und jetzt direkt vor uns das Haupthaus, das ich schon von der Hochzeit kannte. Die beiden Mangobäume schienen mir noch gewaltiger zu sein als beim letzten Mal. Großer Bahnhof für Stine, die sozusagen »heimgekehrt« war. Sogar ich fühlte mich irgendwie so. Wir wurden im neuen Gästehaus unterhalb des Haupthauses untergebracht. Dort war auch ein Schwimmbecken entstanden. Als die Sonne sich dem Horizont näherte, fand ein Umtrunk statt, den Stines Bruder Eberhard einleitete. An dem runden Tisch im Wohnzimmer saß der Patriarch wie immer in seinem Sessel unter der Stehlampe, die inzwischen elektrisch war. Auch hier ging der Fortschritt weiter, egal, was da draußen passieren mochte. Und die Fenster erhielten alle den sogenannten Terroristendraht, ein Geflecht, das den Wurf von Sprengsätzen durch die Fenster verhindern sollte. Alles präventive Maßnahmen, die ohne akute Bedrohung erfolgten, einfach, um auf alles vorbereitet zu sein.

Das Abendessen folgte demselben Ritual wie immer. An dem ovalen Tisch nahm man Platz, es wurde gebetet und dann reichten die Angestellten die Terrinen und Platten und Getränke. Nur die Suppe war warm, der Rest kalt.

Da wir an einem Wochenende ankamen, fand keine Aktivität auf der Farm statt. Am Samstagabend versammelten wir uns in »Tübbens Bierstuben« im Haus der Schwester Ilse, nachdem wir die neuesten Kulturen im Feldanbau besichtigt hatten. Dabei handelte es sich um Datura, eine Medizinalpflanze, die mit wissenschaftlicher und finanzieller Unterstützung angebaut und an Böhringer Ingelheim exportiert wurde. In die Produktion waren nur deutsche Farmer involviert, insgesamt wohl vier benachbarte Betriebe. Man wollte die wissenschaftliche Seite gut versteckt halten. Die Pflanze wurde durch Stecklinge in Saatbeeten vermehrt und die waren nicht zugängig für jedermann.

In den Bierstuben oder besser DER Bierstube saßen wir ganz gemütlich zusammen: Ilse, Stine, manch ein Gast und ich. Es gab Bier aus angolanischer Produktion und dazu – oder auch ohne das Bier – ein Gemisch aus portugiesischem Weinbrand (Marke: Capa Negra) und

Sodawasser aus Dosen. Es wurde »Whisky Saloio« genannt und war höchst beliebt. Dazu rauchten wir alle wie die Teufel, ohne einen Gedanken an unseren Körper.

Da alles genau »getaktet« war, waren die Umtrunke zeitlich begrenzt. Es war wie in den Bars der Engländer: gleich ist Schluss, also hinein mit dem Alkohol. Dann liefen wir über den dunklen Hofplatz zum Haupthaus, wo bereits das Abendessen auf uns wartete. Merkwürdig: ich habe mich nie dafür interessiert, wie es bei Tübbens dann weiter ging, denn der Eheman war fast nie dabei. Nach seinem Bad ging er ins Bett und wenn unsere Trinkgelage länger dauerten, klopfte er an die Wand und rief: ILLI.

Die Rückfahrt nach Luanda dauerte etwa vier bis fünf Stunden für die etwa 330km. Die Distanz zwischen der Hochebene Libolo und der Küstenstadt Luanda war durchaus lockend für ein Wochenende »Oben«. In der ersten Zeit machte ich diese Strecke vor allem wegen meiner Frau, aber schließlich lag meine Arbeit in Luanda und wir mussten uns dort einrichten und dafür auch mehr Zeit verbringen.

Das größte Problem war die Scheu meiner Frau vor neuen Menschen. Sie tat sich schwer und hat mir sicherlich einige Kontakte zur Gesellschaft in Luanda erschwert. Das ist eine Erschwernis, die sich schon durch unsere Zeit in Brasilien zog und hier in Angola fortgesetzt wurde. Manchmal bezeichnete ich sie »als Hemmschuh am Führerwagen«. Ganz offen! Stine wusste das. Zu ändern war daran nichts mehr.

Für mich stand privat die häusliche Einrichtung an erster Stelle. Unsere in Brasilien gekauften Möbel kamen an und wurden problemlos ausgeliefert. Die Elektrogeräte kaufte ich natürlich bei der eigenen Firma ein. Kühlschrank und Kühltruhe vor allem. Damit hatten wir das wesentliche. Über die Firma konnte ich Versandkataloge einsehen und wir bestellten weitere Möbel, Teppiche, Sessel und so weiter bei Quelle. Das funktionierte tadellos. Bald waren wir komplett.

Mit Peter Knauf, der an dem kleinen Platz in der Oberstadt wohnte, hatte sich eine solide Freundschaft entwickelt. Er vertrat aus seinem Hausbüro heraus südafrikanische Firmen, also ein Ein-Mann-Betrieb und war damit ganz happy. Wir waren beide begeisterte Angler und liebten die See. Peter übernahm den Platz seines Vaters, der über Jahre mit den Fischern, die in einer alten Kolonie auf der sogenannten Ilha lebten, am Wochenende zum Fischen aufs offene Meer fuhr, mit den primitiven Kanus und ohne Motor.

Es waren schöne Sonntagmorgen, die wir vor der Küste verbrachten. Die schwarzen Fischer hatten eine unfehlbare Methode, im Meer die richtigen Plätze für ihre Grundangeln zu finden. Denn nur wo der sandige Boden Steinformationen aufwies, hielten sich die Fische auf. Um die korrekte Position zu bestimmen brachten sie zunächst ihr Boot in eine gerade Linie mit zwei festen Punkten auf der Ilha und dann in der Unterstadt. Dann wurde eine Kreuzpeilung mit einem Punkt in der Oberstadt gemacht – und der aus einem Stein bestehende Anker fallen gelassen.

Wir warteten bei Sonnenaufgang bei den Booten der

Fischer. Mitgebracht hatten wir große Styropor-Boxen mit viel Bier »Cuca« und Eis. Das Bier tranken wir im Laufe des Vormittags aus und das Eis wurde zum Kühlen des Fischfangs gebraucht. Es wurde ganz primitiv geangelt, mit einer Naylonschnur, einem Grundblei und einem Haken mit Köder, meistens war das ein kleiner Fisch, der auf den Haken gezogen wurde. Keine Rute, die Schnur lief über den Zeigefinger und wurde mit dem Daumen gehalten. Ich trug Handschuhe, denn es konnte ganz plötzlich passieren, dass ein Großer anbiss und mit seiner Beute ausreißen wollte und die Schnur in die Haut schnitt. Wir fingen vor allem Garoupas von zwei bis drei Kilo und auch einige Tintenfische. Eigentlich kam es nie vor, dass wir ohne Fang zurückkehrten. Peter und ich saßen mit zwei Schwarzen in einem Kanu, die auch für sich selbst fischten und einige weitere Boote verteilten sich um uns herum.

Wieder zuhause musste ich mich um die Konservierung kümmern, das heißt schuppen, ausnehmen, filetieren, waschen und einfrieren. So ein Fang reichte mehrere Wochen für uns beide und für unseren Angestellten Kabanga, der sich in der Garage häuslich eingerichtet hatte, mit Toilette und Dusche. Er stammte aus dem Libolo und hatte schon für die deutschen Farmer gearbeitet.

Die restlichen Monate von 1969 verflogen schnell. Die Einarbeitung war kein Problem. Ich hatte mir gewünscht, mein Büro zu renovieren und ließ die Wände mittelblau streichen. Das provozierte sofort Kommentare von Wünsches Juniorpartner. Eine solche Farbe sei unmöglich für einen Büroraum. Für mich ist blau beruhigend, entspannend und fördert klares Denken! Mein Chef hielt sich aus der Sache heraus.

Einige Tage vor Weihnachten schloss das Büro. Nur der Verkauf bei der Casa de Eletricidade ging weiter. Wir fuhren für die Feiertage in den Libolo hinauf. Wie ich es schon kannte, war immer viel Betrieb, denn wegen Schwimmbecken mit Sprungbrett kamen auch die unmittelbaren Nachbarn, allerdings alles Deutsche, zum größten Teil Verwandte. Portugiesen sah ich die ganzen Jahre über nie.

Die Tage im Libolo, eine angenehme Abwechslung zu dem stickigen Klima in Luanda, waren der Tradition verhaftet. Da gab es den Erben EK, der schon die finanziellen Angelegenheiten von Quitila mithilfe einer Buchhalterin gut und richtig verwaltete, denn der »Alte« hatte sich aus allen Geschäften zurückgezogen. Der EK war also der Lebemann, dem ich mich irgendwie verbunden fühlte.

Naja, das christliche Weihnachtsfest folgte der Tradition: »Weihnachtsbaum« finden und schmücken (einer den Nadelbäumen ähnlicher Baum). Singen von Liedern zur Adventszeit. Altes Lametta wieder glatt bügeln für den Christbaum. Wer kann sich das in einem tropischen Land weit weg von der »Zivilisation« vorstellen. Welche Kräfte wirkten da? Was bedeutet den Menschen die Aufrechterhaltung der Tradition in einer so anderen Umwelt. Mir fiel dazu nur ein, dass wir »mitmachen« mussten, was sich auch ganz gut in die Weihnachtszeit einpasste.

Wer die abendlichen Gespräche beherrschte, war EK,

der Bruder von Stine. Er hatte nach meiner Meinung den Durchblick und konnte sich sehr gut artikulieren. Er war ein eifriger Konsument von gutem Whiskey, trank den manchmal mit etwas Soda. Nie Bier. EK praktizierte Sport, besonders am Reck. Das sollte ihm sehr viel später wahrscheinlich das Leben retten. Jedenfalls: wir mochten uns. Ganz auf der anderen Seite stand sein jüngerer Bruder, genannt Büffel. Der war extrem konservativ (oder war es seine Frau?) und bei meinen eher wenigen Besuchen auf seiner vom Vater gekauften Farm Tumba Samba hatte ich immer den Eindruck, jemand »von außen« zu sein.

Zurück in Luanda, in die Hektik einer Großstadt, jawohl, einer großen Stadt mit allen Problemen, aber auch guten Ansätzen von Lösungen. Luanda hatte damals geschätzte 500.000 Einwohner, aber die Zahl war nicht verlässlich, denn es entstanden laufend unkontrollierte neue Stadtteile, die kaum zu kontrollieren waren. Für die portugiesischen Sicherheitskräfte war das ein Albtraum.

Eines Tages, es war eher früher Nachmittag, fuhren wir mit meinem VW Käfer von der Oberstadt über die gut asphaltierte Doppelstraße, Richtung Büro. Wir hatten viel Verkehr, also waren wir entsprechend vorsichtig. Die breite Avenida besaß einen begrünten Mittelstreifen und aus dem tauchte von links ein Mann auf, der über die Straße wollte und direkt vor das Auto lief. Bums. Der Mann wurde über den Kühler hinter unseren VW auf die Straße katapultiert. Da wir uns in einem Bereich von Luanda befanden, wo die Musseques ganz in der Nähe waren, wollte ich nicht anhalten, sondern bis zum nächs-

148

ten Polizeiposten weiterfahren. Meine Frau verhinderte das. Sie stieg einfach aus und stand auch schon vor einer Menschenmenge, die sich sofort um unser Auto gebildet hatte. Die Lage schien mir kritisch, aber sie lud den Verunfallten mit Hilfe von Leuten hinten in den Käfer und wir fuhren, ohne dass uns ein Haar gekrümmt wurde, zum nächsten nicht weit entfernten Krankenhaus. Dort dann die Überraschung. Der Mann hatte ein langes Messer im Gürtel und mit dem, das sagte er aus, wollte er seine untreue Frau aufschlitzen. Er war alkoholisiert. Was alles hätte passieren können, bleibt der Phantasie überlassen. Ich schwor mir jedenfalls, mich nie wieder in eine solche Lage durch meine Frau hineinziehen zu lassen. Sie war ganz offensichtlich nicht in der Lage, die Risiken so zu sehen wie ich.

1970 brach an. Mit allen Hoffnungen. Der Krieg, wenn man den denn so bezeichnen sollte, war weit und nicht bedrohlich. Man ging in Luanda aus. Kein Gefühl der Unsicherheit. Auf der Ilha schossen die kleinen Restaurants aus dem Boden. Die enge Straße bis zur Spitze war abends und nachts so verstopft, dass die Autos Schritttempo fuhren, ganz ideal, um die vielen kleinen Nüttchen zu begutachten und eventuell aus dem langsam fahrenden Wagen heraus ein Date zu machen.

Man merkte, dass die Wirtschaft boomte. Immer mehr Banken eröffneten Filialen hier, allerdings portugiesische und südafrikanische, ebenso Versicherungsgesellschaften. Alles Leben konzentrierte sich auf Fortschritt. Dass Portugal von einer politischen Polizei namens PIDE kontrolliert wurde, merkte man nicht. Auch nicht die langsame Aufstockung der Militärmacht. Wenn sich jemand so ganz daneben benahm, wie ein englischer Geschäftsmann, der behauptete, »all portuguese have worms«, dann durfte es nicht wundern, wenn der aus dem Land eskortiert wurde.

Unsere Geschäfte gingen gut. Bei sogenannten Öffentlichen Ausschreibungen von Behörden für, beispielsweise, die Trinkwasseraufbereitung mit Aluminium Sulfat, war unsere Firma fast immer der Gewinner. Das Zeug wurde von der Firma Giulini aus Köln geliefert. Um solche prestigekräftigen Geschäfte kümmerte sich mein Chef persönlich.

Ich machte einen Plan für Geschäftsreisen ins Inland, um für die inzwischen erweiterte Indent-Abteilung mehr Aufträge hereinzuholen. Zunächst nahm ich mir den Norden Angolas vor, die Exklave Cabinda und den Archipel São Tomé und Principe, weit draußen im Atlantik gelegen, auf der Höhe von Gabun. Die beiden Inseln vulkanischen Ursprungs, waren eine der ganz kleinen portugiesischen Besitzungen. Der lokale Handel importierte Elektronik, Schallplatten und Kassetten sowie Beleuchtung. Beherrscht wurde der Handel von den Briten. Die hatten dort schon sehr lange eine Niederlassung. Ich besuchte Hull, Blyth und war erstaunt, an was die interessiert waren. Unsere Chance war, dass das englische Mutterhaus offenbar sehr lange brauchte um zu reagieren. Da wir einen Teil aus Luanda liefern konnten, kam ich ins Geschäft.

Der Flieger aus Luanda war eine Fokker 50. Sie flog zweimal die Woche. Mir blieben drei Tage fürs Geschäft und für Tourismus. An Natur hat die Hauptinsel São Tomé viel zu bieten. Zwar gibt es keine Sandstrände, dafür konnte man jedoch über eine schmale Piste in vielen Serpentinen fast bis an die Spitze des erloschenen Vulkans fahren. Die Hänge sind vollständig von tropischem Wald bedeckt. Quellen überall, die das üppige Grün versorgen. Was man von außen nicht sieht, erschließt sich erst, wenn man in den Wald hineinkommt. Das Unterholz wurde teilweise entfernt und Kakaobäume angebaut, die Schattenbäume benötigen. An mechanisierten Anbau ist dort nicht zu denken. Alles muss zu Fuß von Hand erledigt werden.

Wenn sich irgendwo im stetigen bergauf eine etwas planere Fläche auftut, steht dort meistens ein Farmhaus, erbaut im portugiesischen Stil mit den berühmten handgemalten Kacheln in blau, rostrot oder grün dekoriert. Zauberhaft! Manchmal sieht man auf solchen ebenen Flächen auch Trockenplätze für Kakaobohnen oder, weiter hinauf, für Kaffee. Alles ist sehr liebevoll gestaltet. Die aus dem Felsen brechenden Quellen sind eingefasst, mit einem Auffangbecken, das zum Trinken einlädt.

Als Souvenir habe ich Schildpatt gekauft. Die Bewohner fertigen aus dem Panzer von Wasserschildkröten Brieföffner, Serviettenringe, Döschen für Schmuck und vieles mehr an. Oder man kann einen Panzer kaufen, in den Szenen des täglichen Lebens eingearbeitet sind. Polierte Schildkrötenpanzer erstrahlen in einem weichen Dunkelbraun und ergeben eine hübsche Dekoration.

Beim Start zum Rückflug fielen mir die Flugzeugwracks neben der Piste auf. Das waren die Überreste von Biafra-Flügen, die es gerade noch bis São Tomé geschafft hatten. Viele fielen vorher ins Meer, ohne dass die geringste Chance einer Rettung bestand. Mit aktiver Unterstützung Portugals wurden während des Sezessionskrieges Biafras von Nigeria unterernährte und kranke Kinder ausgeflogen, während der Kessel sich um Biafra immer weiter verengte, sodass die Flieger nur noch nachts auf Erdpisten landen und starten konnten, immer bedroht von den MIG's der Regierung in Lagos, die von Ägyptern geflogen wurden. Es müssen schreckliche Verhältnisse geherrscht haben, die ich in meinem 2018 erschienenen Buch ausführlich beschreibe (»ANGOLA – Zwischen Abgrund und Hoffnung« ISBN 9783746072845).

Gut versorgt mit Aufträgen aus São Tomé, schlug ich meinem Chef den nächsten Flug vor: nach Cabinda, das nördlich der Kongomündung liegt und keine Landverbindung zu Angola hat. Also eine Exklave, in der offshore Öl gefunden wurde, das die Amerikaner ausbeuteten. Dadurch floss plötzlich viel Geld in der vorher eher behäbigen kleinen Stadt Cabinda. Hinzu kam der »kleine Grenzverkehr« mit Kongo-Kinshasa. Die Kongolesen kauften vor allem Musikinstrumente, Schallplatten und Elektro-Haushaltsgeräte. Das konnten wir alles liefern. Der Kongo war 1960 unabhängig geworden und im Chaos gelandet. Die reichen Erzprovinzen unter Führung von Katanga wollten sich der Regierung in Leopoldville oder Kinshasa, wie es jetzt hieß, nicht unterordnen. Das spielte sich weit im Osten ab. Hier an der Grenze zu Cabinda liefen die Geschäfte sehr gut.

Anders war es mit dem Nachbarn im Norden: Kongo-Brazzaville. Der ließ Rebellen bei sich unterschlüpfen, die immer mal über die Grenze kamen und mit Nadelstichen pisakten. Die Öltechniker lebten in einem geschlossenen neuen Stadtteil, wenn sie nicht auf den Bohrinseln waren. Er wurde streng bewacht. Der Boom war für Cabinda ein warmer Regen und für mich auch, denn ich kehrte mit vielen Aufträgen zurück.

Mein nächstes Ziel war der Norden Angolas, also die Städte Carmona, Negage und Malange, letztere ein richtige Grosstadt, mit Bahnanschluss nach Luanda, auf ca. 1000m Höhe, also mit einem guten Klima für Europäer. Die beiden erstgenannten Städte hatten unter dem Ausbruch des Terrorismus 1961 sehr gelitten, während Malange nicht direkt bedroht wurde, sondern nur das fruchtbare Umland, vor allem die »Baixa de Cassange«, ein Depressionsgebiet mit sehr fruchtbarem Boden. Dort lagen die Anbaugebiete für Baumwolle und vieles mehr.

In Negage erzählte man mir von den kritischen Tagen, als alles auf des Messers Schneide stand. Man musste sich selber helfen, denn vom portugiesischen Militär war weit und breit nichts zu sehen. Der vom Kongo aus organisierte Aufstand erwischte Portugal völlig unvorbereitet. Noch fehlte ein gut organisierter Nachrichtendienst. Das sollte sich schnell ändern. Aber für viele, vor allem auf dem Land, kam die Hilfe zu spät. Die Wildheit und ungehemmte Brutalität, mit der die Rebellen wüteten, führte aber auch dazu, dass sich die Portugiesen enger zusammenschlossen. Sie kämpften mit dem Rücken zur Wand.

Negage besaß ein E-Werk mit einem Diesel-Generator, der das Städtchen mit Strom versorgte. Licht war in den kritischen Tagen lebenswichtig. Das wussten die Angreifer auch und so konzentrierten sich ihre Angriffe auf die Station, die oben auf einem Hügel stand. Auf beiden Seiten war die Bewaffnung mangelhaft. Die Rebellen hatten Buschmesser und Vorderlader, die Portugiesen fast nur Jagdgewehre. Automatische Waffen waren selten und die Munition sowieso für alle Kaliber knapp.

Um die Kampfbereitschaft aufzuputschen, verteilten die Anführer der Terroristen Alkohol und Drogen. Fast immer erfolgten die Angriffe in menschlichen Wellen, die den Hügel hinaufstürmten, direkt in das Feuer der Verteidiger. In manchen Nächten kamen mehrere Wellen und wenn der Tag graute, konnte man die Berge von Körpern sehen, darunter viele Verletzte, denen nicht zu helfen war. Das ging so über mehrere Tage, bis endlich Flugzeuge auftauchten, die Napalm auf die Angreifer warfen und sie in die Flucht schlugen. Im letzten Moment, denn für viele Waffen gab es keine Munition mehr.

Eine interessante Begegnung hatte ich in Malange. Eine Gruppe von Landwirten, die Baumwolle anbauten, hatten sich zu einer Genossenschaft zusammengeschlossen und planten, eine eigene Fabrik zur Entfaserung der Baumwolle zu bauen. Bisher hatte die belgische Firma Cotonang das Monopol, bestimmte den Preis für Saatgut und verarbeitete die Produktion in einer ihrer Fabriken. Mit den schwarzen Bauern verfuhr die Cotonang aggressiv, indem sie vorschrieb, dass die Bauern keine anderen Kulturen anbauen dürften, eben nur Baumwolle, und das ließen sich die Schwarzen nicht mehr bieten. Die Zeit war also mehr als reif, der Cotonang ihr Monopol zu brechen. Ich bot den Leuten an, ihnen Offerten für eine komplette Fabrik zu besorgen, mit Bauplänen und technischer Ausbildung bei Produktionsbeginn und unserer persönlichen Begleitung, denn es war wegen der Sprachschwierigkeiten mit Problemen zu rechnen. Also »turn key«. Sicherer geht's nicht.

Dieser Maschinenmarkt wurde fast ausschließlich von amerikanischen Firmen dominiert. Ich fand eine Firma, die nicht an die Cotonang geliefert hatte und die bereit war, der neuen Genossenschaft alle technische Unterstützung zu garantieren. Sie hieß Hardwicke-Etter Company und hatte ihren Sitz in Sherman-Texas. Für mich zeichnete sich ein Millionengeschäft ab, was meine Position in der Firma festigte. Der Exportmanager von HEC saß in Spanien: Eddy Hodanek, was die Kommunikation vereinfachte.

Die Luso-Alemã hatte Großaufträge bisher nur auf dem Starkstromsektor erhalten, die von Carvalho Amaro bearbeitet wurden. Es war wichtig, alles daran zu setzen, diesen Auftrag für eine moderne Ginning-Anlage, so heißen die Maschinen technisch, zu ergattern. Hodanek musste her und in Malange Flagge zeigen.

Für die Siemens-Vertretung in der Röntgentechnik hatten wir einen portugiesischen Fachmann, der die Anlagen betreute, die über ganz Angola verteilt waren. Als der eine Reise zur Diamantengesellschaft Diamang im äußersten nordöstlichen Zipfel Angolas plante, bat ich mitreisen zu dürfen. Wir flogen mit einer Sondermaschine. Das Gebiet ist von der Außenwelt vollkommen isoliert und nur einen Steinwurf vom Kongo entfernt. Der Ort hieß Portugalia.

Kleine, mit viel Liebe gepflegte Steinhäuser mit Blumengärten liegen an den wenigen Straßen innerhalb des Sperrbezirks. Hohe Maschendrahtzäune mit Stacheldraht und elektrischer Sicherung oben drauf umgeben alles. An den Straßen stehen Lichtmasten. Es dunkelt bereits. Fliegende Termiten sammeln sich im Licht und fallen herunter, um von flinken Fingern geschnappt sofort in Blechdosen zu landen. Sie werden geröstet und gelten als Leckerbissen. Es gibt hier fast alles: Kino, Supermarkt, Bowlingbahn. Nur raus kann man nicht. Trotzdem fehlt es nicht an Arbeitern und Angestellten, denn die Löhne sind hoch.

Diamanten wurden dort ausgewaschen. Es gab keinen Bergbau, wie in Südafrika. Es ist eine riesige diamantenhaltige Schicht südlich von Portugalia. Der Oberflächen-Abbau ist natürlich wesentlich billiger als eine Förderung aus großer Tiefe. Man nennt Diamanten in Angola »Feijão Branco«, also Weisse Bohnen. Schürfen und handeln damit ist streng untersagt. Trotzdem ist das nicht zu kontrollieren, wenn man die Steine aus Geröll auswaschen kann, das nicht im Sperrbezirk der Diamang liegt.

In der Trockenzeit während der Monate April bis September ähnelt der Busch dem brasilianischen Cerrado oder Caatinga. Kaum grünes Gras, kaum Blätter. In dieser Zeit brennt es häufig. Meistens sind die Feuer, außer Kontrolle geraten, von Menschen gelegt, weil neue Flächen für den Hackbau vorbereitet werden oder weil man Feuerjagden abhält. In den Jahresferien fuhr ich in den Libolo, denn es war eine solche Jagd geplant. Inzwischen war ich stolzer Besitzer eines FN-Schrotgewehrs, Kaliber 12, mit Magazin für fünf Schuss plus eine Patrone in der Kammer. Die FN hatte mir ein Nachbar von Quitila verkauft, Franz von Stauffenberg.

Wir waren zu fünft. Die Jagd fand bei der Farm von Nachbar Franz Bickmann statt, die etwas abseits der anderen deutschen Farmen in einer schwer zugängigen hügeligen und steinigen Gegend lag. Eine Gruppe von Schwarzen hatte die Windverhältnisse analysiert und in mehreren Kilometer Entfernung einen Halbkreis aus Feuer gelegt, das sich auf uns zubewegte. Nur dort, wo wir Männer warteten, gab es keine Flammen und Rauch. Die Tiere flohen natürlich in unsere Richtung.

Bis das Feuer bei uns war, würde noch einige Zeit vergehen. Wir saßen auf Termitenhaufen und unterhielten uns, die Gewehre lässig im Arm. Auf beiden Seiten waren schwarze Jäger mit ihren Lanzen, Pfeil und Bogen und Keulen und warteten ebenfalls. Bickmann spielte auf meine Zeit als Journalist an und meinte, die Geschichte der Deutschen in Angola müsste endlich mal aufgeschrieben werden. Es gäbe so viele Anekdoten, die mit der Zeit verloren gehen würden. Das ist richtig, aber zu einem Buch über Angola und diese Zeit hatte es noch gute Weile. Darüber sollten noch 45 Jahre vergehen!

Der Rauch kam immer näher und die Sichtverhältnisse verschlechterten sich rapide. Die schwarzen Jäger begannen, um uns herum zu wimmeln. Wir waren besorgt, dass uns einer im falschen Moment vor die Flinte laufen könnte. Erste Bewegungen im Rauch tauchten schemenhaft auf. Das Niederwild kam als erstes. Buinjis, ein Nager ohne Schwanz, der dem Hamster ähnelt und etwa so groß wie eine fette Katze ist; dann kleine Antilopen, Füchse, Hund ähnliche Tiere. Darauf stürzten sich die schwarzen Jäger. Wir warteten gespannt auf die Großen, die viel erfahrener waren und erst im allerletzten Moment durchbrechen würden. Da kamen sie: ein Rotbüffel, zwei Wasserböcke, drei Warzenschweine. Da war sicher mehr, aber diese konnte ich gerade noch erkennen und alles ging so schnell, dass ich nicht zum Schuss kam. Mein Schwager Schorsch und Bickmann, beides sehr erfahrene Jäger, waren erfolgreicher. Jedenfalls waren alle mit dem Ergebnis zufrieden. Bei den Schwarzen gab es abends ein Fest. Wir hörten die Trommeln von weit her bis zur Farm.

Wir feierten ebenfalls. In der sogenannten Bierstube war immer was los: Bier und Weinbrand oder auch Whisky Saloio. Und am folgenden Tag traten wir schweren Herzens die Rückfahrt nach Luanda an.

Am Beginn der sogenannten Ilha befand sich auf der Buchtseite ein Yachtclub. Ich hatte schon ein Auge darauf geworfen und schrieb mich als Mitglied ein, noch ohne eigenes Boot, von dem ich jedoch schon ziemlich genaue Vorstellungen hatte. Nur über den Preis wusste ich noch nichts. Würde ich mir eine Motoryacht von meinem Gehalt leisten können? Nur eine Werft konnte das beantworten und die gab es in der Bucht nahe der Avenida Marginal. Sie gehörte einem Spanier, der vor allem Reparaturen für die in Luanda stationierte kleine Fischfangflotte Spaniens durchführte.

Er zeigte mir verschiedene Baupläne für Motorboote aus Holz, um die zehn Meter lang, wobei die Hälfte des Bootskörpers vom Bug aus gesehen geschlossen war. Dann kam die etwas erhöhte Konsole mit dem Ruder und dahinter der offene Raum mit Platz für einen Innenbord Dieselmotor und neben dem unter den Planken die Treibstofftanks. Die Yacht sollte im überdachten Teil eine kleine Küche, Essecke, Toilette und Kojen für mindestens vier Mann haben. Im offenen Teil auf beiden Seiten des Motors konnten noch mal maximal vier Personen schlafen. Als Motor schlug der Spanier einen 100PS Volvo Penta mit Schraube hinter dem Heck vor, die mit einer Kipp-Vorrichtung ausgestattet war und sofort auslöste, sollte die Schraube Grundberührung haben. Die Bucht von Luanda war voller Sand- und Schlickbänke, die schon manche Schraube verbogen hatten.

Die Werft des Spaniers hatte einen großen Vorrat an abgelagertem Hartholz und gut ausgebildete Arbeitskräfte. Beim technischen Teil waren wir aber auf Importe angewiesen. Den Volvo Penta Motor gab es in Luanda und das Boot konnte sozusagen um den Motor herumgebaut werden. Küche, Klo, Geschirr, Bestecke, Kompass, Beleuchtung innen und Positionslaternen außen sollten aus Deutschland kommen. Ich besuchte die Werft regelmäßig und erlebte das Werden mit. Zunächst das »Gerippe« aus Spanten, die gebogen werden mussten, dann die Beplankung. Der Spanier überraschte mich mit dem Vorschlag, die Planken oder den Bootskörper zusätzlich mit einer starken Schicht Epoxifasern zu überziehen, weil dadurch die Planken länger gegen allerlei Bohrwürmer geschützt würden. Ohne diesen Kunststoffüberzug würde ich das Boot alle zwei Jahre aus dem Wasser nehmen müssen, um es von Parasiten zu reinigen und den gesamten im Wasser liegenden Teil mit hochtoxischer Farbe zu streichen. In den Tropen gehe der Befall sehr schnell.

Meine Frau war ein introvertierter Typ. Ich erwähnte das schon. Sie tat sich bei Fremden schwer, besonders wenn es mehrere waren und man keinen Bezugspunkt für Gespräche hatte. Es kann aber auch sein, dass sie von der gar nicht so kleinen Kolonie aufgrund ihrer Herkunft abgelehnt wurde. Es bildeten sich Gruppen. In die eine oder andere wäre ich gerne gegangen, aber da gab es Resistenzen.

Zu unseren wenigen Freunden in der deutschen Kolonie gehörte das Ehepaar Traumann. Er war beim Generalkonsulat als Wirtschaftsfachmann angestellt, gerade erst aus dem sozialistischen Chile Allendes abberufen, und über die beiden hatten wir dann auch besseren Zugang zu den anderen Leuten der deutschen Vertretung. Nach zwei Jahren Angola gehörten wir zum Sekt Fest am 31. Dezember und dem Katerfrühstück mit Rollmops und Pumpernickel am 1. Januar dazu. Alles über die Quote der politischen Vertretung zollfrei importiert. Große Klasse von kleinen Leuten. In einem Außenposten wie Angola waren sie kleine Könige.

Inzwischen war ich hin und hergerissen zwischen meinem Boot, dessen Stapellauf bevorstand, und den Fahrten hinauf ins Hochland von Quitila, wo Jagden mich lockten. Von zweien will ich noch berichten.

Schon des längeren geisterte ein Plan herum, in einem vielversprechenden Talkessel ohne jede durchquerende Piste eine mehrtägige Pirsch zu machen. Edelmann, einer der Farmer, kannte den Kessel gut und sorgte für die korrekte Planung bei der Ausrüstung, Konserven und Reiseapotheke. Er berechnete, dass wir drei Geländewagen benötigen würden, für Ausrüstung, acht schwarze Helfer und Spurenleser und uns selbst. Die Jagdsafari war auf eine Woche berechnet. Wir suchten uns ein verlängertes Wochenende aus. Mein Boss gab mir großzügig die noch zusätzlich benötigten Tage frei.

Wir starteten von Quitila aus. Schorsch hatte seinen Spurenleser Kiteke dabei. Es hatte lange nicht mehr geregnet und das Fahren in Kolonne in den offenen Pickups DKW und Landrover staubte alle und alles ein. Ein halber Tag ging drauf, bis wir an einen Bach kamen, wo man in den Talkessel einfahren konnte, wenn man das Wasser bezwang. Zunächst wurde ein Kabel auf der anderen Seite verankert, jedes Fahrzeug daran mit einem Karabinerhaken festgemacht und dann vorsichtig hinübergeleitet. Das Wasser lief quer durch die Jeeps auf Höhe der Pedale. Einige hundert Meter von der »Furt« entfernt, räumten wir eine Fläche frei, um unsere Zelte aufzustellen. Sofort wurde Kiteke und ein weiterer Schwarzer losgeschickt, um unser Abendbrot zu schießen. Mein Schwager überließ ihm sein eigenes Gewehr, was dem Jäger enormes Prestige bei seiner Gruppe bescherte.

Es dauerte nicht lange und es knallte. Eine Stunde später kamen zwei grinsende Jäger ins Camp, auf einer Stange zwischen sich ein Nussi, eine mittelgrosse Antilope. Die wurde sofort enthäutet und einige Stücken Fleisch sofort in die Töpfe auf die schon brennenden Feuer gegeben. So frisches Fleisch schmeckt zwar gut, ist aber recht zäh und man braucht nicht nur gute Zähne, sondern auch ein scharfes Messer. Bevor wir uns schlafen legten, wuschen wir uns in dem Bach. Das Wasser war erfrischend kühl. Ob Wachen aufgestellt wurden oder wir alle schliefen, weiß ich nicht. Man durfte schließlich nicht vergessen, dass wir weit außerhalb militärischer Kontrollen der Portugiesen waren. Theoretisch befanden wir uns im Terroristengebiet.

Mit Sonnenaufgang wurden drei Gruppen aufgestellt, der Kessel in drei Sektionen geteilt. Eine Gruppe ging am linken Hang entlang, eine durch die Mitte und die dritte am rechten. Wir hatten untereinander keinen Sichtkontakt, konnten aber hören, wenn irgendwo Schüsse fielen. Man musste sich den Kessel länglich vorstellen, wie eine riesengroße Papaya, wobei unser Camp ungefähr an der Stelle lag, wo der Stängel der Frucht sitzt. Jeder Gruppe ging ein schwarzer Jäger oder Spurenleser voraus, hinter ihm der weiße Jäger und mit Abstand dahinter mindestens zwei Helfer, deren Aufgabe es war, sich um unsere Beute zu kümmern. In meinem Fall ging ich direkt hinter »meinem« Jäger, mit meiner FN12 umgehängt.

Nach etwa zwei Stunden hörten wir von links einen Schuss, verhielten und warteten ab, ob sich aus der Richtung flüchtiges Wild zeigen würde. Nichts! Also weiter. Inzwischen stand die Sonne hoch am Himmel, kein Wind, wabernde Hitze und Staub, der von unseren Füssen aufgewirbelt wurde. Von meiner Umgebung nahm ich schon nicht mehr viel auf, war ganz damit beschäftigt, das Marschtempo einzuhalten. Der Busch wurde immer dichter. Wir bewegten uns in einer Art niedrigem Tunnel. Immer wieder Losung, aber sehr alt. Es handelte sich um einen Wechsel der Rotbüffel und nach dem Verhalten des Fährtensuchers zu urteilen, waren wir einer Herde auf der Spur. Er machte Zeichen an seine Nase. Ich selbst roch nichts, nur Staub und Hitze.

Dann ging der Schwarze aufs Knie, machte ein Zeichen zu einer Grass bestandenen Lichtung und dann zu seinem Bauch. Ja, jetzt hörte ich es auch. Ein leises Grummeln: Verdauungsgeräusche, dann ein Furz. Der Jäger kroch nach vorne, tauschte mit dem Schwarzen, der hinter ihm blieb. Weiter ging es auf dem Bauch, ganz langsam. Ja keinen trockenen Zweig oder Ast brechen. Ein Adrenalinschub verscheuchte meine Schlappheit. Aus Erzählungen wusste ich, dass diese Büffel besonders klug und heimtückisch sind. Also Vorsicht. Und dann passiert es eben doch. Irgendwas scheuchte die Büffel auf. Lautes Getrampel, brechendes Gebüsch und weg waren sie. Ich habe sie nicht mal richtig gesehen.

Ende der Jagd. Irgendwo rechts wurde geschossen, zweimal. Wir warten noch etwas, ob sich Wild zu uns in die Mitte flüchtet. Leider nein. Dann traten wir den Rückweg an und waren gegen vier Uhr nachmittags wieder im Lager, als die ersten. Die linke Gruppe kam bald danach. Zwischen den Trägern schaukelte eine Nussi-

Antilope an einer langen Stange. Und gegen halb sechs kam die rechte Gruppe mit einem Veado, einer dem Hirsch ähnlichen Antilope. Die Ausbeute war kläglich. Aber es gab dafür einen Grund. An den beiden Hängen hatten die Jäger Lager von Nachtjägern entdeckt, voller Knochen und Häuten. Sie mussten vor etwa zwei Monaten dort gewesen sein und schossen alles ab, was ihnen vor die Gewehre kam, auch weibliche Tiere und Junge. Ein Jäger, der diesen Namen verdient, versucht immer, nur männliche Tiere zu erlegen, um den Bestand nicht zu gefährden.

Während die Helfer das Wild zerlegten und einsalzten, machten wir uns über die Reste von gestern her und hofften, dass es morgen besser werden würde. Wir waren alle müde und krochen in unsere Zelte, ohne uns groß zu reinigen. Da sich inzwischen unter den Moskitos unser Besuch herumgesprochen hatte, mussten wir Baygon sprühen und die Zelte zumachen. Es war dann so stickig, dass man sozusagen im eigenen Saft einschlief. Staufenberg hatte da so seine eigene Methode. Er sprühte sich selbst von oben bis unten mit Baygon ein und ging schlafen. Geschadet hat es ihm nicht.

Ein neuer Tag. Dieses Mal ging ich mit Edelmann am rechten Hang. Es lief sich da nicht so gut, dafür gab es aber weniger Gestrüpp. Den am Vortag abgelaufenen Teil durchquerten wir eilig, ohne Rücksicht auf Geräusche. Dann lag eine hügelige Formation vor uns. Edelmann erklärte mir, dass sich kleine Gruppen von Antilopen zwischen solchen Hügeln aufhalten könnten. Wir müssten versuchen, vorsichtig einen Hügel hinaufzusteigen und dann von oben aus in die Senke davor zu schauen. Das war die richtige Methode. Wir sichteten auf Anhieb eine Gruppe von Palancas, besonders mächtige Antilopen. Ein Bock stand abseits und sicherte die Gegend. In der Senke grasten drei weibliche Tiere mit zwei Kleinen. Für einen sicheren Schuss mit dem Schrotgewehr war es noch zu weit. Wir mussten näher ran. Edelmann überließ mir die erste Chance, hielt sich neben mir jedoch bereit, falls der Bulle nicht fallen sollte, der mir seine Seite zuwandte. »Auf den Körper zielen, direkt hinter dem Vorderlauf«, flüsterte er. Wir kamen noch weitere zwanzig Meter heran, dann schob ich mich vorsichtig an einer Bodenwelle hoch, legte mein Gewehr an und schoss im Liegen. Der Bock taumelte, fiel aber nicht. Sofort knallte es neben mir. Jetzt knickte er ein und fiel. Schon beim ersten Schuss stob die Herde davon.

»Er wäre gefallen,« tröstete Edelmann mich, »aber wir hätten ihn vielleicht suchen müssen«. Es war klar: für eine solche Jagd war die Kugel besser als Schrot. Großes Wild sollte man nicht mit Schrot schießen.

Wir überließen unsere Beute den Helfern, die sie schon mal ausnahmen und für den Rückweg präparierten. Wir zogen weiter und trafen kurz danach auf die Überreste eines Lagers der Nachtjäger. Wieder dasselbe Bild. Tiere jeder Größe. Die Jagd bei Nacht ist nicht sehr waidmännisch. Hinter Spurenleser und Jäger geht ein Schwarzer mit einer Autobatterie auf dem Kopf, die mit einem Scheinwerfer verbunden ist. Tiere gucken in das Licht und verhalten, sind daher leichte Beute. Andererseits können manche flüchten und verenden irgendwo im Busch. Die Jäger machen sich nicht die Mühe, ihnen nachzugehen. Bei Dunkelheit ist das fast unmöglich.

Der Talkessel bot keine weiteren Chancen für uns. Wir machten uns auf den Rückweg. Dafür hatten die beiden anderen Gruppen mehr Glück. Insgesamt fünf Antilopen. Für unsere Haushalte war damit ein guter Vorrat an Fleisch gesichert. Wir legten uns in den Wasserlauf am Eingang zum Talkessel und ließen uns vom Wasser richtig schön einweichen. Der Schock kam später. Blutegel hatten ihre Chance wahrgenommen und sich an uns festgesaugt. Man merkte das gar nicht. Es war auch nicht gefährlich, eher eklig. Krankheiten übertrugen die Biester nicht. Um sie wieder los zu werden brauchten wir Hilfe von unseren Schwarzen, die sich ein Gaudi daraus machten, jeden einzelnen Egel abzunehmen. Eine glühende Zigarette oder ein rotglühendes Holz vom Feuer an den Egel halten und er ließ sofort los.

Der Kopf von »meiner« Antilope kam in einen Extratopf und wurde die ganze Nacht hindurch ausgekocht, damit ich ihn als Trophäe mitnehmen konnte. Er hängt noch heute in meinem Haus.

Ich sprach von zwei Jagderlebnissen, die ich schildern wollte. Das andere fand auf der Farm Quitila statt und zwar nachts. Etwa drei Kilometer von den Wohnhäusern entfernt lag eine lange Gerade, die auch als Flugplatz für kleine Maschinen genutzt werden konnte. Man kam mit dem Auto gut hin und am Rand der Piste auf und ab fahren. Mit einem Handscheinwerfer leuchtete ich über das niedrige Gestrüpp an den Seiten der Piste. Fast sofort tauchte der Kopf eines Kaninchens auf, das ins

Licht sah. Meine Schrotflinte war für dieses Wild ideal. Es dauerte nicht lange und ich hatte ein halbes Dutzend Kaninchen beisammen. Die kamen dann in die Badewanne, um am nächsten Morgen von mir abgehäutet und ausgenommen zu werden.

Die Art der Jagd fand eines Nachts ein abruptes Ende. Um das Auto nicht mit dem Blut der Tiere zu verunreinigen, pflegte ich einen großen Düngersack aus Plastik mitzunehmen, in den ich die Tiere steckte, nachdem ich jedem einen Schlag ins Genick versetzt hatte, wie es mein Opa in Bremen machte. Es ist die sicherste und schnellste Methode. In jener besonderen Nacht saß ich mitten auf dem Flugfeld im Auto und wartete darauf, dass sich weitere Kaninchen zeigten. Der Motor lief, denn ich brauchte ja Licht für den Halogen-Handscheinwerfer. Durch das Motorengeräusch nahm ich einen Ton wahr, den ich lange nicht unterbringen konnte. Es klang wie ein quälendes Seufzen. Aber woher kam das? Bis ich schließlich den Motor abstellte. Da war es wieder! Es kam aus dem Plastiksack. Als ich den öffnete sahen mich zwei Augen über einer blutigen Nase an und da war das Geräusch wieder. Das Kaninchen war nicht tot! Es atmete schwer. Ich zerrte den Sack aus dem Auto und drosch völlig von Sinnen mit dem Kolben des Gewehrs auf den Kopf ein, bis Stille war. Das war das Ende meiner Jagden. Ich habe mein Gewehr nie wieder zur Jagd benutzt, nur noch zur Selbstverteidigung und zur Abwehr von Giftschlangen, die sich zu nahe bei unserer Behausung herumtrieben.

Wieder zurück in Luanda standen zwei Ereignisse an:

der Stapellauf der Motoryacht und der alles entscheidende Besuch amerikanischer Techniker für das Baumwollprojekt in Malange. Die beiden Amerikaner Eddy und Bill, letzterer ein pensionierter Techniker von geschätzten 75 Jahren flogen mit mir nach Malange, wo die Verträge unterzeichnet wurden. Das war noch gar nicht so sicher, denn für die Eximbank-Finanzierung wurde eine Genehmigung der amerikanischen Regierung benötigt, weil Portugal wegen seiner Kolonialpolitik auf einer Restriktionsliste stand. Die Pläne für die Fundamente hatten die beiden dabei, sodass sofort mit den Bauarbeiten begonnen werden konnte. Laut Plan sollten die Maschinen innerhalb von vier Monaten verschifft werden. Das hieß, in fünf Monaten mussten die Fundamente fertig sein. Ich bestand darauf, dass bei Halbzeit der Bauarbeiten Eddy nochmal einfliegen sollte, um eventuelle Fehler rechtzeitig zu beseitigen.

Der Stapellauf unseres Bootes fand an einem Samstag statt. Einige in Deutschland bestellte Teile waren noch rechtzeitig eingetroffen, sodass mein Boot voll navigationsfähig war. Wir tauften es auf den Namen »Muchacha«, was auf Spanisch »Mädchen« bedeutet. Zusammen mit unseren Freunden Traumann und Knauf machten wir sofort eine Rundfahrt. Mein Pilotenschein für das Boot war wenige Tage vorher von der portugiesischen Marine ausgestellt worden. Eine dreimonatige Schulung ging dem voran, bei der alle möglichen Situation durchgespielt wurden. Die größten Schwierigkeiten machten mir die nächtlichen Identifizierungen von anderen Schiffen, wobei man sich allein an die Positionslichter halten musste und in welcher Konstellation sie sich befanden. Das rote Licht befindet sich links, oder in der Seemannssprache Backbord, und das grüne entsprechend an Steuerbord. Dann war da noch die gelbe oder weiße Toplaterne zu beachten. Kompliziert wurde es, wenn die in ihren Umrissen nicht sichtbaren Boote mehr als einen Mast hatten und entsprechend mehr Positionslichter.

Wir nahmen uns vor, jedes Wochenende rauszufahren, entweder zum Fischen vor der Ilha oder zur südlich von Luanda gelegenen Insel Mussulo, die eigentlich keine Insel war, denn ganz im Süden gab es eine schmale Landverbindung. Aber dorthin fuhr niemand. An der breitesten Stelle näher bei Luanda konnte man mit einer Fähre übersetzen und dann in der Lagune zwischen Land und Insel baden. Dort befand sich auch eine kleine Kolonie von Fischern, die am Wochenende Getränke an die Touristen verkauften. Den Strand habe ich nie gemocht, denn ich holte mir dort fast immer Sandflöhe, die wohl nur auf mich gewartet hatten, um sich unter die Fußnägel zu bohren und ihre Eier abzulegen. Sie juckten ganz erbärmlich. Wenn man sie nicht sofort erwischte, sollte man Geduld haben und warten, bis der Leib des Flohs in etwa Erbsengröße hatte. Dann konnte ein geschickter Puhler mit einer Injektions- oder Nähnadel den Leib herausgraben, ohne ihn zu zerstören. Stach man ihn jedoch an, gabs meistens eine üble Entzündung. Selber machen konnte ich das nicht. Meine Frau war Spezialistin, schon seit ihrer Kindheit auf der Farm. Dort gab es diese Biester auch, aber seltener. Der gepuhlte Sandfloh wurde dann in eine Flamme gehalten und verbrannt.

Es war wichtig, dass die vielen Eier komplett vernichtet wurden. Schmerzhaft war der Prozess aber auf jeden Fall. Nichts für empfindliche Gemüter.

Wir waren jetzt im dritten Jahr und mein dreimonatiger Europaurlaub stand vor der Tür. Chef Wünsche erklärte sich einverstanden, dass ich mir auf Firmenkosten ein Auto mitbringen dürfe. Freie Wahl innerhalb eines gewissen PS-Bereichs. Ich wählte einen Opel-Manta, den ich im Werk abholen musste.

Aber vorher sollte ich noch eine sehr interessante Flugreise innerhalb Angolas machen. – Auf dem Flugfeld von Quitila landeten zwei Piloten aus Rhodesien mit ihrer einmotorigen Maschine. Das war für die Schwarzen ein tolles Spektakel, besonders für die vielen Kinder. Die Erwachsenen hatten alle Mühe, die aufgeregte Schar unter Kontrolle zu halten. Die Farmer nutzten das Angebot zu einem Rundflug, um endlich mal ihre Farmen von oben zu fotografieren.

Aber was wollten die beiden in Angola? Sie seien Tabakfarmer und wollten Kontakte zu den Anbauern von Virginiatabaken in Angola, vielleicht für eine Kooperation. Die internationale Tabakbörse in Salisbury funktionierte nicht mehr so richtig wegen des Boykots der Industrieländer. Genau wie Südafrika stand Rhodesien auf einer Schwarzen Liste.

Die beiden sprachen kein Portugiesisch und ich stellte mir vor, dass sie erhebliche Probleme bei den Kontakten haben würden. Da ich ganz gut Englisch sprach, bot ich Hilfe für den Dialog an. Das fanden die beiden gut. Mein Boss war einverstanden, als ich meinte, es könne sich eine Zusammenarbeit im Tabakhandel entwickeln. Aber fast wäre aus dem Flug nichts geworden, denn der Nachbarfarmer Rainier Smidt ramponierte beim Zurücksetzen seines Landrovers das Heckleitwerk des Fliegers. Grosser Schreck, aber die Rhodesier winkten ab, holten ihre Werkzeuge und reparierten die Delle.

Wir flogen nach Cubal, an der Eisenbahnlinie Benguela-Sambia gelegen und dann nach Caluquembe. Da wir mit Bodensicht flogen, nahmen wir einen Umweg, zunächst an der Atlantikküste entlang Richtung Süden bis Benguela, dann entlang der Bahnlinie bis Cubal. Später dann weiter Richtung Süden, entlang einer gut ausgebauten Strasse nach Caluquembe. Beide Ziele waren von den Rhodesiern ausgesucht worden, weil dort bereits Tabak existierte, der von der portugiesischen Industrie verarbeitet wurde. Für den Export war er qualitativ zu schlecht.

Man hatte wohl angenommen, dass der Besuch einen Sack Geld dabeihatte und ein warmer Regen über der Gegend niedergehen würde. Als sich herausstellte, dass vor dem Erfolg der gesamte Betrieb umgestellt werden müsste, bröckelten die meisten Kandidaten schon weg. Es blieben einige größere Farmer, die so etwas stemmen konnten. Jedenfalls sah ich die Bereitschaft der Rhodesier, sich zu engagieren, sehr positiv.

Was war unser nächstes Ziel? Zu meinem Erstaunen flogen wir, meistens nur nach Instrumenten, weit nach Süden, mitten hinein in die menschenarme Provinz Cuando Cubango. Sie wollten dort einen deutschen Farmer besuchen, sagten sie. Irgendwo im Meer von unendlicher Vegetation tat sich plötzlich ein heller Strich auf: eine Landepiste. Einmal überflogen wir sie in niedriger Höhe, um eventuelles Getier zu vertreiben, dann stürzte die Maschine direkt hinter den letzten Bäumen nach unten und landete sicher. Bei diesem Manöver zogen sich meine Därme zusammen und ich kniff den Hintern ein. Die beiden waren erfahrene Flieger. Kein Problem.

Seitwärts an der Piste stand eine junge Frau mit einem badewannen-ähnlichen Gefährt mit kleinen Rädern. Es schien überhaupt keine Bodenfreiheit zu haben. Das war das Fräulein Hedy, die Assistentin des Verwalters. Der Besitzer selbst lebte in Deutschland, kam immer mal zum Jagen herunter. Die Farm war auf das Kreuzen von europäischen Rinderrassen spezialisiert, denn das magere Vieh der Eingeborenen war für Mast völlig ungeeignet. Es kam darauf an, die richtige Kreuzung für dieses Klima zu finden, eine Aufgabe, die damals noch Jahrzehnte dauern konnte. Was das alles mit Tabak zu tun hatte, der dort mit Sicherheit nicht gedeihen konnte? Ich weiß es nicht und erhielt auch keine Antworten. Vermutungen konnte ich jedoch anstellen, wenn man den Tabak mal ganz vergaß. Und die waren eher strategisch. Nicht so weit entfernt verlief die Grenze nach Südwest-Afrika. Dieses Gebiet war so etwas wie der offene Unterleib Angolas. Die Präsenz Portugals konnte man fast als Null bezeichnen.

Ende der Unternehmung. Der Flieger brachte mich zurück an die Küste nach Benguela und von dort nahm ich einen Flug mit der Fokker50 nach Luanda. Von den Rhodesiern hörten wir nie wieder etwas.

Schöne Wochenenden mit der »Muchacha« folgten.

Wir fanden versteckte Buchten auf der Seeseite von Mussulo, in die man nur bei Hochwasser durch kleine Schlüpf Stellen einfahren konnte. Hohe Mangroven verbargen uns vor vorbeifahrenden Booten. Hier konnte man völlig abschalten, sich nur auf die Beschaffung und Zubereitung des Essens konzentrieren und seinen Gedanken nachhängen. Meistens waren wir mit Peter und Familie dort.

Sobald wir das Boot sicher geankert hatten, war die erste Maßnahme das »Ernten« von Muscheln, genauer gesagt, von einer kleineren Sorte der Austern, die an den Stengeln der Mangroven siedelten. Bei Flut waren sie unter Wasser, bei Ebbe gerade so an der Oberfläche und daher leicht zu finden. Man konnte sie mit dem Messer aufbrechen und roh mit Zitronensaft essen oder sie kochen. Dabei öffneten sich die Schalen von selbst. Roh dienten sie auch als Köder beim Angeln von Fischen. Es gab eine Vielzahl von Meeresgetier in dieser Bucht und das Wasser war sauber und wurde bei Ebbe und Flut jeweils ausgetauscht. Himmlisch!

Auf dem Rückweg nach Luanda warfen wir zwei Schleppangeln mit künstlichen Ködern aus. Der Motor wurde etwas gedrosselt und es dauerte meistens nicht lange, bis ein Dourado anbiss. Diese schmackhaften, fettarmen Raubfische wurden bis zu einem Meter lang. Sobald wir die Inselspitze passierten, war es vorbei. In die verdreckte Bucht verirrten sich diese Fische nicht. Aber wir kamen eigentlich nie ohne reichlich Fisch aus den Wochenenden zurück. Der größte Teil wanderte gesäubert und filetiert in die Tiefkühltruhe.

Von meinem Deutschlandurlaub brachte ich meinen Traum mit: den Opel Manta, ganz in cremeweiss. Er wurde zusammen mit Ausrüstungen für die »Muchacha« verladen, zusammen mit Einkäufen von Möbeln und Vorhängen bei Ikea in Schweden. Dazu kam eine große Bestellung beim Versandhändler Quelle. Unser Heim war damit komplett und ich mit meinem Job und allem drumherum sehr zufrieden. Die Zukunft konnte gar nicht besser werden.

Natürlich wurde meine Mutter neugierig, dieses Angola auch kennenzulernen und sie kündigte an, uns sehr bald mit meinem Bruder Karsten zu besuchen. Bei meinem nächsten Landesurlaub in einem Jahr sollte das sein. Auch aus Brasilien kam Post. Meine Sekretärin bei der Kiepfirma, Wiltrud, wollte uns besuchen. Jetzt galt es, die verschiedenen Projekte auf Linie zu bringen, denn die Voraussetzungen waren gut. Angola boomte. Überall schossen Gebäude aus dem Boden, wurden neue Firmen gegründet. Es fühlte sich alles an, als ob da viele fürchteten, sie könnten zu spät kommen, um am Aufschwung teilzuhaben. Keine schwarzen Wolken am Horizont. Terroristen? Ja, ganz weit weg gab es wohl welche. In den größeren Städten herrschte völlige Ruhe, man war unbesorgt. Im Straßenbild Normalität. Nur an bestimmten Feiertagen gab es Aufmärsche vom Militär, die von der ganzen Bevölkerung begeistert gefeiert wurden. Wir konnten das von der Balustrade neben unserem Büro gut beobachten. Weiß und Schwarz durcheinander, keine Rassenschranken. Höhepunkte waren stets die Kontingente der Marine, ganz in weiß, und der sogenannten Flechas, rein schwarze Soldaten, alles Freiwillige. Flechas waren vorwiegend Buschmänner, die als von den Schwarzen Ausgestoßene beim Militär ihre Heimat fanden. Zum ersten Mal fühlten sie sich wichtig und anerkannt (in meinem Buch »ANGOLA Zwischen Abgrund und Hoffnung« wird das Werden und die Geschichte dieser besonders erfolgreichen einzigartigen Verbände ausführlich geschildert). Sie hatten weitgehende Freiheiten. Einziges Zugeständnis an die Hierarchie: die obersten Offiziere waren Weiße und auch nur auf ihrem Posten, wenn sie von den Flechas oder Buschmännern akzeptiert wurden. Es ist nach meiner Einschätzung eine ganz einzigartige Erfolgsstory, leider mit einem bitteren Ende, aber das konnte sich damals niemand vorstellen, an sowas dachte man nicht mal. Unmöglich! Natürlich wusste man von den Unruhen im Kongo, der absoluten Abwesenheit einer nationalen Staatsmacht, oder im Kongo Brazzaville. Überall, wo die Schwarzen die Macht an sich gerissen hatten, war es dasselbe: Chaos, Verfall der Autorität.

Und dann kamen die Maschinen aus den USA an. Da es keine regulären Dienste gab, hatte Hardwicke-Etter einen Dampfer gechartert. Ich war am Hafen, um mitzuerleben, wie die Fracht entladen und die Kisten auf die Bahn nach Malange verladen wurden. Mir schwoll das Herz vor Stolz. Das war mein, ganz allein mein Erfolg. Niemand außer mir, meinte ich, hatte daran geglaubt. Vielleicht noch mein Chef Wünsche, als interessierter Beobachter. Schließlich glaubte ich, es ginge um seine Nachfolge. Gesagt hat er nie etwas dazu, denn es hätte bedeutet, dass er seinen Junior-Gesellschafter damit konfrontieren müsste. Mein Leben im Geschäft hat das nicht gerade erleichtert. Und so blieb es auch bis zum Ende. Hätte ich die Garantie erhalten, sein offiziell erklärter kaufmännischer Nachfolger zu sein, wäre möglicherweise vieles in meinem Leben ganz anders gelaufen. Aber bis dahin, lief alles »wie geschmiert«.

Ich war dabei, als der Transfer der HEC-Maschinen zum Bauplatz erfolgte. Im Inland gab es keine Kräne mit speziellen Hebevorrichtungen. Die kostbaren Maschinen mussten aus ihrer Verpackung geschält und einzeln mit ältlichen Lastern zum Bauplatz geschafft werden. Es gab manchen Moment extremer Gefahr, aber irgendwie schafften es die unausgebildeten Arbeitskräfte. Als alles »vor Ort« war, begannen die »Feinarbeiten«, wie ich es nannte; das Einpassen in die Fundamente. Was dann losbrach, überstieg meine bisherigen Erfahrungen völlig.

Die lokalen Arbeitskräfte waren völlig überfordert und vom Lieferanten fehlten wichtige Teile oder es waren falsche geliefert worden. Was tun? Ein Mechaniker namens Leal, mit dem ich mich angefreundet hatte, kannte einen Dreher in Malange, der eine altmodische Drehbank besaß. Mit der wurden die falschen Schrauben entweder korrigiert oder neue angefertigt, Muttern ebenfalls. Ein extra für den Monteur Bill eingestellter Übersetzer wurde nach wenigen Tagen rausgeschmissen, weil alles falsch überkam. Es blieb an mir hängen und handschriftliche Zeichnungen vom Pensionär Bill, nur mit Maßangaben ergänzten die notwendigen Details für den Dreher. Erstaunlich, was man nur mit Skizzen und

Gesten erreichen konnte. Ohne Übersetzer. Jedenfalls ging die Montage weiter, mit dem alten Bill ganz oben unter dem Fabrikdach auf Eisenträgern balancierend.

Die ersten Lastwagen, mit Säcken voller Baumwolle hochbeladenen, trafen aus dem Anbaugebiet ein. Mehrere Lagerhallen nahmen die Säcke auf, die sofort geleert und deren Inhalt verteilt wurde. Diese Phase war gefährlich, weil Baumwolle sich nicht überhitzen darf, sonst fängt sie an zu brennen. Von den Lagerhallen führten Rohrleitungen von einem halben Meter Durchmesser aus ineinander gesteckten Blechrohren zur Fabrik. Durch diese sollte die Baumwolle angesogen und den Maschinen zugeführt werden. Die Vorbearbeitung bestand in Staub-, Stängel- und Blattreinigung, dann ein weiteres Auflockern, bis sie von oben in die vier Ginning-Maschinen fiel. Das sind die zentralen Entfaserungsmaschinen, die die Faser von dem Kern oder Saat trennten. Als letzte Etappe kam dann die tief in den Boden versenkte Presse, die die Fasern zu großen, rechteckigen Ballen presste, die von Stahlbändern oder Stahldraht zusammengehalten wurden.

Zum Startschuss kam der Vicepräsident von Hardwicke-Etter aus Texas angereist. Zum ersten Mal erwachte die gesamte Anlage zum Leben. Das Vibrieren der schweren Ginning-Maschinen übertrug sich auf alles. Der Probelauf klappte vorzüglich und ich war richtig stolz auf mein Projekt. Man ließ die Maschinen weiterlaufen und damit begann der reguläre Betrieb.

Bei dem Cocktail mit der Firmenleitung ließ man mich wissen, dass 1974 eine Erweiterung geplant sei, da man die Restfaser an der Saat mit sogenannten Linter-Gins mechanisch entfernen wolle, um sowohl die Kurzfaser Linter als auch saubere Saat für die folgenden Aussaaten zu haben. Ich versprach, entsprechende Angebote einzuholen. Aus Linter wird Filz hergestellt oder man verwendet Linter zur Herstellung von Explosivstoffen (Schießbaumwolle).

Der Bruder meines Chefs, Ludwig Wünsche, betrieb in Hamburg eine Handelsfirma gleichen Namens, die unter anderem Mandiokaschnitzel aus Thailand für die Herstellung von Futtermitteln importierte. Unsere Firma hatte die Hoffnung, mit Mandioka aus dem billigen Hackbau der Eingeborenen günstig auf den deutschen Markt zu kommen. Dabei war wichtig, die Mandiokawurzeln zu häckseln, zu trocknen und einzusacken. Für dieses Häckseln gab es mobile Maschinen, die man über die Zapfwelle von Traktoren direkt auf dem Feld betreiben konnte. Angebote wurden eingeholt.

Eine andere Abteilung unserer Firma begann, getrocknete Heilpflanzen zu exportieren. Leiter war ein Portugiese, Martins, der von allen nur »Mataratos« genannt wurde (Rattentöter), weil er Bayer-Rattengift verkaufte. Diese Abteilung, die viel Fachwissen voraussetzte, entwickelte sich erfreulich und fand später in Brasilien ihre Fortsetzung.

Meine ehemalige Sekretärin Wiltrud schwebte mit der VARIG ein. Neugierig, fragte sie, was wir in zehn Tagen unternehmen würden. Zunächst fuhren wir mit einem alten VW-Käfer (den Manta wollte ich wegen der schlechten Straßen nicht nehmen) nach Malange. Auf dem Weg liegt seitwärts einer der berühmten Wasser-fälle, der Duque de Bragança. Auf Touristen war man dort noch nicht eingerichtet. Es gab keine Bungalows, kein Restaurant, nur eine primitive runde Hütte mit Strohdach, von der aus man den Wasserfall beobachten konnte. Dann zeigte ich auf der Weiterfahrt die in der Entfernung aufragenden Felsen der Pedras Negras.

Nach Malange fuhren wir einen Teil wieder zurück bis nach Lucala und bogen dort nach Norden ab. Unser Ziel: Bolongongo. Ich wusste, dass man von dort ab nur noch im Militärkonvoi weiterfahren durfte. Es war gegen 13 Uhr als wir dort ankamen. Die Garnison machte offenbar Siesta. Ein vor sich hin dösender Posten am Tor. Ich stieg aus und sprach den Soldaten an, der mir sagte, der Konvoi sei schon weg und erst um halb drei wäre der Comandante zu sprechen. Wir mussten uns also gedulden und das in der flirrenden Mittagshitze. Der Wind war völlig eingeschlafen. Die portugiesische Fahne hing schlaff am Mast. Also abwarten.

Bewegung auf dem Paradeplatz der Garnison. Der Pos-ten rief einen Kollegen, der mich zum Kommandanten begleitete, einem kleinen energischen »Capitão«. Erste Frage, ob wir auch Journalisten seien. Nein nur Freunde vom Farmer Friedrich Rochow. Leider hätten wir uns verspätet wegen der schlechten Straßen. Der Capitão er-teilte einige Befehle, zwei Unimogs wurden angeworfen und die Begleitung bereitgestellt: sechs Mann für jedes Fahrzeug, davon zwei vorne und vier hinten auf den längs angebrachten Bänken. Los ging es, wir mit unse-rem Käfer zwischen den beiden Mercedes-Unimogs.

Die Gegend ist mit dichtem Naturwald bewachsen, unter dem Robusta-Kaffeesträucher stehen. Das Gelände ist stark hügelig. Bei den Steigungen heulen die Unimog Motoren. Das Geräusch muss weit zu hören sein. Gedanken an Hinterhalte verdränge ich lieber gleich. Wiltrud sitzt hinten, schwitzt und hat, glaube ich, etwas Angst. Wir tun so, als ob solche Fahrten ganz normal seien. Seitwärts beträgt unsere Sichtweite gerade mal einige Meter, danach grüner Busch oder verunkrauteter Kaffee.

Die Farm Canselle erreichen wir kurz vor Dunkelheit. Der Hofplatz liegt, etwas erhöht, auf einer Lichtung. Der Wehrturm mit seinen drei Stockwerken aus Beton steht dominierend auf der Lichtung, daneben die ebenerdigen Wohnhäuser und Lagerhallen. Etwas seitlich versetzt ist das E-Werk mit seinem riesigen Diesel-Generator zu sehen. Um die Gebäude herum verläuft ein Maschendrahtzaun mit Elektrodraht an Isolatoren oben drauf. Das Ehepaar Rochow empfing uns am Tor. Die Soldaten stellten ihre Fahrzeuge ab und wurden mit Erfrischungen versorgt.

Zwei Tage blieben wir auf Canselle. Wir schliefen im Wehrturm, wo sonst das Ehepaar Rochow schlief. Wiltrud wurde in einem der Wohnhäuser untergebracht, wo auch die Familie und die Tochter schliefen. Am nächsten Morgen packte der Farmer Essen und Getränke in seinen VW und lud uns zu einer Rundfahrt ein. Er saß am Steuer, mit einer Pistole zwischen den Oberschenkeln, ich neben ihm mit einem Nato-G3-Gewehr, dessen Lauf aus dem Fenster ragte, und hinten meine Frau mit einer MP auf dem Schoss. Wiltrud erhielt keine Waffe. Während wir durch die Kaffeeschläge fuhren, auf Wegen mit hohem Gras, sodass wir oft gar nicht genau sehen konnten, was unmittelbar vor uns war, erzählte Rochow von den Unruhen und dass er keine Arbeiter mehr anheuern konnte. Als wir an einen etwa 20 Meter breiten Fluss kamen, hielt er und begann einen Campingtisch aufzubauen und darauf Gläser zu verteilen. Ein kleines Picknick wollte er machen. Dabei zeigte er auf die andere Flussseite, wo sich angeblich Terroristen versteckt halten sollten. Von denen gehe aber keine Gefahr aus. Man toleriere sich. Da wurde es mir doch etwas unheimlich und ich machte Druck, weiterzufahren.

Wir steuerten einen Außenposten der Farm an, der unter der Leitung eines portugiesischen Verwalters stand. Auch hier wieder ein Turm mit einer Plattform, allerdings aus Holz. Wir stiegen auf die Plattform und wurden erst mal mit Rotwein und Saft bewirtet. Währenddessen erzählte der Verwalter von Beschuss in der vorletzten Nacht und zeigte uns die Einschüsse in der Brüstung. Wiltrud wurde immer blasser und wollte zurück. Rochow nahm eine Abkürzung durch noch höheres Gras. Meine Befürchtung, er würde steckenbleiben, erfüllte sich jedoch nicht. Immer wenn der Bewuchs besonders hoch wurde, trat er aufs Gas und rutschte über die Hindernisse. Er hatte unter dem Wagen ein dickes Blech geschweißt, sodass der Boden glatt war.

Abends lernten wir einen deutschen Legionär kennen, den der Farmer zu seinem Schutz eingestellt hatte, eine abenteuerliche Type, die schon in Asien und anderen afrikanischen Ländern im Einsatz war. Auf meine Frage, was denn seine Aufgabe sei, sagte er: Kommunisten killen. Angst schien der nicht zu kennen. Er war fast nur nachts unterwegs, stets allein, und, nachdem was ich so hörte, hatten die Rebellen großen Respekt vor ihm (siehe mein Buch: »Wurzeln des Glücks«). In dieser zweiten Nacht bestand Wiltrud darauf, bei uns im Turm zu schlafen.

Morgens, die Sonne war noch nicht aufgegangen, weckte mich meine Frau. Sie war beunruhigt von der Stille draußen. Normal wäre es gewesen, wenn die Hähne gekräht und die Vögel gezwitschert hätten. Aber da war nur ein undefinierbarer Ton in der Luft. Wir standen beide oben auf dem Turm und sahen auf den dichten Wald in etwa 200 m Entfernung. Mit »blümerant« könnte man unseren Gemütszustand beschreiben. Uns war aus Berichten bekannt, dass die Tierwelt schweigt, wenn etwas Ungewöhnliches in ihrer Mitte geschieht und da denkt man sofort an Terroristen. Aber der merkwürdige Ton entpuppte sich als junger Hahn, der noch nicht richtig krähen konnte. Und dann begann auch das morgendliche Konzert der Tierwelt im Wald. Wiltrud hatte jedenfalls die Nase voll und wollte weg.

Für den Rückweg konnten wir nicht mit dem Militär rechnen. Die waren schon in ihre Garnison zurückgekehrt. An ihre Stelle traten die sogenannten »Voluntarios da Patria«, Freiwilligenverbände oder Miliz, zum großen Teil den Massakern der ersten Jahre entkommen, die in ihrer Kampfkraft dem regulären Militär überlegen waren. Außerdem kannten sie das Gebiet gut. Das Kontingent mit vier Landrovern hatte sich am Abend vorher auf der Farm versammelt, bis an die Zähne bewaffnet. Eine gemischte Trupp war das, von Weißen, Mulatten und Schwarzen.

Wir fuhren einen anderen, längeren Weg, denn der Konvoi sollte noch mehrere Farmen besuchen und von dort weitere Leute mitnehmen. Der Anführer sagte uns klipp und klar: wir halten nicht, um Fahrzeuge zu reparieren. Wer eine Panne hat, lässt sein Auto liegen und steigt bei uns auf. Wir fahren mit Tempo 60 oder mehr. Das war ein anderes Erlebnis als unsere Hinfahrt. Alles lief sehr professionell ab und wir erreichten Bolongongo am frühen Nachmittag. Der Offizier der Garnison riet uns, sofort weiterzufahren bis Golungo Alto und dort zu übernachten, oder es gleich bis Luanda zu riskieren, je nach Verkehr auf der Strecke. Je mehr Verkehr, umso sicherer. Wir entschieden uns für letztere Option und kamen verstaubt und verschwitzt in Luanda an. Ab ins Hotel Turismo für Wiltrud und dann fuhren wir direkt nach Hause. Erst ein Sprung in die Badewanne, dann direkt ins Bett.

Die Neugier meiner Mutter auf Angola war inzwischen weitergewachsen und sie entschloss sich, uns zu besuchen, zusammen mit meinem Bruder Karsten. Sie kannte sonst noch niemanden aus der Familie meiner Frau. Für diesen Besuch hatte ich ein Programm vorbereitet, weil es mir wichtig war, ihr dieses großartige Land zu zeigen. Von Norden nach Süden wollten wir Malange (wegen der Baumwollfabrik) und den Wasserfall Duque de Bragança besuchen, dann natürlich die Farm Quitila, die Höhle von Novo Redondo (Sumbe),

Lobito und Benguela, Sá da Bandeira (Lubango) und Moçamedes.

Die Baobabs oder Affenbrotbäume hatten es meiner Mutter angetan. Die Bäume sehen aus, als ob ein Riese sie ausgerissen und verkehrt herum wieder eingepflanzt hätte. Sie wachsen vor allem in der Übergangszone vom Küstenland zum Hochland zu enorm dicken Bäumen heran, mit krummen und ebenfalls dicken Zweigen und können lange Trockenzeiten problemlos überstehen, weil sie genug Wasser speichern. Der Baobab produziert Früchte, die vor allem von Affen gefressen werden. Für Menschen sind sie nicht genießbar, fand ich.

Um zu den Tropfsteinhöhlen von Novo Redondo zu kommen, muss man gut zu Fuß sein, denn der Zugang liegt am Grund eines tief eingeschnittenen Flusses. Ein schmaler Pfad mit losem Geröll führt hinunter. Wir hatten uns aus dem Städtchen einen Ortskundigen mitgebracht, dessen Assistent eine Autobatterie auf dem Kopf trug. Die Höhle war noch gar nicht für den Tourismus erschlossen und es gab keinerlei Hinweise auf sichere Wege. Auf den letzten Metern bis zur Höhle verstauchte sich meine Mutter den Fuß. Auf eigenen Wunsch ließen wir sie vor der Höhle zurück, wo sie sich in den Flusssand setzte und das Gelenk massierte. Etwa 100 Meter entfernt waren einige Schwarze am Fischen, die uns jedoch nicht zu beachten schienen.

Man hat das Gefühl, in eine Kathedrale einzutreten. Gleich nach der Öffnung erweiterte sich die Höhle nach oben und die Decke verlor sich teilweise in der Dunkelheit. Mit unserer Handleuchte konnten wir ja immer nur ein kleines Segment erkennen. Allgegenwärtig war ein ganz bestimmter Ton: das Tropfen von Wasser. Von den Stalaktiten tropfte es seit Jahrtausenden und die Kalkablagerungen bildeten vom Boden hochwachsende Stalakmiten. Die Natur hat Geduld. Es ist völlig unwichtig, wie lange es dauert. Langsam, unsichtbar für des Menschen Auge wächst es irgendwann zusammen. Ich suchte nach gut ausgebildeten Bergkristallen, konnte aber keine finden. An manchen Wänden schimmerten ganz kleine kristalline Strukturen im Licht.

Die Höhle war Quartier für viele Fledermäuse. Unser Licht scheuchte sie auf. Sie flogen uns in dichten Wolken entgegen, sodass man sich automatisch duckte, damit man nicht mit ihnen kollidierte. Der Gestank von Fledermauskot nahm mir den Atem.

Nach zwei Stunden drängte der Führer zur Umkehr. Vor dem Eingang saß meine Mutter mit schmerzverzerrtem Gesicht. Der Knöchel war stark angeschwollen. Aufsetzen konnte sie den Fuß nicht. Und nun? Wie bringen wir sie den steilen Hang hoch, ohne sichernde Seile? Meine Frau hatte eine Idee. Sie ging zu den Schwarzen, die wir vorher bemerkt hatten und erklärte die Lage. »Die Senhora da hat sich den Fuß verstaucht oder gebrochen. Könnt ihr sie hochtragen? In einer Tipoia?« Das ist eine Hängematte. Großes Kopfschütteln und empörte laute Worte. Nein, nein, das würden sie ganz gewiss nicht machen. Die Zeiten als man die Weißen in den Hängematten trug, seien lange vorbei. Das mussten ihre Großväter und Väter machen, aber sie ganz bestimmt nicht. Aber meine Frau blieb hartnäckig, verlegte sich aufs Bitten, bot einen guten Preis an, wenn sie es doch noch mal täten. Es ging hin und her. Und sie taten es, wobei wohl ausschlaggebend war, dass meine Mutter so ganz anders aussah als die portugiesischen Frauen. Der Aufstieg war schwierig genug. Durch die beiden Enden einer Hängematte wurde ein langer gerader Ast gesteckt und los ging es. Ich kletterte direkt hinter den Trägern. Jedes Mal, wenn ein spitzer Stein im Pfad hochstach, sagte ich meiner Mutter, sie solle den Hintern hochziehen. Dann klammerte sie sich an den Ast und hob ihren Körper etwas an.

Ohne Untersuchung konnten wir die Reise nicht fortsetzen. Wir hatten Glück. Es gab in Novo Redondo ein Röntgengerät und einen Arzt, der damit umgehen konnte. Nichts gebrochen. Ein Druckverband, einige Salben und Schmerzmittel und Ruhe für den Fuß.

Zu den unvergesslichen Momenten der Reise gehörte Sá da Bandeira, im Hochland gelegen, mit europäischem Klima und einer vorbildlichen Städteplanung und Trinkwasserversorgung. Man konnte vom Tundavala aus weit über das Land Richtung Atlantikküste blicken und den Hafen von Moçamedes dort unten ahnen, der Endstation der Erzbahn von den 400km entfernten Cassinga-Minen. Die Trasse war eine technische Meisterleistung der Portugiesen, besonders der Abstieg aus 2000m Höhe bis auf Meeresniveau. Auf engstem Raum reihte sich eine Serpentine an die nächste. Man kann sich vorstellen, dass die Lokomotiven enorme Kapazitäten hatten und die Bremstechnik an den riesigen Loren höchsten Anforderungen gerecht werden musste. Unsere technische

Abteilung nahm an einem internationalen Wettbewerb mit deutschen Knrorr-Bremsen teil.

Parallel zur Bahn gab es eine Fernstraße, die sich das Gebirge hinunterwand. Die nahmen wir. Es gab keine Überholspur, nur an den Schleifen jeweils eine Ausweichstelle. Die Straße war nicht asphaltiert. Wenn ein Lastwagen von unten entgegenkam, stand man mit dem Auto entweder neben dem Abgrund oder an der Erdwand. Diese Strecke zählt zu den Erinnerungen, die nachträglich noch Herzklopfen machten. Meine Mutter fand das alles ganz toll, mein Bruder weniger. Ich hatte den Eindruck, dass er diese Reise nicht so genoss wie ich es erhoffte. Gesagt hat er nichts.

Der Klimaunterschied war enorm. Eben noch frischer Wind, gute Luft, tauchten wir in die Dunstzone des kalten Benguelastroms ein, der von Namibia heraufkommt. Trotzdem war es in Moçamedes heiß. Also erst mal ins Hotel und duschen. Dabei hätte ich mich fast elektrokutiert. Es waren elektrische Duschen brasilianischer Fabrikation installiert. Die kannte ich. In Brasilien gibt es praktisch nur solche Duschen und sie sind sicher, wenn sie korrekt installiert werden. Aber hier war etwas ganz schiefgelaufen. Als ich den Hahn aufdrehte stand ich noch nicht unter der Dusche und da erhielt ich schon einen starken Stromstoß. Nicht auszudenken, was passiert wäre, wenn ich schon unter der Dusche gestanden hätte als ich sie aufdrehte. Wieder mal hatte offenbar ein Engel oder was auch immer seine Hand über mich gehalten. Wie lange noch? Ich rekapitulierte mal, wann ich vor mir selbst oder von fremder Hand Schaden hätte erleiden müssen. Es summte sich. Vielleicht sollte ich mal eine Liste anlegen, seit meiner Zeit als Redakteur bis heute?

In der Moçamedes-Wüste wurden wir von einem Wildhüter begleitet. Wir wollten das Gewächs aus der Nähe sehen, das den komplizierten Namen Welwitschia trug, angeblich viele Jahrhunderte alt war, und, wenn möglich, ein Nashorn. Die gab es dort unten nur noch selten, aber der Wildhüter machte uns Hoffnung. Wir stiegen in seinen offenen Landrover auf die hintere Ladefläche um, wo wir uns gut anschnallten, denn die Wege in der Wüste waren holperig. Eine Fährte vom Nashorn fand unser Wildhüter bald. Nashörner sind reine Pflanzenfresser, die zwar Menschen angreifen, aber nicht, um sie aufzufressen, sondern um sie sehr aggressiv aus ihrem Territorium zu vertreiben. Leider bekamen wir keinen dieser Kolosse zu sehen, aber es war ganz lehrreich, wie unser Führer den Kot der Tiere kommentierte: »Hier sehen Sie große Kugeln oder was davon noch übrig ist. Das Nashorn ist meistens missgestimmt und ein Einzelgänger. Immerzu ist es mit seinem eigenen Mist nicht zufrieden. Man kann am Auswurf deutlich sehen, dass das Tier sich nach dem Scheißen umgedreht und seinen eigenen Kot mit dem Horn durch die Gegend geworfen hat. Welches Tier tut sowas schon?

Die Welwitschia fanden wir ohne Probleme. Wo die Wüste am trockensten war, ragten lange, harte Blätter aus dem Boden, die sich nicht, wie bei anderen Pflanzen, in die Luft erhoben, sondern am Boden entlang wuchsen, wenn man denn »Wachsen« so bezeichnen kann. Sie ist charakteristisch, immer allein, immerzu dem rauen Klima trotzend. Einen Nutzen hat die Pflanze nicht, soweit ich weiß. Aber was wissen wir Menschen schon?

Damit endete die Tour für meine Mutter und Bruder durch Angola. Und irgendwie trat hier eine Zäsur ein. Wir wussten nur noch nichts davon.

Meine letzte große Rundreise durch Angola galt einem Trend, der sich mit rasender Geschwindigkeit ausbreitete. Die Bevölkerung nannte ihn »Banga Sumo« und er passte zu den vielen Ideen, die überall sprossen, um Angola voranzubringen. Kein Problem für meine Firma, dafür Maschinen anzubieten.

In der Eingeborenensprache bedeutet Banga Sumo in etwa »guter oder toller Saft«. Also aus Früchten extrahierter Saft. Aber wie immer, wenn Menschen sowas in die Hand nehmen, endet es bei vergärtem Saft und Obstalkohol, den man, ohne irgendeine Kontrolle verkaufte. Wir wollten das unter strengen Regeln als Fabriken anbieten und hatten den Staat auf unserer Seite. Ich ging also auf Reise mit verschiedenen Projekt-Paketen, um Ananas und andere Obstsorten korrekt zu verarbeiten.

Erste Station war Luso (Luena), wo Anpflanzungen von Ananas entstanden waren, aber der Markt nur einen Bruchteil aufnehmen konnte, weil Luso sehr weit im Inneren Richtung Grenze zu Sambia liegt. Der Portugiese empfing mich in seinem dreistöckigen Haus. Zu meiner Überraschung fuhren wir mit einem modernen Lift bis auf die Dachterrasse seines Hauses. Eine ähnliche Situation hatte ich schon mal in Luanda erlebt. Der dortige sogenannte Supermarkt Paula Carvalho hatte für seinen Besitzer einen Lift eingebaut, der nur von Parterre bis zum ersten Stock reichte. Aber der Mann war sehr stolz darauf.

Zurück nach Luso. Ich hatte Gelegenheit, die Stadt kennenzulernen, eine ganz besonders charmante Stadt, mit breiten Straßen, gut geplant mit Bäumen und Vorgärten, also jede Menge Luft und Raum um die einzelnen Häuser herum. Natürlich gab es auch die Siedlungen der Eingeborenen, die keinen Strom, kein Leitungswasser hatten, aber das war keine Extremsituation. Es gab Schulen und das Erziehungssystem war darauf angelegt, nach und nach die eingeborene Bevölkerung an die Vorteile der portugiesischen Politik heranzuführen. – Wir vereinbarten, dass die Luso-Alemã Angebote vorlegen würde.

Inzwischen ging das Jahr 1973 dem Ende zu. Angola prosperierte. Das Land erwirtschaftete Überschüsse in der Export-Importbilanz. Das hatte es noch nie gegeben, wobei man bedenken musste, dass Angola in erheblichem Umfang Investitionsgüter importierte. Nichts desto trotz war das Land in der Lage, sich aus sich selbst heraus zu ernähren! Und die Überschüsse zu exportieren. Alle waren begeistert, niemand konnte sich vorstellen, wieso das alles ein ganz abruptes Ende nehmen sollte.

Nach Weihnachten auf der Farm und Sektfrühstück mit den Freunden im Generalkonsulat auf das neue Jahr 1974, gingen die Geschäfte hektisch weiter. Neue Banken, neuen Versicherungsgesellschaften und so weiter. Der Hafen war ständig blockiert. Die Kais konnten die einkommenden Frachten nicht mehr bändigen. Auf

Reede sammelten sich die Frachter und es ging alles vielen immer noch zu langsam. Offenbar hatte niemand in der Planung der Behörden mit einem solchen Boom gerechnet. Es kam sogar zu Fleischexporten, etwas noch nie Dagewesenes. Also war es kein Wunder, dass alle optimistisch in die Zukunft sahen. Trotzdem galt immer noch die Devisen-Bewirtschaftung. Für jeden Import musste unsere Firma Anträge einreichen, auch für Tender der öffentlichen Ausschreibung.

Ich bereitete meine Reise in die USA vor, um die Anschlussaufträge für das Baumwollprojekt festzumachen. Der Mechaniker der Genossenschaft, Manuel Leal, sollte mich begleiten. Ich hatte ihm in Gesprächen bei der Geschäftsführung diese Reise möglich gemacht. Aber vor dem Flug genossen wir noch unsere Yacht und verkrümelten uns in unsere geheimen Buchten. Das Ehepaar Knauf mit ihren beiden Kindern war dabei. Es machte uns gar nichts aus, in unserer Bucht ganz nackt zu baden. Nach einigen Schlucken Alkohol wurde Peter allerdings etwas zudringlich, ein ganz deutliches Signal, dass in seiner Ehe etwas ganz und gar nicht in Ordnung war. Wir wussten es schon. Seine Frau hatte ein Verhältnis mit dem Chirurgen Fernando Calado.

In der Nacht gingen wir noch baden und konnten ein ganz besonderes Phänomen beobachten: Meeresleuchten, und zwar um unsere Körper herum. Je mehr wir uns im Wasser bewegten, umso intensiver wurde der Farbschleier, der zwischen einem leichten gelb und grün variierte. Unsere Körper wurden dabei ganz akzentuiert im Wasser umbildet.

Mitte April war es endlich so weit. Leal und ich starteten nach Houston in Texas. Der pensionierte Techniker Bill nahm uns unter seine Fittiche und zeigte uns zunächst den Süden der USA. Wir fuhren mit seinem riesigen Schlitten von Texas ostwärts und Bill forderte uns jeweils vor einer Stadt auf, auf den Müll zu achten. Gab es viel Müll, handelte es sich um Vororte, wo vorwiegend Schwarze wohnten. Wir durchfuhren aber auch eine Stadt, die am Eingang per Plakat verkündete, dass dort nur Schwarze wohnten und Weiße nicht willkommen seien. So was hatte ich noch nicht gesehen!

Wir kamen bis Memphis-Tennessee, der Stadt, in der Elvis Pressley geboren wurde. Dann ging es in die Verhandlungen mit den Lieferanten in Houston. Es war der 26. April. Und es kam überhaupt nicht zu Verhandlungen, denn der Fabrikant fragte, ob wir denn nicht wüssten, was das Fernsehen seit gestern zeigte. Nein, wüssten wir nicht. »In Lissabon hat ein Staatsstreich stattgefunden. Die Regierung Marcelo Caetano ist gestürzt und eine Junta hat die Macht übernommen.«

Wir waren sprachlos, konnten nicht begreifen, was man uns da gerade servierte. Natürlich wurden unsere Verhandlungen gar nicht eröffnet. Man solle erst mal abwarten, was weiter passieren würde, meinten die Amerikaner. Völlig benommen fuhren wir ins Hotel zurück und packten unsere Koffer. Für die Rückreise änderten wir unsere Route. Statt über Lissabon, flogen wir über Venezuela und Brasilien nach Luanda zurück. Es war klar, dass wir Lissabon nicht anfliegen sollten, zumal die Unruhen dort weiter zunahmen, was das Fernsehen bestätigte.

Die Ankunft war, könnte man sagen, ganz normal, zumal wir nicht aus der Konfliktzone kamen, sondern sozusagen von hinten herum. Alles ruhig, bisher. Meine Frau holte uns ab und Leal wurde über seine kleine Familie weitergeleitet. Nach Malange.

Wie fühlte sich Luanda in diesen Tagen an? Man wusste von dem Staatsstreich, aber ich fand keine Antwort auf die drängenden Fragen, denn niemand wusste nichts von nichts! Das war die Lage, was beweist, dass alles völlig aus dem Ruder lief. Tat es das tatsächlich? Aber dann begann der Druck aus den Musseques zu wirken. Die Menschen dort hatten sich wegen der Kontrollen zurückgehalten und begannen nun zu wühlen, bisher ohne Einsatz von Waffen, die sie bestimmt schon hatten.

Im Büro war Chaos. Die ersten, die sofort weg wollten, waren die Frauen der Buchhaltung Weg, weg, weg. Also Kündigung. Wie das im Einzelnen ging, weiß ich nicht. Jedenfalls schloss die Abteilung und Wünsche übernahm sie. Er hatte sie sowieso immer am ganz kurzen Zügel geführt. Bei Finanzen ließ er nie viel Spielraum für andere, das passte ganz einfach nicht zu seiner Art.

Was mussten wir erwarten, was mussten wir tun, um die Firma zu retten? Leider kamen sich da zwei Tendenzen, die sich fast ausschlossen, in die Quere. Der portugiesische Minderheitsteilhaber mauerte. Jetzt war wohl, meinte er, seine Zeit gekommen. Er sollte tatsächlich der Einzige sein, der fast bis zum bitteren Ende durchhielt. Das muss ich ihm zugestehen.

Mitte des Jahres 1974 fuhren wir rauf nach Quitila, um über die Zukunft der Farmen und ihrer Menschen zu diskutieren. Das waren nun wirklich ernsthafte Entscheidungen, die anstanden, denn niemand aus der Familie und von den deutschen Nachbarn glaubte, dass eine Unabhängigkeit die Lage entspannen würde, denn inzwischen hatten sich die sogenannten »Befreiungsbewegungen« in Position gebracht. Man ließ sie sich frei entfalten und ihre militärischen Mittel zeigen.

Unsere Zusammenkunft erfolgte, nachdem die Nachbarn schon befragt worden waren. Wir saßen also sozusagen innerhalb der Familie zusammen. Das fand im Haupthaus von Quitila statt. Ich empfand es als Gnade, dass der »Padrão Grande« ein Jahr davor verstorben war, und diese Lage nicht mehr erleben musste. Die Frage lautete: wohin gehen wir, wenn alles den Bach runter geht (darüber, dass es passieren würde, darüber waren sich alle einig). Die Nachbarn tendierten nach Kanada als landwirtschaftliche Alternative. Das wussten wir. Aber was wollte die Familie. Natürlich schilderte ich Brasilien als gute Alternative. Sprache? Die gleiche. Klima? Sehr ähnlich, je nachdem, wohin man in dem riesigen Halbkontinent Brasilien gehen würde. Es ging hin und her und ausgerechnet der älteste Erbe nahm endlich das Zepter in die Hand. »Machen wir es. Hans fliegt mit Schorsch nach Brasilien und sieht sich die dortigen Regionen an.«

Gesagt, getan. Ausgerechnet mein Schwager, mit dem ich nie warm geworden war, sollte sozusagen mein Aufpasser sein. Immerhin: besser als keine Entscheidung. Wir wollten drei Regionen besuchen, um uns ein Bild zu machen: den Norden im Hinterland von Belém mit seinen speziellen Kulturen wie Pfeffer (dazu riet uns Wiltrud, die dort einen Schwager hatte, der im internationalen Pfefferhandel tätig war), den Nordosten, von Recife ausgehend, weit ins Inland hinein, denn selbst dort gab es Mikroklimazonen, und dann den Süden, also Santa Catarina und Rio Grande do Sul.

Dazwischen kamen Störmanöver von der Firma, die die Arzneipflanzen abgenommen und inzwischen in Paraná neuen Anbau als Ersatz für Angola begonnen hatte. Ich wollte mich davon nicht abhängig machen und es kam sofort zu Streitigkeiten mit meinem Schwager, der mir vorwarf, ich wäre unhöflich zu den Leuten. In Wirklichkeit sah ich seine Haltung eher als Unterwürfigkeit an, und auf der Basis kann man keine Verhandlungen führen. Als aktiven Teil bei der Landsuche, den Verhandlungen und Planungen konnte ich mir ihn sowieso nicht vorstellen. Aber er war nun mal der in Witzenhausen ausgebildete Tropenlandwirt und damit angeblich prädestiniert für den praktischen Teil auf der Farm.

Das Resultat der Reise war ernüchternd: der Norden zu heiß, der Nordosten hatte zu wenig Wasser und Land im Süden war zu teuer und die meisten Flächen zu klein. Am besten gefiel uns das Gebiet jenseits der Grenze von Minas Gerais im Bundesstaat Goias, um die Stadt Rio Verde herum. Inzwischen war ein weiterer Förderer des »Brasilien-Gedankens« aufgetaucht, der für den Bundesstaat Minas Gerais warb: Rikwan Lancken. Er kannte den Staat gut, war mit der Familie meiner Frau verwandt und besaß einen gewissen Einfluss.

In Sao Paulo hatten wir das Ehepaar Moeller kennengelernt. Bei mir entstand ein Plan, von der Metropole

São Paulo ausgehend das Inland des Staates Sao Paulo, den westlichen Zipfel von Minas Gerais, genannt Triangulo Mineiro, und den Süden von Goias, gleich hinter der Grenze, systematisch zu besuchen. Aber dazu musste erst mal das Plazet der Familie her und wir mussten uns darüber klar werden, welche Summe wir investieren wollten.

Die Lage in Angola hatte sich dramatisch verändert. In der portugiesischen Regierung gaben jetzt die Linken den Ton an. Man hörte von geheimen Waffenlieferungen. In Luanda gärte es heftig. Kein Tag ohne Demonstrationen. Ich erinnere mich an einen Mittag auf dem Weg vom Büro zu meiner Wohnung im Stadtteil Samba. Man fährt auf einer vierspurigen Avenida von der Unterstadt hinauf Richtung Krankenhaus auf der linken Seite und rechts die Abfahrt zum Palacio do Governador. Plötzlich ging es nicht mehr vorwärts. Zwischen den Autoschlangen liefen Polizisten aufgeregt hin und her, schweißüberströmt und offensichtlich völlig führungslos. Auf der Kreuzung lag ein Haufen Schuhe und Sandalen. Mehr nicht. Und auch keine Erklärung, die mussten wir uns selbst geben. Es hatte wohl einen Tumult gegeben und bei der Flucht hatten die Leute ihre Schuhe verloren. Also war wohl geschossen worden, denn wer lässt sonst sein Schuhwerk zurück?

Die endgültige Entscheidung über das ja oder nein für Brasilien oder Kanada musste jetzt fallen. Wir fuhren an einem Wochenende hinauf in den Libolo. Auf der Strecke war es ruhig. Nur an der Dondo-Brücke standen mehr Soldaten als früher. Allerdings hatte der Lastwagenverkehr vom Inland nach Luanda zugenommen und soweit wir es erkennen konnten, handelte es sich bei der Fracht um Hausrat. Einige Portugiesen trauten der Lage offenbar nicht. Ich nahm mir vor, nach der Rückkehr mal in den Hafen zu fahren und zum Flugplatz, um die Lage zu erkunden. Es wurde auch Zeit, jemanden zu finden, der unsere geliebte »Muchacha« kaufen würde und wir benötigten ein Lager für unseren Umzug.

Bei den Nachbarn von Quitila war die Entscheidung schon für Kanada gefallen und die Dokumente beim Konsulat eingereicht. Die Sympathiewerte bei Stines Familie standen günstig für Brasilien, vor allem wegen der Sprache, der ähnlichen Klimazonen und weil ich das Land schon gut kannte. Der wichtigste Punkt war jedoch, woher das Geld für Landkauf kommen sollte. Von Angola überweisen? Ging nicht. Devisenbewirtschaftung. Und bei der gegenwärtigen Lage standen die Behörden auf der Bremse.

Die Lösung war einfach. Bei den Exporten der Medizinalpflanze war immer unterfakturiert worden und den fehlenden Teil überwies die Pharmafirma dann vertraulich auf die Konten der Farmer in der Bundesrepublik, wozu sich die Fabrik wegen der instabilen politischen Lage Angolas schon vor Jahren bereit erklärt hatte.

Ich wollte in Brasilien eine GmbH oder Ltda gründen, an der alle Mitglieder beteiligt sein würden. Das wären fünf plus ich, also sechs. Nur dass meine Geldreserven gering waren, da alles in unsere »Muchacha« geflossen war. Aber sei es drum. Als Ziel wurde festgelegt, dass wir in Brasilien eine neue Farm erwerben und aufbauen sollten. Wir, das waren nur meine Frau und ich. Die anderen Teilhaber der zukünftigen Libolo GmbH wollten noch ausharren, in der Hoffnung, dass sich die Lage wieder stabilisiere. Unsere Abreise sollte am 30. Dezember 1974 erfolgen. Bis dahin hoffte ich, unseren Hausrat schon verschifft zu haben.

Die nächste Hürde war das brasilianische Generalkonsulat. Wir bestätigten unseren Wunsch, in Brasilien Land zu erwerben und selber zu bewirtschaften. Noch war es bei der diplomatischen Vertretung ruhig. Was bisher wegstrebte, wollte nach Portugal, wo die meisten Flüchtlinge überhaupt nicht gern gesehen waren. Man beschimpfte sie als Ausbeuter. So weit war die öffentliche Meinung bereits von linken Parolen verseucht. – Zu meiner Überraschung ging es schnell mit den Visa.

Luanda war nicht wiederzuerkennen. Nachts hörte man Schüsse aus den Bairros, bisher noch weit weg. Mit meinem Freund Peter Knauf und weiteren organisierte ich ein Sprechfunknetz. Wenn wir abends noch mal wegfahren wollten, wussten wir immer ganz gut Bescheid, wo es Konflikte gab. Aber das änderte sich radikal. Die Übergangsregierung befahl die sofortige Entwaffnung der Zivilbevölkerung. Womit sollten wir uns also verteidigen? Wir beschlossen, unsere Waffen auf keinen Fall abzugeben. Die Mutter von Peter war im südafrikanischen Konsulat als Sekretärin beschäftigt. Aus dieser Quelle erfuhren wir mehr als die Bevölkerung. Man hatte dort schon begonnen, Akten auszulagern und die Belegschaft zu reduzieren.

Mein Chef bot mir eine kleine Lagerhalle ganz nahe

dem Büro an, damit ich uns einen Holzcontainer für unseren Umzug zimmern lassen konnte. Es wurde ein ziemlich großer Kasten. Metall-Container gab es damals noch nicht in Angola.

Es gab über die junge Generation der Familie Kontakte zum amerikanischen Konsulat. Man berichtete mir, dass drei junge Männer mein Boot kaufen wollten. Bezahlen wollten sie es mit Schecks von Banken aus dem Mittelwesten der USA. Ich wusste, dass es sehr schwierig werden würde, die zu kassieren, weil die USA kein nationales Netz von Banken kannten und zögerte noch. – Wenn jemand in der chaotischen Lage Luandas ein Boot kaufte, sollte es einen ganz bestimmten Zweck erfüllen. Niemand sagte mir dazu etwas, aber mir schien klar, dass die drei jungen Männer von der amerikanischen Auslandsspionage CIA waren. Die »Muchacha« war sicherlich als Fluchtboot geplant, falls man es nicht mehr zum Flughafen schaffte. Und der lag weit. Man musste durch die Stadt, an den Musseques vorbei. Die Straße war leicht zu blockieren. Einmal aus der Bucht heraus auf dem offenen Meer, konnte man ein Treffen mit einem Schiff organisieren. Die Amis hatten mit ihrer Funkanlage die technischen Mittel dazu.

All die Gegenstände, die ich liebevoll gekauft und auf dem Boot verstaut hatte, wurden soweit wie möglich entfernt und in unsere große Kiste gepackt. Es fehlte jetzt noch die Liste aller Gegenstände, die vom Konsulat abgestempelt werden musste. Viel Platz nahmen meine Bücher ein. Wer Bücher liebt, wirft nichts weg und bei mir hatte sich seit Kindestagen eine enorme Anzahl Bücher angesammelt.

Nächster Schritt: einen Schiffsmakler finden. Das Problem: es gab keinen Liniendienst zwischen Angola und Brasilien. Deshalb mussten wir auf einen Trampdampfer warten und das konnte dauern, was es auch tat, denn unsere Sachen landeten erst im März 1975 in Santos.

Von meinem Chef bei der Luso-Alemã kam kein Kommentar zur Lage. Er hat auch nicht versucht, mich aufzuhalten. Dazu war Wünsche zu sehr Realist und ich glaube auch, er hatte so seine besonderen Beziehungen zur PIDE, der portugiesischen Geheimpolizei, denn viele Einfuhrgenehmigungen gingen schnell durch die Instanzen, was nicht normal war. Ein Regimewechsel konnte ihn möglicherweise in Gefahr bringen. Dass es in Portugal immer schlimmer wurde, erfuhren wir durch die Schwester meiner Frau, die von Recife dorthin gezogen war.

Es war auf der vorletzten Reise, die wir in den Libolo machten, irgendwann im Oktober, dass wir zum ersten Mal Rebellen zu Gesicht bekamen. An der Tankstelle an der Ausfahrt von Dondo hielten drei Lastwagen in militärischen Farben. Soldaten sprangen ab und vertraten sich die Beine. Alle in nagelneue Uniformen gekleidet, mit Koppelzeug aus echtem Leder. Ich glaube es knarrte sogar noch, wie es frisches Leder oft tut. Es waren Truppen der FNLA, also von Holden Roberto, der sie vom Kongo aus führte. Alle sprachen französisch. Und traten hier ganz offen auf. Natürlich hatte ich schon von denen gehört. Die anderen Gruppen waren: die marxistische MPLA, die stärkste Gruppierung, unter Leitung von Agostinho Neto, und die UNITA, die kleinste und aktivste Gruppe, deren Führer Jonas Savimbi hieß. Ich hatte über den Mann schon ein Buch gelesen, das ein österreichischer Journalist über ihn in sehr positiver Form geschrieben hatte.

Ja, und dann kam der Abschied. Das letzte Weihnachtsfest in Quitila. Die Familien im Libolo bereiteten auch ihren Weggang vor, wollten jedoch noch etwas warten. Man konnte sich nicht vorstellen, dass die ausharrenden Siedler in Kürze mit Terror aus dem Land getrieben werden sollten. Immerhin wurde einiges erst mal nach Luanda geschafft. Dort besaß die Familie ja die geräumige Wohnung, wo man so einiges zwischenlagern konnte.

Am 30. Dezember schlossen wir unser Haus ab und machten uns auf den Weg zum Flughafen, den Käfig mit unserem Papagei Hugo in der Hand. Meine Frau hatte vorsorglich Papiere von einem Veterinär besorgt, damit wir keinen Ärger bei der Ankunft hätten. Als Beschreibung stand da: »ein Papagei brasilianischer Rasse mit dem Namen Hugo«.

In den Musseques wurde inzwischen auch tagsüber geschossen. Eher nicht zwischen Portugiesen und Rebellen, sondern die drei Prätendenten auf die zukünftige Regierung bekriegten sich gegenseitig. Der Flughafen hatte sich in ein Inferno verwandelt. Es stank, die Klimaanlagen waren ausgefallen. An den Schaltern der TAP für die Flüge nach Lissabon herrschte das reine Chaos. Unsere Maschine der brasilianischen Fluglinie VARIG stand bereit. Die Abfertigung ging schnell. In der Kabine empfing uns gut klimatisierte Luft. Irgendwo im Vorfeld krachte es. Das waren Granatwerfer. Wir ließen uns in unsere Sitze fallen. Vorher hatte ich aber noch nach dem Purser gesucht. Der saß zusammen mit einer Stewardess in der Pantry, Whiskygläser in der Hand und nicht mehr ganz nüchtern. Sowas hatte ich noch nie erlebt, hatte aber Verständnis. Die beiden strahlten pure Angst aus, die Boeing könnte getroffen werden. Ich ließ mir zwei Becher, reichlich mit Whisky gefüllt, geben und ging zu unseren Sitzen zurück. Anschnallen. Die Maschine rollte zum Start, halbleer. Dann die Beschleunigung. Dieses war der kritische Moment! Er ging vorbei. Wir hoben ab, sahen das Meer unter uns. Alles gut gegangen. Kein verirrter oder gezielter Schuss in den Bauch des Fliegers. Adio, Angola!

Wieder Brasilien – der Cerrado

São Paulo hatte uns wieder, nach gerade mal fünfein-halb Jahren, aber was für Jahre! Für großes Bedauern hatten wir keine Zeit. Bei Familie Moeller kamen wir unter. Ich betrachtete mich als unter Erfolgszwang ste-hend, was mir Vorwürfe eintrug, ich sei verrückt. Aber es stimmte doch. Noch nie musste ich so viel Verant-wortung übernehmen wie von jetzt ab. Dabei wusste ich noch nicht mal, welcher Art die Verantwortungen waren. Alles Neuland und mit Kopfsprung hinein. War das Mut? Verzweiflung war es jedenfalls nicht. Also wohl Optimismus und der feste Glaube, die Hindernisse zu überwinden.

Was die juristische Seite betraf, wollte ich auf Nummer Sicher gehen und nahm Kontakt zu einem Anwalt auf, der auf Ausländer-Investitionen im Land spezialisiert war. Er hieß De Santi Neto und bei dem paraphierten wir unseren Gesellschaftsvertrag, der auf die rechtliche Lage beim Kauf von landwirtschaftlichem Grund und Boden durch Ausländer ganz besonders einging. Zu-nächst registrierten wir den Gründungsvertrag in der Metropole São Paulo. Später würden wir ihn übertragen, sobald wir wussten, wo die Farm stehen sollte.

Wo stand Land zum Verkauf, das unseren vagen Vor-stellungen entsprechen sollte. Denn was wir eigentlich in Brasilien machen wollten, welche Hauptkultur, das war gar nicht besprochen worden. Kaffee wie in Angola? Medizinpflanzen, wie bereits in Paraná existent, oder Jahreskulturen oder auch Vieh, vor allem Mastvieh. Wollten die Teilhaber mich nicht zu sehr einengen bei den ersten Entscheidungen? Ich stand hier in Brasilien zunächst allein, war kein Landwirt und doch sollte ich eine Kaufentscheidung zu einem ganz und gar landwirtschaftlichen Bereich treffen, die mich eigentlich überforderte.

Das alles waren Überlegungen, alles pure Theorie und daraus konnte nichts Gutes werden. Warum mir meinen Kopf zerbrechen mit Problemen, die sich noch nicht lösen ließen, bevor wir alle Fakten in Händen hatten?

Wir erwarben einen VW-Bus wie er in Brasilien überall zirkulierte. Für lange Fahrten war die Frontbank für den Fahrer und einen Beifahrer nicht komfortabel. Hinten, in dem großzügigen Raum für Fracht oder weitere Passagiere, wenn man die Sitze hochklappte, thronte Hugo in seinem Käfig. Er war immer dabei, ein ganz drolliger Freund, der oft mit seinen kaum verständlichen Kommentaren Spannungen abbaute. Jetzt fehlte nur noch ein Makler, mit dem wir vorsondieren konnten, was interessierte und was nicht. Wieder mal hatte ich Glück. Makler waren mir ansonsten ein Gräuel. Ich betrachtete sie als Parasiten. Bei Frederico Araujo änderte ich meine Meinung ein bisschen. Und als sich herausstellte, dass er einen Bruder hatte, der noch in Angola war, entspannte sich unser Verhältnis weiter.

Frederico plante, begleitete und führte die meisten Verhandlungen. Das begann im Staat São Paulo. Dort wären wir am liebsten fündig geworden, ganz einfach, weil São Paulo gut durchstrukturiert war. Für alles gab es schnelle Lösungen. Doch die Verkäufer hatten astronomische Vorstellungen vom Wert ihres Landes. Kleine Klitschen wollte ich nicht, es musste etwas Großes sein, das uns nicht gleich wieder einengte. Soweit war ich schon mit meinen Vorstellungen gediehen. Denn Brasilien war riesig. Warum also gleich zuschlagen? Nein, wir fuhren weiter und immer weiter. Immer mit einem Auge auf die sogenannte Verkehrsanbindung, also nicht weit von Flughäfen, gute Straßen, funktionierendes Telefonnetz und was da noch sonst so wichtig ist.

Wir fuhren durch die riesigen Zuckerrohrfelder, die sich bis zur Grenze nach Minas Gerais hinzogen. Dann kam der Rio Grande, die Grenze und damit war Schluss mit den guten Straßen. Von Uberaba nach Uberlandia waren es nur 100km, aber für die brauchten wir länger als für 300km im Staat São Paulo.

Besonders Uberlandia hatte eine einmalige strategische Lage, die sofort ins Auge fiel. Man musste nur eine Straßenkarte zurate ziehen und alles erklärte sich von selbst. Diese Stadt sollte von jetzt ab unser Ausgangspunkt für die Landsuche sein, beschlossen wir. Dieser Entschluss war richtig. Noch heute würde ich ihn nicht ändern wollen. Statistiken gab es kaum, ich konnte mich also nur auf mein Gefühl stützen. Das mag für manche etwas zu vage sein, aber so war es.

Wir übernachteten in einem kleinen Hotel im oberen Teil der Stadt, einen Steinwurf von dem Highway entfernt, der an Uberlandia vorbei nach Araguari führt und dann weiter bis zur Bundeshauptstadt Brasilia. Allein durch den Lastwagenverkehr konnte man erkennen, dass Uberlandia tatsächlich etwas Besonderes war, nämlich das Verteilerzentrum für Waren aller Art ins weitere Hinterland. Ein Drehkreuz also. Die Flotte der LKW war schon damals beeindruckend. Von hier aus streckte die Stadt ihre Fühler in die westlichen Bundesländer, in den Norden und den Nordosten aus. Wer sich einen Begriff von den logistischen Herausforderungen machten wollte, musste nur einen Atlas zur Hand nehmen. Ich bezeichnete Uberlandia als die wichtigste Stadt für den Fortschritt der angrenzenden Regionen.

Also zogen wir Kreise. Erst weiter weg, weil das Land dort billiger war, dann gaben wir Goias auf und konzentrierten uns auf die unmittelbare Umgebung von Uberlandia. Inzwischen waren wir im März und mich drückte die Tatsache, dass wir immer noch nicht »zu Potte« gekommen waren. Zwei Personen spielten bei den folgenden Ereignissen eine wichtige Rolle. Der eine namens Decio war einer der größeren Viehfarmer im Landkreis von Indianópolis. Da er die Lage gut kannte, fragte ich ihn nach Ländereien. Wir setzten uns auf den Boden neben der Erdpiste und er zeichnete die Umrisse von Farmland in den Staub. Wo war Wasser, wie sahen die Grenzen aus, Größe. Das war hilfreich, um vorzusortieren und eine Idee von den geforderten Preisen zu haben. Der andere hieß Ivo und wohnte mit seiner Frau Vanda in einer gemieteten Bruchbude, die sie zweiteilten. Vorne war eine Schnapskneipe, hinten stand ein Bett, in dem sie schliefen. Eine armselige Situation. Ivos Vater besaß etwas Land und war Viehhändler. Er hätte seinem

Sohn eine bessere Bleibe spendieren können. Warum er das nicht tat? Er nahm es seinem Sohn übel, dass der ein armes Mädchen geheiratet hatte. Der andere Sohn dagegen, ehelichte eine reiche Erbin.

Ivo stufte ich als ehrlich ein und nahm mir vor, später mit ihm zusammen einen Laden für landwirtschaftliches Gerät, Dünger und Saaten aufzumachen. Er gab mir auch so manchen Tipp. Aber da greife ich schon etwas vor.

Frederico sagte mir eines Tages, er hätte nun auch nichts mehr anzubieten, es sei denn, wir wollten uns mal eine Farm in der Umgebung von Indianopolis ansehen. Die läge an einem Fluss (das hatten wir immer verlangt – ohne Wasser kein Geschäft), aber sie sei etwas merkwürdig gelegen. Man komme da nur sehr kompliziert hin. Der Fluss oder das Flüsschen sei der Mandaguari, ein Indioname also und damit ehemaliges Land von Ureinwohnern, schon lange ausgestorben. Außerdem sei es eine Hanglage und nicht so leicht zu mechanisieren. Ob Frederico das machte, um mich von vornherein umzustimmen oder ob er meinen Widerspruchsgeist provozieren wollte? Makler sollten schließlich gute Menschenkenner sein. Jedenfalls fuhren wir da hin.

Für die Ortskenntnisse hatte Frederico sich einen Helfer besorgt: Ibanez, der dirigierte uns durch ein Gestrüpp, typisch für Cerrado-Vegetation, vorbei an einer Batterie von Köhleröfen, an einem Kies Hang entlang zu einem heruntergekommenen Haus, in dem ein Rinderhirte wohnte. Kein Anzeichen von Autoverkehr. Das Haus war etwa 100m vom Fluss entfernt. Der Hirte wohnte sozusagen in Hautkontakt zu seinem Vieh. Direkt am Zimmer, in dem er schlief, lag der Vieh Kral, wo sich die Kühe sammelten, um morgens bei Sonnenaufgang einmal am Tag gemolken zu werden. Er konnte aus dem Fenster steigen und schon stand er in der Pampe. Ganz praktisch. Der Helfer von Frederico nahm die Frau des Hirten ins Gebet, damit sie für uns ein Mittagessen machen sollte. Ein Huhn schlachten, sei ja wohl nicht zu viel verlangt. Ich bekam das erst später mit, als sich Frederico mit Ibanez stritt. Aber immerhin dauerten die Vorbereitungen so lange, dass wir das Land etwas näher in Augenschein nehmen konnten. Das war dann auch der Zünder für meinen Kaufentscheid.

Wir setzten uns in eine Kutsche mit nur einer Achse. mit dem Hirten auf dem Bock. Jede Bewegung vom Pferd übertrug sich sofort auf den Lenker und wir, die wir hinten auf der Ladefläche wie in einer Kiste saßen, bekamen das auf und ab noch viel stärker mit, sodass meiner Frau schlecht wurde. Aber es hatte sich gelohnt. Der abweisende Kies Hang am Eingang ging bald in Cerrado über. Was ist Cerrado?

Man kann es vielleicht am besten mit afrikanischen Savannen vergleichen. Aber es stimmt nicht so ganz. Die Vegetation besteht aus struppigem Busch, durchsetzt mit knorrigen Bäumen. Dazwischen wächst nichts, also auch kein Gras wie in den afrikanischen Savannen. Das Land galt als nutzlos. Die wenigen Farmer ließen ihr Vieh darin grasen und besaßen riesige Flächen. Es war eine rein extensive Viehwirtschaft. An dem Flüsschen entlang, wo Schwemmland existierte konnte man kleinen

Hackbau von Reis und Bohnen finden. Chemisch war die Erde »vergiftet«, von freiem Aluminium. Solange das weiter dominierte, würde sich nichts ändern. Außer einigen Früchten des Cerrados war die Farm »wertlos«. Da stand ich also vor einer verkrüppelten Vegetation. Und daraus sollten wir eine blühende Landwirtschaft machen? Es gab Regierungs-Initiativen, den Cerrado zu nutzen. Polocentro hieß das Programm. Sehr preiswerte Kredite für dessen Erschließung standen seitens der vorausplanenden Militärführung bereit, aber bisher fanden sich nicht so viele Wagemutige.

Ich gab ein Telegramm auf, dass unser Land gefunden sei und erwähnte einen Wasserfall am Mandaguari, als Beispiel, dass wir genügend Wasser zur Verfügung haben würden, aber das wurde ganz falsch verstanden. Es gab noch einen weiteren Wasserfall, aber weiter entfernt und schwierig zu erreichen. Die Familie glaubte, ich hätte das Land gekauft wegen des Wasserfalls!

Aber zuerst mussten die Formalitäten erledigt werden. Der Kaufpreis stand fest, es folgten Überweisungen auf unser Firmenkonto bei der staatlichen Banco do Brasil, damit wir den Vertrag erfüllen konnten, aber dann hätte alles im allerletzten Moment doch noch scheitern können. Die Ehefrau vom Verkäufer, Raul Pereira, erinnerte sich plötzlich daran, dass diese Farm ja von ihrem Vater stammte und sie die mit in die Ehe eingebracht habe und jetzt sollte sie sich davon trennen? Dabei war auf der sogenannten Farm nichts getan worden. Es handelte sich schlicht um Krüppelwald, in dem einige Rinder umherirrten und nach Gräsern und grünen Zweigen suchten.

Es stand auf des Messers Schneide, aber wir bekamen unseren Besitztitel.

Als erster trudelte der jüngere Bruder meiner Frau ein, sozusagen als Kontrolleur, was denn nun der Krüger da angestellt hatte. Ganz bewusst schleuste ich ihn durch die alte Zufahrt am Mandaguari entlang, wo der Hang mit Kies war. Das Gesicht meines Schwagers wurde immer länger. Also stimmte es, dass ich die Farm nur wegen eines Wasserfalls gekauft hatte, also reine Kosmetik. Ich ließ ihn erst mal bei dem Glauben und zeigte den Wasserfall, der wirklich spektakulär ist. Am nächsten Tag begingen wir, das heißt also zu Fuß, die Farm beginnend am unteren Rand des Kieshangs. Nachdem der Kiesgürtel erst mal überwunden war, hackte ich den harten Boden auf. Darunter lag rotbraune Erde. Je weiter wir nach oben wanderten, desto sanfter wurde das Gefälle. Mit etwas Phantasie konnte man sich einen 495 Hektar großen Hang für mechanisierten Ackerbau vorstellen. Das Land hatte gerade Grenzen und sah wie ein rechtwinkliges Viereck aus. Mein Begleiter atmete sichtbar auf und zeigte sich zufrieden. Den Wasserfall nahm er als Zugabe gerne in Kauf und wanderte in den folgenden Tagen zur Rasur dorthin, indem er sich anschließend unter das herabfallende Wasser setzte.

An jenem Wasserfall begann ein Graben, der durch das dichte Unterholz bis zum einzigen Haus führte, das ich schon beschrieben habe. Mensch und Tier tranken von diesem Wasser.

In dem kleinen Ort Indianopolis wurden wir bestaunt. Das also waren diese Ausländer, denen Raul Pereira das

Fell über die Ohren gezogen hatte? Wir waren so voll von Sendungsbewusstsein, dass wir alles abtaten und uns ganz auf unsere Aufgabe konzentrierten.

Als erstes mussten wir am Gerichtsort Araguarí einen Agronomen finden, der unser Entwicklungsprojekt ausarbeitete, damit es beim Banco do Brasil eingereicht werden konnte. Ein bürokratischer Kampf begann. Ich hatte mich zwar als verantwortlicher Teilhaber registrieren lassen, aber plötzlich reichte das der Bank nicht mehr. Der Direktor Modesto forderte polizeiliche Führungszeugnisse aus Angola an. Begründung: wir hätten keine Tradition in Brasilien. Das ging aber nun gar nicht. Wie sollten wir aus einem Land, das im Chaos versank, solche Dokumente anfordern? Aber er blieb stur. Was tun? Wir beschlossen, auf eigenes Risiko und Rechnung anzufangen.

An diesem Punkt begann ein Kreislauf, den man kurz so beschreiben könnte: zu wenig, zu klein, zu unerfahren. Landwirtschaft ist ein Saisongeschäft, vor allem abhängig vom Wetter. Als wir das Land im April 1975 erwarben, war die Regenzeit gerade vorbei und die Lage günstig, um Land für die Aussaat im Oktober vorzubereiten. Der erste Schritt war die Rodung mit Abtransport des Holzes und die Säuberung des Bodens von Stubben und Wurzeln. Die mehr oder weniger krummen Stämme wurden an einen Köhler verkauft, der daraus Holzkohle herstellte. Die Stubben und Wurzeln wurden auf dem Land belassen, um zu trocknen und dann zu verbrennen. Je nach Dichte des Cerrado-Bewuchses kam zum Roden entweder ein Kettenfahrzeug mit breiter Frontschaufel oder zwei Kettenfahrzeuge zum Einsatz, zwischen denen eine dicke Schiffskette gespannt wurde. Diese sehr unsaubere Art des Rodens ging relativ schnell, aber viele Bäume brachen dabei ab und wir hatten große Probleme, die Stubben später aus dem Boden zu holen. Oft ließen wir sie ganz einfach drin und hofften, dass sie möglichst schnell verrotten würden.

Sobald die Rester verbrannt waren, erhielt der saure Boden großzügige Gaben von gemahlenem Kalkstein, der von weit her als loses Schüttgut herbeigeschafft werden musste. Die Lastwagen wurden mit Schaufeln von Hand entladen und dann der Kalkstein in große fahrbare Kästen abgefüllt, alles immer von Hand. Hydraulische Hilfen gab es damals noch nicht. Alle Arbeiten waren zeitraubend und langsam. Und die vielen kontraktierten Arbeiter wussten ja eigentlich gar nicht, was genau sie wie machen sollten, weil wir selbst noch keine Erfahrung hatten. Es war eine schreckliche erste Erkenntnis, dass uns unsere angolanische Erfahrung hier überhaupt nichts nützen würde. Mit wem sollte ich es auch besprechen? Mit meinem schweigsamen Schwager Schorsch, der eigentlich das Zepter für die Landerschließung übernehmen sollte? Wo war er? Er und seine Familie konnten sich nicht entschließen, endlich Angolas Chaos den Rücken zu kehren und als die meisten es taten, war es zu spät, zu spät, um noch mit »freier Brust« Entscheidungen zu treffen, nur noch nicht zu spät, um das nackte Leben zu retten. Ich meinte, dies sei vorhersehbar gewesen für Menschen, die sich immer als überlegen und langfristig planend begriffen. Bei vielen stimmte das auch, leider nicht bei uns.

Als sie endlich in Uberlandia, unserem Standbein, ankamen, hatte ich längst die wichtigsten Entscheidungen getroffen, weil ich sie treffen musste – oder sollte
ich meine eigene Vorstellung von Zukunft mit Füssen
treten? Wir hatten eine gemietete Wohnung über einer
Bäckerei in Uberlandia mit toller Familie, die uns sofort
vereinnahmte, positiv. Also: was konnte der Agronom
der Familie jetzt noch am Detail feilen. Das Land war
gekauft. Wir nahmen es durch unsere Rodungen in Besitz.

Eine große Überraschung stand eines Tages vor der
Tür unserer provisorischen Wohnung: Manuel Leal, der
Mechaniker der Baumwoll-Genossenschaft aus Malange
in Angola! Einen Koffer in der Hand und neben ihm
seine Frau Barbara und Tochter Generosa. Ich hatte ihm
gesagt, er solle nach Brasilien kommen, wenn es in Malange nicht mehr auszuhalten sei. Und da stand er nun
und erwartete, dass ich ihm einen Job geben würde. Also
stellte ich ihn als Mechaniker ein, obwohl mir klar war,
dass zwischen einem Mechaniker der Industrie und in
der Landwirtschaft ein enormer Unterschied bestand.

Wir hatten uns vorgenommen, die Felder von vornherein in Höhenschichtlinien anzulegen. Mit einfachen
Theodoliten markierten wir die Linien und warfen die
Erde dann mit einem Scheibenflug auf. Das dringendste
Problem war die Säuberung der Erde. Die verborgene
Masse der Wurzeln kam erst nach und nach zum Vor-
schein. Meistens brachen bei dem Kontakt die Pflug-
scheiben oder an den beiden inzwischen gekauften Traktoren ging irgendwas kaputt. Jedenfalls standen unsere

Maschinen mehr als sie arbeiteten. Für jedes Ersatzteil musste 60km weit in die Kreisstadt Araguari gefahren werden, auf schlechtesten Pisten, in Staubwolken gehüllt oder im Matsch versinkend, wenn es zwischendurch mal einen Schauer gegeben hatte.

Um die Wurzeln und Äste zu sammeln, benutzten wir eine Art Rechen, der wie ein überdimensionaler Kamm aussah, mit drei Reihen Stahlzähnen. Meistens sprang er über die Hindernisse. Schwereres Gerät gab es nicht und wir machten den Fehler, Traktoren mit zu wenig PS zu kaufen. Ganz schweres Gerät wäre angezeigt gewesen und wir hätten es anfertigen lassen können. Aber es gab niemanden, der schon Erfahrung mit Cerrado hatte.

Die letzte »Überarbeitung« der Felder erfolgte mit einer Egge, die vor allem die Unebenheiten des Bodens ausgleichen sollte und dann liefen Arbeiter in einer Kette über die Felder und entfernten Wurzelreste, soweit sie sichtbar waren. Wir glaubten, den Boden damit sauber genug zu haben, um aussäen zu können.

Das erste Jahr war auf unserer eigenen Farm von Konflikten gezeichnet. Rechtlich war, jedenfalls erst mal, alles in Ordnung. Aber die Nachbarn, alles extensive Viehfarmer, konnten mit der neuen Farm nichts anfangen. Dabei muss man folgendes verstehen. Über viele Generationen waren Wege und Trampelpfade entstanden, die in keinem Dokument beim Katasteramt auftauchten, also auch rechtlich nicht existierten.

Für uns wichtig war, wie man bisher zum Beispiel das Vieh trieb, um in der Trockenzeit von einer Weide zur anderen zu kommen? Den Zugang konnten wir nicht definitiv sperren, über welche Wege sollte der also erfolgen?

Wegen solcher trivialen Fragen entstand die erste Konfrontation mit den alt-eingesessenen Landeignern. Fazendeiros mochte ich sie nicht nennen, weil ich von deren Aktivitäten ganz andere politisch und soziale Vorstellungen hatte. Also: wir hatten das Land unserer Fazenda Bela Taanda soweit wie möglich vorbereitet und die erste Sojasaat in den Boden gebracht. Eine Saat, ich weiß es noch, die völlig falsch war: UFV-1 hieß sie und war in Minas Gerais entwickelt worden, also unsere Klimazone. Es gab dann noch die IAC-2 aus São Paulo.

Die Konfrontation mit Nachbarn ließ nicht lange auf sich warten. Unser erstes Feld war ausgesät. Etwa in der Mitte verlief ein Trampelpfad für Vieh. Von oben herunter, also vom höchsten Punkt. Der Trail war alt. Wir hatten ihn gelassen, weil er das Land von oben nach unten in zwei etwa gleich große Stücke teilte, was bei der Feldbestellung vorteilhaft war, weil wir ihn als internen Pflanzungsweg nutzen konnten. Aber natürlich hatte ich ganz oben am neuen Zugang zur Farm ein Tor angebracht, das mit einer Kette verschlossen wurde.

Die Konfrontation kam schnell und ich hatte kaum Zeit, mich darauf vorzubereiten. Durch die Mitte der Felder, mit ihrer gerade mal aufgegangenen Sojasaat trampelte eine Herde von Rindern hinunter in Richtung Furt am Fluss Mandaguari. Es war erst ein kleinerer Teil ausgesät. Ich konnte die Herde stoppen an der für mich günstigsten Stelle am Kies Hang, wo alles zu einer engen Piste zusammenlief. Recht von mir ein Hang, links ein fester Zaun. Auf diese Stelle drängte die Herde zu, die von vier berittenen Viehhirten begleitet wurde, verwegene Gestalten, die nur das machten, was ihnen ihre Patrões sagten oder befahlen. Ich hatte meinen VW-Käfer quer gestellt und stand hinter ihm mit meiner Schrotflinte im Anschlag.

Mit Mühe konnten die Hirten ihr Vieh zum Stehen bringen. »Wie kommt ihr hier rein? Oben ist mit einer Kette abgeschlossen.« »Wir treiben das Vieh schon immer hier durch. Es gibt keinen anderen Weg.« – »Doch, den gibt es. Wir haben ihn geöffnet und der führt zu der anderen Furt, die ihr jetzt nehmen müsst.«

Getuschel unter den Hirten. Schließlich drehten sie um und trampelten mit ihrem Vieh wieder hinauf Richtung Eingang. Ich rechnete damit, von dem Viehfarmer angegriffen zu werden oder von seinen Leuten, aber nichts geschah. Ich wusste nicht mal sicher, wem das Vieh gehörte, denn mit den Brandzeichen kannte ich mich noch nicht aus. Ich kommentierte das auch nicht gegenüber den wenigen Freunden, die ich schon in Indianopolis hatte.

Die Regenzeit setzte verzögert ein. Einerseits gut für uns, denn wir hinkten hinter dem Aussaatkalender her. Jede Kulturpflanze hat ihre optimale Periode, an die man sich tunlichst hält, denn sonst drohen Ernteeinbußen. Fehlt Tageslicht, wächst die Soja schlecht.

Mehr Glück hatten wir mit Reis. Jawohl: Reis auf trockenem Feld, ohne dass er im Wasser steht, wie man es von Fotos gewohnt ist. Diese Sorten wurden besonders für Cerradoböden gezüchtet und die Kultur entwickelte sich auf gerade gerodetem Boden gut, so gut, dass wir Fotos machten, als der Reis seine Rispe schob. Wir verschwanden stehend fast im Feld.

Parallel zum Anbau schritt unser Hausbau voran. Es war die erste Maßnahme außer der Rodung und wurde von einem sich selbst als Maurermeister bezeichnenden Mann und seiner Gruppe durchgeführt. Die kamen immer am Montagmorgen und fuhren am Freitag wieder nach Uberlandia. Die Fluktuation der Männer war groß. Ich kam dahinter, dass der Meister seine Gehilfen Sonntagnacht vor den Schnapsbuden zusammensuchte.

Vom Bauplatz herrschte ein stetiges Kommen und Gehen zum Fluss hinunter, wobei ich annahm, dass die Arbeiter dort ihre Notdurft verrichteten. Das war wohl auch so, aber eben nicht nur. Sie hatten Schnaps im Fluss versteckt. Die Flaschen lagen im Wasser, mit Bindfäden, die an kleinen Bäumen am Ufer festgemacht waren. Unser erstes Wohnhaus entstand also im Alkoholdunst und widerstand sehr lange, ohne Risse in den Wänden, obwohl die Fundamente nur aus übereinander geschichteten Ziegelsteinen bestanden. Kein Beton, kein Baustahl.

Elektrischen Strom gab es in der Gegend noch nicht. Wir kauften ein Diesel-Aggregat, das wir weit vom Haus entfernt aufstellten und über einen Drahtzug ausstellen konnten. Nur beim Anlassen mussten wir hin. Das Aggregat machte viel Lärm.

Wasseranschluss? Aus dem Graben, der das alte Haus belieferte, wollten wir wegen Kontamination kein Wasser holen. Zunächst heuerten wir einen Mann an, der sich auf das Graben von Brunnen verstand. Später kam ein Pumpsystem direkt am Wasserfall dazu. Wir optierten für ein überschlägiges Wasserrad, welches unser Trinkwasser über 1000m Entfernung drücken sollte und das alles hügelaufwärts. Unser Mechaniker Leal konnte da zeigen, was er draufhatte. Mein Schwager, der Tropenlandwirt, mochte den Leal nicht. Warum? Das erfuhr ich nie, weil er es nicht erklären wollte. Wir leiteten das Wasser des Mandaguari-Flusses also oberhalb des Wasserfalls in einen seitlich gegrabenen Kanal ab, montierten das Wasserrad unterhalb des Wasserfalls und leiteten das Wasser oben auf das Wasserrad, in das zwei Kolben eingebaut waren, die Wasser in einen dickwandigen Plastikschlauch pumpten. Das alles funktionierte ganz gut, aber sobald Blätter oder andere Pflanzenteile mitgepumpt wurden, stellte das Rad den Betrieb ein. Mühseliges Reinigen folgte, bis wir durch ein Filtersystem das Problem endlich in den Griff bekamen. Jede Arbeit an dem Wasserrad bedeutete, dass man selbst pitschnass wurde, was bei den herrschenden Temperaturen von 30 Grad und mehr aber kein Problem war.- Was jetzt noch fehlte war der Wassertank, den wir neben dem Haus auf einem sechs Meter hohen Baumstamm fixierten. Damit war im Haus genügend Druck auf den Hähnen, der Wasserspülung und der Elektrodusche. Und schon hatten wir etwas Zivilisation in unser Dasein gebracht.

Was noch fehlte war die Grube für die Fäkalien. Man machte irgendwo ein Loch und ließ die Fäkalien im Boden versickern. Das war keine Option für uns. Schon auf der Farm in Angola existierte ein Abwässer Tank mit drei

Abteilungen, der sich selbst reinigte und nie leergemacht werden musste. Der Trick war, dass keine Seifenreste oder andere Chemikalien hineingeraten durften. Also war die Küche völlig getrennt und deren Abwässer verliefen sich weit weg im Busch.

Am ersten Heiligen Abend hatten wir uns gerade zum Essen hingesetzt, als wir aus der Ferne lautes Hupen hörten. Das musste der Lastwagen sein, der uns Dünger bringen sollte. Er war überfällig. Und richtig: an der kleinen Brücke eines Seitenflüsschens war er vom Weg abgekommen und seitwärts mit seiner Ladung von Düngersäcken zum Bach hin abgesackt. Da hing er nun! Für uns bedeutete das: abladen der Säcke auf einen kleinen Anhänger und dann später, den Lastwagen mit unserem Traktor wieder auf den Weg ziehen. Unsere Arbeiter waren alle längs nach Hause gefahren worden. Also mussten wir, das heißt meine Frau und ich und ein weiteres Ehepaar ran und dann natürlich noch unser Mechaniker. Kurz vor Mitternacht waren wir fertig. Oh, Heilige Nacht! Zum Glück regnete es gerade mal nicht, denn wir waren ja inzwischen in der dicksten Regenzeit.

Die ersten Monate im neuen Jahr 1976 wurden sehr spannend. Es kam darauf an, zu den richtigen Wachstumsphasen auch Niederschläge zu haben, also zum Beispiel bei der Sojablüte und wenn der Berg Reis seine Rispen schob. Landwirtschaft ist, wenn man völlig auf die Natur angewiesen ist, eine ziemliche Lotterie. Hinzu kamen auch noch heftige Sturmregen, manchmal mit Hagel.

Die Soja setzte gut an, blieb jedoch im Wachstum so

stark zurück, dass an eine mechanisierte Ernte nicht zu denken war. Wir versuchten es. Damals waren die sogenannten Gebisse der Erntemaschinen noch nicht flexibel und konnten sich nicht an Unebenheiten des Bodens anpassen. Entsprechend steckten die Schneidezähne häufig mit einer Seite in der Erde fest oder sie erwischten alte Äste oder Wurzelreste. Das Resultat: gebrochene Sägezähne, gerissene Keilriemen. Unsere Qualen nahmen kein Ende. Die immer eiligen Fahrten mit dem VW-Käfer auf schlammigen Straßen in die Stadt, um Ersatzteile zu kaufen, häuften sich. In einem einzigen Monat wurden durch Schlamm und Steine drei Frontscheiben von unserem VW-Käfer zertrümmert, wobei sich der Schlamm über den Fahrer, also meistens ich selbst, ergoss.

In diesen bangen Zeiten bis zur Ernte setzte ein stetiger Besucherstrom ein. Man hatte von unserem Abenteuer gehört und wollte sich das mal angucken. Ehemalige Nachbarn von Quitila in Angola, die nach dem Exodus nach Kanada ausgewandert waren, ein Österreicher vom brasilianischen Zweig der Mannesmann-Werke, ein Direktor von Thyssen, meine ehemalige Sekretärin Wiltrud aus São Paulo. Und so ging das weiter. Manche waren vom Fach, andere ließen sich allein durch unsere Anstrengungen beeindrucken. Immer mal tauchte die Frage auf, ob es denn noch weiteres Land gäbe, das man erwerben könne? Und das gab es tatsächlich, denn die Landbesitzer waren noch nicht aufgewacht. Die warteten erst einmal ab, wie es bei uns weitergehen würde.

Im März ließen die Regenfälle nach. Es war an der

Zeit, ein erstes vorsichtiges Fazit zu ziehen und das fiel gar nicht gut aus. Wie schon befürchtet, war die Soja viel zu klein. Zwar hatten sich viele volle Schoten gebildet, aber fast alle nur knapp über dem Boden. Was tun? Von Hand ausreißen und in den Mähdrescher werfen? Ja. Bis zu 50 Arbeiter liefen in Reihe übers Feld, rissen die Pflanzen aus, legten sie zum Trocknen ab und am folgenden Tag wurden die »Büsche« in den nimmersatten Schlund des Dreschers geworfen. Es ließ sich nicht vermeiden, dass Erde von den Wurzeln die Bohnen verschmutzte, was dazu führte, dass die Ölmühle in Uberlandia beim Kaufpreis Abzüge machte. Stehen lassen oder unterpflügen konnten wir die Soja doch nicht. Jedenfalls war das Ergebnis ein Verlust, besonders wegen der vielen helfenden Hände. Dagegen rettete der Berg Reis uns vor der Pleite. Der hatte sich optimal entwickelt und es gab keine Probleme bei der Ernte mit dem Mähdrescher. Bei Aufkäufern von Reis, Cerealistas genannt, hatte ich schon früh eine Art von »Erwartung« aufgebaut. Es waren vor allem Nachkommen von Einwanderern aus dem Vorderen Orient. Sie wurden »Turcos« (Türken) genannt, waren aber in Wirklichkeit nach dem 1. Weltkrieg aus Syrien und dem Libanon eingewandert. Sie kontrollierten den Getreidehandel. Die beiden ausgesuchten Mühlen wollten natürlich nur den Reis. Soja war eine ganz andere Schiene beim Verkauf.

Interessant war hier, dass die Käufer unserer sogenannten Sojaernte selbst Ambitionen hatten, solche großflächigen Anbauprojekte durchzuführen. Unser Käufer, die Fabrik ABC, war einer der vielen Arme des ursprünglich regionalen Telefonkonzerns, der sich neu aufstellen musste, wenn er überleben wollte. Da gab es den alten Patriarchen und seinen Ersatzsohn (denn der eigentlich vorgesehene wurde Opfer eines Verkehrsunfalls).

Die Ernte war, sozusagen, im Lager (Reis) und die Soja zu schlechten Preisen verkauft. Wie sollte es weitergehen? Unsere Finanzen waren auf null. Wir standen unter enormem Druck der Teilhaber, und natürlich von uns selbst. Zugeben, dass es so nicht geht? Aufgeben? Das waren keine Alternativen. Wir waren hierhergekommen, um zu beweisen, dass ein Neuanfang möglich und Erfolg bringen kann. Was also tun? Was mussten wir ändern? Mein Ausweg lautete: die Farmaktivitäten auf mehrere Schienen stellen, damit man nicht von einem Naturphänomen abhängig ist. Das war ein großer Schritt, denn er bedeutete neue Investitionen. Und von wo sollte das Geld kommen?

Und hier liefen ganz von selbst plötzlich mehrere Entwicklungen auf uns zu, die uns Erleichterung vom finanziellen Druck brachten. Aber nicht unbedingt das Optimale für unsere Kernfarm Bela Taanda. Es kamen nämlich willige Landkäufer, die sich nur zu einem Landkauf entschließen würden, wenn sie sich an uns anlehnen könnten und unsere Erfahrungen nutzten.

Aus der Bundeshauptstadt Brasilia meldete sich der Landwirtschafts-Attaché der deutschen Botschaft, Wanselow, ein ziemlich grober Kerl im brasilianischen Politikgeschäft. Er wolle sich das alles mal ansehen. Sein Spezialgebiet war Viehzucht, also gar nicht unser Ding. Warum habe ich damals nicht diese hervorragende

Lobby-Linien benutzt, um für uns mehr herauszuholen? Waren wir von der Aufmerksamkeit in der deutschen Vertretung vernebelt und haben nicht nachgedacht? Über die diplomatischen Wege gibt es so viele Chancen. Ich war wohl irgendwo nicht auf dem richtigen Weg. Oder neigte dazu, mich selbst zu wichtig zu nehmen? Jedenfalls behielt der Attaché uns sicherlich in bester Erinnerung, denn er fuhr sich in der Dunkelheit auf dem Weg zu uns im Schlamm fest. Mutig machte er sich mit Frau und zwei Kindern im heftigen Regen auf den 5km langen Weg, den er nur nach meinen Schilderungen ungefähr kannte. Eine laute tiefe Stimme schallte über den Hof: »Ist hier Bela Tanda?«. Ein Traktor schleppte sein Auto ab. Wir nannten den Fleck von jetzt ab »Vanselows Ruh«. Er hatte sich tatsächlich die schlimmste Stelle ausgesucht.

Das Ernteresultat führte zu verschiedenen Entwicklungen. Unser Teilhaber und Tropenlandwirt nahm einen Job bei Mannesmann an. Über den Kontakt seiner Stieftochter zu einem Sohn des obersten Mannesmann-Chefs Overbeck, erfuhr der von der Flucht aus Angola und wollte helfen. Die Konsequenz war, dass die Familie nach Belo Horizonte umzog. Was hatte Mannesmann mit der Landwirtschaft zu tun? Dazu muss man wissen, dass die Verhüttung von Eisenerz in Brasilien unter Verwendung von Holzkohle erfolgt. Um den Bedarf der Hütten zu sichern, wurden riesige Aufforstungen im Umfeld der Hochöfen, vor allem mit Eukalypten, betrieben und für die brauchte man Landwirte. Der Schwager kam zwar eine Zeit lang übers Wochenende zu uns, aber irgendwann war damit auch Schluss. Er hatte sich über irgendwas geärgert. Ich erfuhr nie, was das war.

Den Pflanzungen von Eukalypten war oft eine riesige Batterie von Kohleöfen zugeordnet. Ich kannte die aus unserer Nähe. Sie wurden mit primitivsten Mitteln gebaut und sehr effektiv eingesetzt. Die Menschen, die solcher Tätigkeit nachgingen, also die Köhler, waren etwas Besonderes. Meistens gescheiterte Existenzen mit Alkoholproblemen oder gewalttätig. Richtig auf sie eingegangen, haben wir nie mit ihnen Probleme gehabt. Es gab sogar einen blauäugigen, mageren, immer kohlrabenschwarz von den Pigmenten, die sich schon in seine Haut gegraben hatten. Der war ein echter »Nachdenker«. Wir nannten ihn Chiko Feio. Chiko ist die Koseform von Francisco und Feio bedeutet hässlich. Durch seine sanfte Art, vor allem Kindern gegenüber, gewann er deren Vertrauen. Dabei musste man wissen, dass die Kinder, die ihm zuflogen, von den Farmern stammten, nicht etwa von den anderen Landarbeitern. Chiko spielte bei der ersten unserer »Kundenfarmen« eine besondere Rolle.

Jetzt galt es das Fiasko des ersten Jahres irgendwie zu überstehen. Von unseren anderen Teilhabern war nichts zu erwarten. Wenn wir so weitermachen würden wie bisher, wäre eine Pleite in naher Zukunft wahrscheinlich. Was tun also? Die Flucht nach vorn? Kredite aufnehmen, also Schulden machen? In Brasilien ist nichts sicher. Auf Versprechungen sollte man nicht zu viel geben, vor allem nicht vorpreschen, in der Hoffnung, das Geld würde schon kommen. Ich weiß, dass viele genau das taten, aber die kannten sich aus, hatten die richtigen

Beziehungen. Wir nicht. Dazu waren wir auch zu neu, zu unbekannt bei den Leuten, auf die es ankam, also Politiker und Banken. Und trotzdem musste ich vorpreschen. Es ging nicht anders oder wir riskierten den Stopp für die folgende Aussaat und damit den Verlust eines ganzen Jahres.

Es zeichnete sich ab, dass ich von 1977 an zusätzlich zu meiner Farm einen bezahlten Verwalterjob erhalten würde. Ein deutsch-schweizer Ehepaar aus Rio de Janeiro zeigte starkes Interesse, Land an unseren Grenzen zu erwerben. Bei so nahen zusammen liegenden Ländereien würde ich kaum Zeit durch Fahrerei verlieren. Das gab den Ausschlag, für Bela Tanda selbst finanziell etwas mehr zu wagen.

Und es gab noch viel zu tun, vor allem in unserer Struktur. Da von den anderen Teilhabern nur einer in der Nähe arbeitete, wurden die Entscheidungen bei uns auf der Farm getroffen: ein weiteres kleines Haus als Büro und Kasse, eine Werkstatt und eine große Garage für Maschinen. Das alles kostete Geld und das sollte wieder hereinkommen durch die Expansion unserer Anbaufläche und einer Diversifizierung.

Das erwähnte Ehepaar kam aus Rio mit einem Anwalt angereist, mitten im schwersten Regen. Die zu unserer Kleinstadt Indianopolis führende Erdstraße wurde gerade von einem Bautrupp der Streitkräfte aufgeschüttet und sollte zu einer Asphaltstraße werden. Direkt nach Regen waren die Umleitungen unbefahrbar. Nur die kleinen Straßen und Wege zwischen den Farmen konnte man noch benutzen. Das taten wir, um den verkaufswilligen Farmer Urias Bonifacio zu besuchen, einen alten Mann, der das technische Kauderwelsch des Rio-Anwalts nicht verstand, sodass ich mehrfach eingreifen musste, um die Verhandlungen nicht scheitern zu lassen.

Mit dem Rohvertrag unter Dach und Fach fuhren wir nach Bela Tanda zurück und dort spielte der Anwalt dann verrückt. Nein, unter keinen Umständen würde er auf der Farm übernachten. Er wolle sofort nach Uberlandia zurück und dann möglichst auch sofort nach Rio zurückkehren, mit dem Bus. Wir alle versuchten im klar zu machen, dass es nicht möglich war, wir eine Pause beim Wetter abwarten müssten und so weiter. Der Kerl verkroch sich in einem Zimmer. Wahrscheinlich hatte er Angst, von Kakerlaken, Wanzen und Flöhen aufgefressen zu werden. Eine Wanzenart verursachte Horror bei ihm: der sogenannte Chagaskäfer, Wirtstier für die sogenannte Chagaskrankheit, eine schleichende Infektion, die zu Herzmuskelschwäche oder Gehirnentzündungen und langfristig zum Tod führt. Diese Wanze gab es bei uns in der Gegend. Man fand sie vor allem in rissigen Wänden von Lehmhütten oder in Hühnerställen. Aber es existierten Kampagnen zur Bekämpfung. Regelmäßig suchten Trupps die Farmen auf und gingen gezielt gegen diese Plage vor. Vor allem Sauberkeit war die beste Maßnahme dagegen.

Unser zukünftiger Nachbar setzte die Gesellschaftsverträge nach dem Muster unserer Firma Libolo Agro Pecuaria Ltda auf und nannte sein Unternehmen Agro Pecuaria Seriema Ltda., nach einem knapp einen Meter großen Laufvogel, der häufig vorkommt. Sein Ruf klingt wie ein höhnisches Lachen und dringt weit. Insgesamt kauften sie knapp 900ha, waren also doppelt so groß wie wir selbst. Und ich sollte dieses Cerrado-Land urbar machen.

Schon von Anfang an hatte ich das Gefühl, dass wir hinsichtlich der Buchhaltung nicht gut bedient waren. Kleinere Firmen wie wir kontaktierten externe Buchhalter. Unserer saß in Araguari und er war uns empfohlen worden. Meine Besuche erfolgten wöchentlich. Da wir bis zu 50 Landarbeiter beschäftigten, die jeweils am Wochenende in bar ausgezahlt wurden, mussten wir wegen der komplizierten Arbeitsgesetzgebung sehr vorsichtig sein. Die Buchhalter kannten sich in den Gesetzen aus, auch in der Steuergesetzgebung. Es verging kein Monat, ohne dass irgendwelche neuen Bestimmungen herauskamen, die uns das Leben schwer machten. Da sich die Buchhaltung für landwirtschaftliche Betriebe stark von städtischen Unternehmen unterschied, waren nicht viele Buchalter verfügbar für unsere Bedürfnisse. Ich war froh, einen gefunden zu haben und zu unbekümmert, was dessen Kompetenz betraf.

Langsam kam die Baubrigade des Militärs mit dem Straßenbau voran und unsere Anbindung an die größeren Städte Uberlandia und Araguari wurde besser. Auch unsere Verbindung zum staatlichen Banco do Brasil ging nach Araguari. Die BB abgekürzte Bank hatte immer die zinsgünstigsten Finanzierungen. Inzwischen waren wir wohl von denen akzeptiert und die Frage nach Dokumenten aus Angola wiederholte sich nicht mehr. In allen technischen Bereichen aber hatte das dynamische

Uberlandia ganz klar die besseren Karten. Araguari war und blieb provinziell. Uberlandia war Großstadt.

Auf den Farmen, wenn ich Seriema mit einschließe, blühten neue Projekte nur so aus dem Boden. Bei Seriema war das einfach, weil der Besitzer offenbar auf ein gutes Polster zurückzugreifen konnte, was bei unserer Libolo nicht der Fall war. Wir mussten vor allem den Banco do Brasil immer wieder in Anspruch nehmen.

Welche neuen Projekte waren das? Wir wollten in Bela Tanda in der Trockenzeit andere Kulturen entwickeln, die uns unabhängiger von dem auf und ab der Börsen für Getreide machten, also Soja, Mais und Reis. In Uberlandia installierte sich eine amerikanische Konservenfabrik für Erbsen und Mais. Für die Kultur brauchten wir keine Bankfinanzierung. Die amerikanische Firma vorfinanzierte Saatgut und Dünger, aber die Bewässerung oder besser die Beregnung war eine Investition über eine Kultur hinaus. Das ging nur mit der Bank. Wir kauften also eine Regenkanone mit den zuführenden Wasserrohren. Das System funktionierte so: am Rande der Felder mit der Kultur wurden Verteiler im Abstand von 50 Metern eingegraben. Auf dem Feld operierte eine Regenkanone, die eine riesige Rolle mit dem Wasserschlauch hinter sich herzog. Die Kanone lief an einem straff gespannten Draht über eine Strecke von etwa 200 Metern. Die Kanone drehte sich langsam, wobei eine Art Hammer mit einer Feder den Strahl langsam vorwärts drängte. Sobald die Kanone am Ende ihrer vorgespannten Strecke angekommen war, musste die Wasserverbindung getrennt werden und mit einem Traktor die

Kanone in die folgenden Reihen gesetzt und alles wieder angeschlossen werden. Jeder Durchgang dauerte zwei Stunden. Da die Beregnung nachts erfolgte, musste ich und unser Mechaniker jeweils nach zwei Stunden raus aus den Federn und den Mechanismus umsetzen. Dazu gehörte auch das Manövrieren des Traktors, allein, wohl gemerkt, immer im Schein einer Taschenlampe oder der Scheinwerfer des Traktors.

Dafür sah das Ergebnis allerdings auch gut aus. Die Erbsen, in ihrem typischen grün, bildeten Büsche, umrankten sich selbst und ich konnte einen sehr guten Besatz von Schoten zählen. Mit der Fabrik wurde der Tag der Ernte bestimmt. Alles vorbereitet, damit die Pflanzen sofort bei Ankunft in der Fabrik ausgedroschen und tiefgekühlt werden konnten.

Wir hatten unsere Pläne ohne das Wetter gemacht. In der Nacht vor der Ernte ging ein Hagelschauer nieder und am nächsten Morgen stand nicht eine einzige Pflanze mehr aufrecht. Was wir schon mal bei der Soja erlebt hatten: wir rissen die Erbsen aus und hofften darauf, dass die Fabrik kulant sein würde. Das war nicht der Fall.

Bei der Abrechnung der Kultur standen rote Zahlen. Klar, wir hatten eine Basisinvestition getätigt, die wir auch für andere Kulturen einsetzen konnten. Aber zunächst mal versuchte ich, mich von der Regenanlage zu trennen.

Projekte

Im Gegensatz zu uns wollte die Seriema in Neues expandieren. Nach dem Motto; wer hat der hat, wurde ein Plan entwickelt, um neben uns am Mandaguari Fluss eine Wasserreisproduktion aufzuziehen. Das Projekt war so überzeugend, dass wir ein eigenes parallel dazu aufziehen wollten. Während Seriema direkt neben dem Mandaguari-Fluss eine Gruppe Dieselpumpen einsetzen wollte, mit denen das Wasser des Flusses in Felder geleitet werden sollte, planten wir den Bau eines kleinen Staudamms, um das Wasser einer in unserem Land sprudelnden Quelle aufzustauen und umzuleiten. Eine Staumauer direkt in den Mandaguari zu bauen, wäre niemals genehmigt worden. Daher die andere Lösung bei der Seriema.

Wieder einmal kam auf mich eine Aufgabe zu, für die ich gar keine speziellen Kenntnisse hatte. Was aber nicht heißt, dass ich die Gesetze der Physik nicht kannte. Und dazu gab es viel Literatur, die ich mir besorgte. Der Autodidakt in Aktion. Was sonst sollte ich auch tun? Einfach so hineinstolpern?

Ich sprach von weiteren Projekten. Da war in Araguari eine Fabrik, die Maracuja verarbeitete (Passionsfrucht) und auch technische Assistenz gab. Ich hatte schon vor Jahren mal ein Projekt in Pernambuco besucht, Pindorama genannt, das mit deutscher Entwicklungshilfe als Genossenschaft aufgezogen wurde. Leiter war ein alter deutscher Angolaner, Feistkorn. Das lief dort sehr gut und jetzt fiel die Entscheidung, diese Mehrjahreskultur bei uns in Bela Tanda anzubauen. Wie groß musste sie sein? Nur auf Regen angewiesen oder bewässert? Welche Art der Bewässerung? Unser Land war von der Topografie her ideal, in der richtigen Ausrichtung nach Norden, zur Sonne. Unser einziges Problem war, wie genügend Wasser zur Kultur kommen konnte. Beregnung? Nein. Zu viel Verbrauch. Tropfenbewässerung? Ja. Mit schwarzen Schläuchen mit kleinen Löchern, die Tropfen für Tropfen das Wasser an die Wurzeln der Rank Pflanzen brachte.

Was haben wir für Arbeit und Hoffnung in diese Kultur gesteckt. Sie war ja auch nicht so ganz einfach hinzustellen. Die Maracuja brauchte Rank Hilfen. Das machten wir mit 2m langen Pfosten alle 5m in der Reihe und in drei Meter Abstand wiederholte sich das. Zwischen den Pfosten stramm gespannter Stahldraht in drei unterschiedlichen Höhen.

Die Pflänzlinge kauften wir in Araguari bei einer Baumschule. Die Bank finanzierte uns den Kauf der Pflänzlinge, der Pfosten und Drähte und des Düngers. Die Kosten für die Einrichtung des Projekts lagen bei uns. Ich konnte mit einer Firma aus São Paulo eine separate Finanzierung für das Bewässerungssystem abschließen. Vorgesehen war zunächst, vom Fluss mit dem Wasserrad eine Wasserreserve am unteren Rand des Projekts aufzubauen. Dazu gruben wir für einen Erdtank von 8x8x4m ein Loch, dessen Wände und Boden wir betonierten. Nach Adam Riese sollte dieser Tank, abzüglich der Wände und Boden runde 200.000 Liter Wasser speichern, das von da mit Elektropumpen in die Schläuche gepumpt wurde, die unten neben den Pflanzen ausgelegt waren. Alles funktionierte prächtig. Wir waren mächtig stolz auf unsere Leistung und alle möglichen Leute gratulierten uns. Denn inzwischen war der elektrische Strom bis zu uns gekommen und wir konnten ganz anders planen als bisher mit unserem Diesel-Aggregat.

Passionsfrucht, wie die Kultur in Deutschland heißt, ist zwar eine Kletterpflanze, daher die Pfosten und der Draht. Man muss ihr aber erst mal auf »die Beine helfen« und die ersten Ranken führen, also viel Handarbeit. Das macht man mit einem Leitdraht oder Faden vom Pflänzling bis zum ersten der drei horizontalen Drähte. Dann geht es weiter mit der Leitung bis zum zweiten Draht und dann übernehmen die Pflanzen die weitere vegetative Expansion. Sobald dieser Teil von der Natur eigenständig weiterentwickelt wird, beginnt die Phase, die den Landwirt am meisten fordert: die Bekämpfung von Krankheiten und Fressfeinden und die Bestäubung der Blüten. Die chemische Keule muss ganz zu Anfang zuschlagen, denn später würde es kompliziert. Zu bekämpfen waren Krankheiten durch Pilze, durch Fressfeinde wie Raupen, und der schwierige Schutz gegen Viren, die vor allem durch Wanzen übertragen werden. Diese muss man, wenn es überhaupt gelingt, vor ihrer destruktiven Aktion bekämpfen und das geht nur mit Chemie.

Während also in der Trockenperiode die Maracuja oder Passionsfrucht wuchs und sich die ersten Blüten zeigten,

kam der Tag, an dem wir »handgreiflich« werden mussten. Die Blüte der Passionsfrucht wird optimal nur durch
ein Insekt bestäubt: durch eine pelzige Hummel, die in
der verbliebenen Cerrado Vegetation wohnt. Im Gegensatz zu Bienen bilden Hummeln keine Völker, sind also
sozusagen Einzelgänger. Die Bestäubung beginnt um
die Mittagszeit, wenn die Blüten sich öffnen und endet
gegen fünf Uhr. Erfolgt keine Bestäubung, fällt die Blüte
ab, ohne den Embryo einer Frucht zu bilden.

Wir haben mal durchgerechnet, dass ohne künstliche
Bestäubung 1ha Maracuja höchstens 5 Tonnen Früchte
bringt, von Hand bestäubte aber bis zu 20 Tonnen. Es
war also keine Frage, was geschehen musste. Zusammen mit Helfern zogen wir also in der drückenden
Mittagshitze durch die Reihen, bewaffnet mit einem
Wattebausch, später nahmen wir Stoffhandschuhe, deren Finger wir an einer Blüte mit Pollen bestrichen und
damit zur nächsten Blüte zogen, wo die Pollen am mittig
wachsenden Stempel abgestreift wurden. Der Stempel
ist das weibliche Geschlechtsteil und weist in der Mitte
ein winziges Loch auf, durch das die Pollen eindringen.
Jeden Tag wiederholte sich diese Prozedur. Da die Blüten
in Schüben kamen, war zwischendurch immer mal für
einige Tage Ruhe. Dann ging es wieder los. Bis zu sieben
Blütenschübe habe ich gezählt.

Wenn keine Krankheiten auftreten, kann man mit bis
zu drei Jahren Ernte rechnen. Schon aus dem Ergebnis der ersten Ernte würde unsere Investition für die
Tropfenbewässerung bezahlt werden können. Aber man
soll ja nicht »die Rechnung ohne den Wirt« machen.

Das Desaster trat erst im September ein und es brachte die Kultur komplett um: Frost! Und das ausgerechnet in den Subtropen! Damit hatten wir nicht gerechnet. Nachtfröste, das war in den Kaffeekulturen des südlicher gelegenen Bundesstaates Paraná immer mal vorgekommen. Aber doch nicht in unseren Lagen. Als ich morgens ganz bang zu dem Feld hinauffuhr, sahen die Blätter noch mehr oder weniger normal aus, obwohl ich auf dem Thermometer minus 3 Grad Celsius abgelesen hatte. Zwei Stunden später waren sie bereits braun und dann fielen sie ab. Unsere gesamte Kultur war zerstört und es gab noch keine Versicherung. Die Bank war lediglich bereit, uns die Pflänzlinge kostenlos zu ersetzen. Die Termine für Rückzahlung liefen weiter, obwohl wir ein Jahr brauchen würden, um den Verlust auszugleichen. Besonders der Lieferant der Bewässerungsanlage machte mir Sorgen. Er war nicht bereit zu warten und drohte sofort massiv mit Zwangsmaßnahmen.

Und unter diesem Druck, mal war es Trockenheit, mal schlechte Preise, mal immens starke Regenfälle, Stürme und so weiter vergingen die Jahre.

Geldreserven hatten wir nie. Aber mir fiel immer wieder was ein, um dem Druck standzuhalten. Neue finanzierte Projekte mussten her, aus denen ich heimlich Mittel abzweigen konnte für Löcher, die sich anderswo auftaten. Auf meiner Zukunftsliste standen drei: ein Staudamm als Wasserreservoir für Terrassen Reis, die Anlage der Terrassen und die Zuführungsgräben und Verteiler für die Terrassen, was viel Erdbewegung bedeutete; einen Viehstall weiter oben auf unserem Land, so weit versetzt, dass wir ihn unten bei den Wohnhäusern nicht mehr riechen konnten, und Zaunpfähle aus Eukalyptusholz, die wir selbst in kochendem Altöl in Ölfässern resistent gegen Verfall machten, was wiederum viele mitfinanzierte Arbeitsstunden einschloss. Und das dritte Projekt war eine Schweinezucht mit dem ganzen Zyklus von der Vermehrung bis zur Mast und allen zugeordneten Tätigkeiten, wie Anbau von Mais, Verarbeitung zu Futtermitteln und allen weiteren Dingen. Irgendwie ging meine Rechnung auf und wir hatten wieder etwas Luft, ohne dass uns immerzu jemand auf dem Buckel saß. Andererseits war die Arbeitsbelastung sehr hoch, denn es galt Termine einzuhalten, damit alles ineinandergriff.

Mir war klar, dass ich nicht die Kenntnisse hatte, um eine Schweinezucht mit besten Resultaten zu meistern. Damals hatten wir viel Aufmerksamkeit von allen möglichen Leuten erregt, von denen einige wenige sich auch noch entschlossen, unser Modell zu kopieren.

Unsere deutsche Verbindung zum Fachjournal für Landwirtschaft TOP AGRAR verhalf uns zu verschiedenen Anfragen von mehr oder weniger jungen Leuten, uns bei unseren Projekten zu helfen. Für das Schweineprojekt meldete sich unter anderem ein Franz Dierneder, als besonders kompetent für alle Belange eines integrierten Betriebes. Damals gab es nicht viele Möglichkeiten, die Informationen im Einzelnen zu verifizieren. Computer steckten noch in den Kinderschuhen. Seine Zeugnisse waren in Ordnung. Wir unternahmen alle Anstrengungen, ihm eine Arbeitserlaubnis zu besorgen, denn Brasilien erhöhte die Barrieren für einwandernde

Arbeitskräfte. Ich stellte den Österreicher als besonders qualifizierten Techniker für unsere Belange vor und hatte Erfolg.

Zwei weitere Landkäufer waren die Familie Spethmann und dann auch noch der Österreicher Huber, der eine ganz besondere Art von Verwaltung praktizierte, nämlich ohne Nachschüsse, um notwendige Maßnahmen effektiv durchzuführen. Das führte zu Problemen mit mir.

Es war klar, so durfte es nicht weitergehen. Wir mussten einen Weg finden. Wo waren Alternativen, die uns monatlich und nicht erst pro Jahr Einnahmen garantieren könnten? Da bot sich Milchvieh an. Viel Weide hatten wir nicht, es sei denn, wir würden einen Teil der für Ackerbau reservierten Fläche in Weide umwandeln.

Richtig verteilt hatten wir eigentlich alles: Land für Getreide, gutes Wasser und inzwischen angeeignetes Wissen für eine intensive Mast von Schweinen, wobei wir alles in eigenen Händen behalten wollten. Auch die Futtermittel. Sie mussten intern erzeugt, gemischt und verteilt werden. Das war wieder mal ein Schlag gegen die Zwischenhändler, die uns fertige Futtermittel in den höchsten Tönen anboten. Erfolglos. Wir wollten es selbst machen und das gelang auch, aber der Preis für eine gefühlte Unabhängigkeit war hoch. Irgendwo gab es eine Bremse, um unser Modell nicht zu groß werden zu lassen. Ob die konstruiert war? Ich kam nie dahinter.

Na, jedenfalls nahmen wir das Reisprojekt in Terrassen in Angriff. Die größte Herausforderung war der Staudamm von 50m Länge, der den Wasserspiegel unserer

Quelle um fünf Meter heben sollte. Die Erde wurde von den Seiten mit einem Caterpillar abgehobelt und aufgetürmt. Wir konnten den Wasserlauf ja nicht so einfach unterbrechen. Das Nass musste schließlich irgendwo hin. Also entstanden zwei hohe Aufschüttungen und in der Mitte wurde der Bodenschlamm entfernt, um an die homogene Tonschicht zu gelangen, die kein Wasser durchließ. Wir arbeiteten uns sozusagen von den beiden Seiten langsam zum Zentrum vor, wobei die aufgeschichteten Erdmassen mit Altöl versetzt wurden, das den isolierenden Effekt von Ton haben sollte. Wichtig war es, dass jede Erdschicht mit den Ketten des Raupenschleppers kompaktiert wurde, damit keine lockeren Stellen entstanden, die dem Druck des Wassers später nicht lange widerstehen würden.

Kurz vor dem Schließen des Damms wurde auf unserer Seite ein Überlauf als Kanal mit eingesetzter Schleuse gebaut, die die durchlaufende Menge Wasser regulieren konnte, mit einem ganz simplen Schott, das über eine Kurbel gehoben oder gesenkt wurde. Dann war es nach zwei Wochen harter, ununterbrochener Arbeit so weit. Die Lücke in der Mitte des Damms wurde synchron von beiden Seiten geschlossen und die vorbereitete Erde in die Lücke gedrückt. Nach jeder Fuhre Erde ratterte ein Raupenschlepper über die Stelle und kompaktierte und so ging es weiter, bis der Damm auch in der Mitte bis zur Krone geschlossen war. Ich musste mich selber loben. Das ganze Projekt wurde ohne Techniker durchgeführt. Was wir wissen mussten, hatte ich mir aus Büchern angelesen oder konnte auf Erfahrungen der Fahrer der Raupenschlepper zurückgreifen. Es gab keine nassen Stellen, die Krone des Damms brach nicht ein. Wir beeilten uns, sie mit Grassoden abzudecken und die Anwurzelung durch Beregnung zu beschleunigen. Ein weiteres mögliches Problem waren Tatús oder Gürteltiere. Auf die mussten wir achten, damit sie keine Gänge in den Damm gruben und dadurch irgendwann dem Wasser zum Durchbruch verhalfen.

Den beim Überlauf beginnenden Kanal führten wir weiter über ein Feld und einen Zugangsweg nach Bela Tanda. Auf der anderen Seite begannen die Terrassen des Reisprojektes. Ich traute den Nivelierungsarbeiten bei den Terrassen nicht so ganz. Das einfließende Wasser würde nun anzeigen, wo die Schwachstellen waren.

Während wir uns von den dringendsten finanziellen Verpflichtungen lösen konnten oder sie vor uns herschoben, arbeiteten viele Hände am Mastprojekt. Alle Konstruktionspläne stammten von mir. Erfahrung hatte ich ja schon mehrfach mit Hausbauten. Den Rest holte ich mir aus Büchern, die sehr gute Hinweise gaben, aber oft nicht dem neuesten Stand entsprachen.

Und das hier war unser Projekt: 75 Jungsauen und 5 Deck Eber wurden bei einer Firma in Sâo Paulo ausgesucht. Alle Ställe waren fertig, die Boxen aus Stahlelementen hatten wir nach Vorlagen selbst zusammengeschweißt, weil wir damit billiger waren als externe Anbieter. Vor allem Vierkantrohre wurden gekauft, auf Länge geschnitten. Das heißt: alle notwendigen Einrichtungen waren fertig für die Aufnahme des Betriebs. Mais und Soja bauten wir ja selbst an. Kalk, Vitamine und andere Spurenelemente kauften wir zu.

Es war ein besonderer Tag als die Lastwagen mit den Tieren ankamen. Die Jungsauen hatten so um die 30kg, die Eber schon wesentlich mehr. Es sollte noch Monate dauern, bis die ersten Sauen rauschig wurden und bereit für den Natursprung. Wann welche soweit waren, das markierten die Eber, die wir herumlaufen ließen, um die Rausche zu erschnüffeln und den Eisprung zu provozieren. Bei uns ging also alles noch ganz »natürlich« zu, denn ich wusste aus der Fachliteratur, dass es zum Beispiel in Dänemark längst anders funktionierte, nämlich durch künstliche Besamung. Bestimmt unbefriedigender für die Tiere, wenn man davon ausgeht, dass sie auch Empfindungen haben. Oder ist das nicht so??

Unser Leben war aber nicht nur Arbeit. Wir hatten damals einen recht weiten Kreis von Freunden oder Kuriosen. Und wir lebten zusammen mit einer ganzen Reihe von Tieren, die uns den Stress des Alltags erträglich machten.

Unsere Tiere

Ich kann mich nicht mehr erinnern, wann die zwei Tukanos, in Deutschland als Pfeffervögel bekannt, zu uns kamen. Hund und Papagei hatten wir ja schon. Zwei Vögel »landeten« bei uns als ganz junge gerade nestflügge Exemplare. Jemand hatte sie aus ihrem Nest geplündert und uns geschenkt. Der Nest Raub war passiert, wir wussten nicht wo und wann. Nur, dass vor uns zwei noch nicht ganz befiederte Tiere lagen – und was sollten wir damit anfangen? Es gab wegen der impulsiven Bindung keine Probleme. Meine Frau nahm sie unter ihre Fittiche und nannte sie Alice und Oompie, letzteres bedeutet Großvater bei den Buren. Wir konnten nicht feststellen, welchen Geschlechts sie waren.

Man muss sich diese Art der Tukanos vorstellen: ein großer orangefarbener überdimensionierter Schnabel, mit dem sie sehr gezielt und schmerzhaft hacken konnten, was sie aber nur ganz selten taten; dazu blaue, von einem andersfarbigen Ring dominierte Augen, die immer neugierig wirkten. Obwohl dieser Vogel zu den Spechten zählt, und als sehr gekonnter Nesträuber gilt, gaben sie sich so charming, dass wir gar nicht anders konnten, als sie in den Kreis unserer kleinen Familie aufzunehmen. Obst fraßen sie übrigens auch. Und die beiden dankten es uns, denn wir haben ihnen nie ihre Freiheit genommen oder die Flügel gestutzt. Wenn sie wollten, konnten sie fliegen. Sehr oft begleiteten sie uns, wenn wir über die Felder gingen und wenn sie es so wollten, landeten sie auf unserem Kopf oder Hut oder auf der Schulter.

Zu den strengen Regeln unseres Lebens musste auch eine sanfte Zone gehören. Dafür sorgte meine Frau. Es gab auch noch einen großen Hund, Wolfie genannt, denn er stammte von Jagdhunden gegen Sklaven ab und hatte Allüren wie ein Wolf. Man musste es verstehen, mit ihm umzugehen, dann war er ein lieber Geselle. Nicht vergessen: unser Papagei Hugo, seit São Paulo und Angola unser treuer Begleiter, der allerdings ganz auf mich fokussiert war und meine Frau nur bedingt an sich heranließ. Der Biss seines kleinen Krummschnabels war äußerst schmerzhaft und manchmal auch blutig.

Über unsere Farm flogen täglich »wilde« Tukanos und eines Tages war Alice wohl den Lockungen ihrer Artgenossen erlegen und verschwand. Oompie blieb noch etwas länger, aber irgendwann war die Sehnsucht nach einem Partner dann wohl doch stärker.

Vanselow, der Landwirtschafts-Attacheé der Deutschen Botschaft in Brasília, der beim ersten Besuch im Schlamm stecken geblieben war, besuchte uns erneut und brachte einen großen Papagei mit, einen gelb-blauen Arara Canindé, der eine Kette am Fuß trug und den ganzen Tag auf einem eisernen Ständer saß. Außerdem hatte man ihm einen Flügel amputiert. Fliegen konnte der arme Kerl also nicht. Meine Frau übernahm ihn und versuchte, ihn etwas aufzupäppeln, denn er war mager und wirkte nicht sehr gesund. Sein Kot stank abscheulich. Kaum war der Besuch wieder abgereist, fiel als erstes die Kette. Er lebte noch einige Monate bei uns, ohne dass wir ihm näherkamen. Und eines morgens lag er tot am Boden.

Alle Schwüre, wir würden nie wieder Tiere aus der freien Wildbahn aufnehmen, nützten nichts. Uns wurden immer wieder verletzte Tiere gebracht oder auch noch nicht flugfähige Vögel. Da blieb uns ganz einfach nichts anderes übrig, als die unter unsere »Fittiche« zu nehmen. Und das waren viele, vor allem Vögel, die unsere besondere Liebe bekamen: Tukanos, Papageien vor allem. Das waren Vögel, die sich sehr schnell an Menschen anpassten und unsere Liebe mit viel Schmeichelei, Krakelertum und, manchmal, auch leichter Gewaltanwendung erzwangen, zu deren Nutzen natürlich. Es waren sehr »charmante« Momente.

Wer wagt, der verliert – öfter als man erwartet

Kaum war das Mastprojekt abgehakt, wurden neue Ideen verfolgt: die Imkerei, dann Bananen mit Sprinkler-Bewässerung. Ich lernte nämlich mit Ricardo Hemsing einen Imker mit deutschen Wurzeln kennen, der mir die praktische Handhabung beibrachte. Auf dem Höhepunkt unserer Tätigkeit hatten wir 80 Beuten der amerikanischen Variante Langstroth, die jeweils aus dem größeren unteren Kasten für die Brut und dem oberen halb so hohen Kasten für den Honig bestand. Ein Gitter zwischen beiden verhinderte, dass die Königin aus dem Brutkasten nach oben wandern konnte. Nur die Arbeiterinnen konnten das, weil sie kleiner als die Königin waren. Wir entwickelten eine eigene Marke: Apiário do Alemão, füllten den selbstzentrifugierten Honig ab und belieferten den regionalen Markt, eine gute Einnahmequelle.

Bei der Auswahl der Bananensorte machte ich einen kapitalen Fehler. Es galt, eine Sorte zu finden, die resistenter gegen Krankheiten war, die sich im Aussehen und Geschmack aber möglichst nicht von den am Markt befindlichen unterschied. Davon bestellte ich Schösslinge bei einem Labor, das sich auf neue Sorten spezialisiert hatte. Den Markt beherrschen Nanica und Prata als roh verzehrte und Terra als Bratbananen. Letztere wird bis zu 60 cm lang.

Die Kultur entwickelte sich prima. Aber irgendwann erfuhr ich, dass sich die einzelnen Bananen ganz leicht vom Bushel lösen würden, sobald sie reif waren. Einzelbananen lassen sich aber nicht verkaufen. Von der Form her waren sie einwandfrei, jedoch weniger süß als die nahe Verwandte Prata. Als wir mit unseren Bananen auf den Großmarkt gingen, blieben wir darauf sitzen oder konnten sie nur mit hohen Abschlägen verkaufen. Da hatten wir also eine qualitativ tolle Sorte, die kaum jemand wollte. Was tun?

In diese Zeit fiel die Entscheidung von Stines Bruder Büffel, Brasilien zu verlassen. Die gewünschte qualitative Schulbildung für die Kinder schien den Eltern in Brasilien nicht garantiert. Mit seinem Abgang wollte er sich seinen Anteil an unserer gemeinsamen Farm auszahlen lassen. Das ließ sich nur durch Landverkauf machen. Stines Schwester und der Schwager Schorsch folgten und entsprechend schrumpfte unser Land, vor allem zu Lasten der produktiven Flächen, denn die Waldreserven wollte niemand haben. Am Ende blieben nur meine Frau und ich übrig und die 495ha schrumpften auf 90ha, in denen der größere Teil Reservat war, in dem wir nichts machen durften. Mir fiel ein Spruch der Amerikaner zur produktiven Landwirtschaft ein: Get Big or Get Out! Das ist eine bittere Wahrheit. Ich fühlte mich irgendwie allein gelassen, ja, verraten, konnte jedoch nichts dagegen tun. Was ich mit der Verwaltung von der Farm Seriema verdiente, war immer zum Stopfen von Löchern in die Libolo geflossen. Reserven besaß ich nicht.

Immer wieder musste ich mir überlegen, wie es weiter

gehen sollte. Mir kamen ganz unterschiedliche Ideen dazu. Zum Beispiel, deutsche Vertretungen zu übernehmen, mit medizinisch verwendeten Pflanzen zu handeln, die selbst kultivierten Bananen zu Bananenbrot zu verkochen und als sogenannte Bananada in kleinen Riegeln als Kraftnahrung anzubieten.

Diese letzte Idee nahmen wir als erstes in Angriff. Unser Lagerhaus wurde ausgebaut und verwandelte sich in zwei weiß gekachelte große Räume für die Kochkessel, Tische zur Verarbeitung, eine riesige Dampfanlage für die Kessel und eine Verpackungsecke. Die Behörden nahmen das Projekt ab. Das Geld kam aus Krediten von Banken. Wir produzierten zwei Produktreihen: eine mit und eine ohne Verwendung von Zucker, letztere für Gewichtsbewusste und Diabetiker. Qualitativ waren wir sehr gut, aber leider zu teuer. Unsere Mitbewerber, die schon lange am Markt waren, verkauften ihre Bananenbrote zur Hälfte unseres Preises. Bis heute weiß ich nicht, wie sie das machten. Wahrscheinlich aber mischten sie der Kochmasse billigere Produkte bei. Gut eignen sich da Kürbisse, die auch dem Tomatenmark und Catchup beigemischt werden. Der Verbraucher merkt davon nichts, weil mit Aromata und Verdickern nachgeholfen wird.

Ein weiterer Nachteil war unser begrenztes Sortiment. Den Verkauf in einem Umkreis von 100km übernahm ich selbst und für weitere regionale Verkäufe suchte ich per Anzeige Vertreter. In Uberlandia gibt es mehrere Handelsfirmen, die in großen Mengen aus den benachbarten Bundesstaaten São Paulo, Paraná, Rio und so weiter einkauften, ihr Sortiment hier bündelten und an die

Nachbarstaaten anboten und auslieferten. Keinen davon konnten wir als Abnehmer gewinnen. Unsere Kapazitäten waren denen ganz einfach zu klein.

Zwei Jahre hielten wir durch. Dann was Schluss. Ich zog die Notbremse, bevor die ersten Gläubiger auftauchten. Die Ausrüstung wurde abmontiert und verkauft.

Ein Freund von mir, der in der Technik-Metropole São José dos Campos bei São Paulo wohnte und gute Beziehungen zu den dort ansässigen Hightech-Firmen hatte, erzählte von den tollen Geschäften, die mit dem Irak liefen, der gerade einen Krieg gegen Iran vom Zaun gebrochen hatte. Viele deutsche Firmen gäben sich hier die Klinke in die Hand und man könne da gute Vertretungen übernehmen. Ich solle es doch mal versuchen.

Also streckte ich meine Fühler über Freunde aus der Schulzeit aus. Es begann in Bremen und ein Kontakt führte zum nächsten, bis hinunter nach Bayern und Baden-Württemberg. Ich reiste zusammen mit meinem brasilianischen Freund per Eisenbahn, wobei wir größere Strecken oft per Schlaf- oder Liegewagen machten, um Hotelkosten zu vermeiden, denn unser Budget war recht schmal.

Unsere Kontakte betrafen Rotations-Streckdrückmaschinen für zylindrische Rohre, Kneter für Festtreibstoffe, Plattformen für Raketen, Spezialstähle und ähnliches. Die Ausbeute war zufriedenstellend und alle Maschinen heißbegehrt, denn das Geschäft mit dem Irak boomte. »Alle Welt« drängelte sich nachgerade in Bagdad. Aber trotz der einseitigen Bevorzugung gelang es nicht, die Islamische Republik Iran zu besiegen. Der

Iran wehrte sich und oft wirkte es so, als ob ein hoch-gerüstetes Heer eine Streitmacht aus dem Mittelalter be-kämpfte. Mir drängte sich der Verdacht auf, dass Irak den Krieg nicht gewinnen konnte, weil die Motivation der iranischen Kämpfer bis zur Selbstaufopferung ging.

Wir beschlossen daher, »zur anderen Seite« Kontakte zu knüpfen, was über einen österreichischen Mittels-mann auch gelang. Man verlangte von uns ein System von Raketenwerfern, wie es der Irak aus Brasilien von der Firma Avibras kaufte. Außerdem hatte Iran einige Astros-Raketenwerfer erbeutet und wollte von uns die Zugangscodes haben, um sie einsetzen zu können.

Unsere neuen Vertretungen entwickelten sich gut, vor allem für die Maschinen aus Ahlen in Westfalen. Aber man war knapp an Vormaterial für die Raketenrohre. Dabei handelte es sich um einen Spezialstahl, der auf der Blacklist der Amerikaner stand und an bestimmte Länder nicht exportiert werden durfte. Das Hindernis konnte ziemlich leicht beseitigt werden, indem man die Schmiedeteile als für Grubenstempel bestimmt dekla-rierte. Man war auch in Deutschland recht kreativ, wenn es um Geschäfte ging.

Ein Konkurrent der Ahlener trieb es besonders toll im Umgang mit den Verboten. Diesem Konkurrenten gelang es, der brasilianischen Marine Streckdrückma-schinen und das Vormaterial zu liefern und mit diesen Maschinen wurden dann Rohre für Ultrazentrifugen hergestellt, die zur Anreicherung von Uran notwendig sind. Auf diesem wichtigen Teilbereich half Deutschland also Brasilien bei seinem Atomprogramm. Damals war noch nicht klar, was daraus werden sollte. Brasilien und Argentinien standen im Wettbewerb, wer als erster die Bombe haben würde. Später stellten beide Länder diese Aktivitäten ein. In Brasilien lief auf kleiner Flamme nur das Projekt eines Atom-U-Boots weiter, vor allem der Reaktorbau. Als sicher kann gelten, dass Brasilien das Knowhow für den gesamten Atomzyklus beherrscht. Es fehlte nur noch der erste reale Test einer unterirdischen Atomexplosion. Die entsprechenden Stollen in einem Manövergelände des Militärs im Norden Brasiliens waren schon fertig und wurden später zugeschüttet.

Unsere Provisionen aus den Maschinengeschäften entspannten die Lage auf der Farm. Ich musste aber einen großen Teil der Arbeiten an meine Frau und Mitarbeiter delegieren. Da wir keine neuen Projekte mehr wagten, hielt sich alles für einige Zeit in der Waage. Ich war mehr in São Jose dos Campos bei meinem Freund und Partner und auf Reisen in Europa.

Eines der ganz großen Geschäfte mit Iran hatte mit dem Krieg nichts zu tun: Zigarettenschmuggel. Der deutsche Organisator und Vertreter des Hamburger Zigarettenkonzerns hatte über Mittelsmänner einen guten Zugriff auf Informationen aus Iran. Wir versuchten, eine zweite Schiene in den Iran aufzubauen, um nicht vollständig von dem Österreicher abhängig zu sein. Ich lernte seinen iranischen Partner auf einer Reise nach Straßburg kennen. Er konnte immer mal auf komplizierten Routen ausreisen und der Deutsche verwaltete für ihn sein Geld in Europa.

Der Deutsche erzählte mir, dass er die Informationen

verkaufe. Interessenten dafür gäbe es genug. Er meinte, dass diese Leute sich auch für mich interessieren könnten und bot an, ein Treffen zu vermitteln. Dazu kam es in Bremen in der Lobby eines Hotels Am Wall. Der »Geheime« kam vom Militär, wo er Hauptmann bei der Artillerie gewesen war, bevor er bei den Schlapphüten einstieg. Ich erbat mir Bedenkzeit, denn eine solche Beziehung war heikel.

Wieder in São Jose dos Campos, begannen Verhandlungen über den Bau der mobilen Plattformen für Raketenwerfer. Das technische Wissen konnten wir leicht abschöpfen. Der Hersteller, er gehörte zur Avibras, hatte keine besonderen Schutzmaßnahmen vorgesehen. Alles lief ohne Schwierigkeiten. Der Aufsatz, also der Raketenwerfer, war da schon ein ganz anderes Kaliber. Die Raketen von bis zu 300mm Durchmesser wollte Iran selbst bauen. Dazu brauchte man wieder die schon genannten Streckdrückmaschinen, die sie auch Second Hand auf dem internationalen Markt kauften. Inzwischen hatte Brasilien seine eigene Version des Maraging Steel genannten Stahls entwickelt, war somit nicht mehr abhängig und konnte, wenn man wollte, diesen Spezialstahl selbst liefern.

Die brasilianische Luftwaffe und Marine betrieb ein Entwicklungsprogramm für Flugkörper, also vor allem verschiedene Raketentypen. Dafür wurde eine eigene Produktion von Festtreibstoff entwickelt, das sogenannte Ammonium-Perchlorat. Eingebettet zwischen den Hügeln bei São Jose dos Campos liegt der Komplex für dieses hochexplosive Produkt. Die Firma gehörte zwei

Ex-Militärs. Ammonium Perchlorat gibt es in verschiedenen Reinheitsgraden, wobei das dort hergestellte das amerikanische qualitativ weit übertraf, dank einer selbst entwickelten Elektrolyse mit Metallplatten, deren Komposition geheim ist. Israel war einer der Abnehmer und häufiger Gast vor Ort.

Für mich waren all diese Erkenntnisse und Kontakte faszinierend und Welten von der Landwirtschaft entfernt. Ich muss gestehen, dass ich hinsichtlich unseres Tuns keine Gewissensbisse hatte.

Ein Stern am Himmel der Militär Technologie war die Firma Engesa. Sie stellte kleinere Panzer, gepanzerte Mannschaftswagen und LKW her. Als wir das Werk besuchten, konnten wir die neueste Entwicklung sehen: einen schweren Kampfpanzer mit 120mm Langrohr. In der Größe wie der deutsche Leopard. Er wurde gerade weiß gestrichen und sollte nach Saudi-Arabien zu einem Wettschießen mit dem amerikanischen Abrams geflogen werden. Die Erwartungen der Chefs waren hoch und alle fieberten dem Ereignis entgegen.

Ein weiteres Fahrzeug in der Entwicklung war ein Kleinpanzer für zwei Personen, der per Fallschirm abgeworfen werden konnte. Ich kroch in dem engen Ding herum und war froh, bald wieder draußen zu sein.

Mit meinem Freund zusammen oder allein unternahm ich wohl ein halbes Dutzend Reisen kreuz und quer durch Europa. Da mein Freund finanziell sehr knapp war, übernahm ich den größten Teil unserer Reisekosten. Erste Provisionen kamen herein und glichen die Lage aus, aber auf lange Sicht blieben die Aktivitäten defizitär.

Warum? Ja, der Krieg zwischen Irak und Iran endete in einem Patt und plötzlich waren große Mengen Kriegsmaterial vorhanden, für die es keine Interessenten gab. Die Industrie trat kurz und mehrere stellten den Betrieb ein oder auf Zivilprodukte um. Meine europäischen Maschinenvertretungen wurden von der Krise sofort voll getroffen. Das war das Ende unseres Traums. Mir verblieben nur noch die Farm und eine diskrete Kooperation mit den »Geheimen«, die noch mehrere Jahre weiterlief.

Ich versuchte zwar noch, mit italienischen Granit- und Marmorbearbeitungsmaschinen ins Geschäft zu kommen, aber die bekanntesten Firmen saßen schon alle fest im Sattel und mit meiner Vertretung, einer durchaus traditionellen Firma, konnte ich nicht Fuß fassen.

Also konzentrierte ich mich wieder auf die Landwirtschaft, die sich in einem fast schon revolutionären Umbruch befand. Wir hatten den Boden noch gepflügt, später nur noch geeggt, um Bodenverdichtung zu vermeiden. Inzwischen kamen die ersten Maschinen für Direktaussaat ohne vorherige Bodenbearbeitung auf den Markt, die eine Rille für Saat und Dünger frästen. Um Verunkrautung zu vermeiden, musste man allerdings anschließend ein Herbizid spritzen, das von der Kulturpflanze toleriert wurde. Der Vorteil dieses Verfahrens lag auf der Hand: weniger Arbeitsgänge und weniger ausgetrockneter Boden.

Aber wir hätten massiv investieren müssen. Neue Maschinen, stärkere Traktoren. Und das wollten wir nicht riskieren. Was blieb, war eine vollständige Umstellung auf Milch- und Mastvieh und das so modern wie möglich. Also nahmen meine Frau und ich an einem Kurs für künstliche Besamung teil, denn mit dem Kauf hochwertiger Rindersamen hofften wir, den Bestand vom bisherigen Mischvieh hin zu Milchvieh schneller zu verbessern.

Nach theoretischem Unterricht, übten wir dann praktisch mit Kühen, wie man mit dem Arm (bis zur Schulter) und rechten Hand über den Anus durch die Eingeweide den Uterus ertastet und dann mit der linken Hand die Pipette mit dem Samen in die Vagina führt, bis man den Beginn des Cervix gefunden hat und dann kommt es darauf an, die Pipette blind, nur per Tasten, in das zentrale Loch in der Verdickung vom Cervix einzuführen und den Samen auszulösen.

Es hört sich einfach an, aber bei jedem Tier ist die Anatomie etwas anders. Vor allem bei jüngeren Tieren sind die Organe noch nicht so ausgebildet. Wir sollten mit dieser Realität bald konfrontiert werden.

Wir kauften eine isolierte Stahlkanne mit flüssigem Stickstoff und einige Portionen Samen und machten uns wieder auf den Weg zur Farm, wo wir unsere beiden Bullen von der Herde trennten, denn von jetzt ab sollten sie uns nur noch anzeigen, welche Tiere soweit waren, dass wir sie besamen konnten. Dazu bedient man sich verschiedener Methoden. Wir setzten erst mal auf Beobachtung der Bullen und ob wir bei Kühen oder Färsen an der Vagina Schleim oder eine geschwollene Vagina entdeckten. Zum Besamen wurden die Tiere in ein enges Gatter getrieben und dort festgesetzt, was sie gar nicht mochten. Warum mischt sich der Mensch in den natürlichen Ablauf ein. Lass mal lieber unsere Bullen machen!

Um es gleich vorweg zu nehmen: wir kamen nie auf mehr als 50% Erfolg bei der Besamung und die Kälber waren zu 70% Bullkälber! Damals gab es noch keinen Samen mit Garantie, dass Kuhkälber geboren würden. Inzwischen hat man der Natur auch da ins Handwerk gepfuscht. Hinzu kam, dass einige Tiere ihren Zyklus wiederholten, was bedeutete, dass wir keine Befruchtung zustande gebracht hatten. Eine Zeitverzögerung, denn ganz klar würde sich auch die nächste Laktation später einstellen.

Unser Nachbar Ivaldo auf der anderen Seite des Flusses Mandaguari, durch unseren Kurs animiert, zog nach, und machte dann dieselben Erfahrungen wie wir. Es konnte also nicht sein, dass die Fehler nur bei uns lagen. Nach einem Jahr durften unsere Bullen wieder »ihren Dienst« versehen: zurück zur Natur! Immerhin hatten wir uns einen Trächtigkeitskalender entwickelt, nach dem Vorbild für Sauen, sodass wir für alle Tiere jederzeit abrufbare Daten hatten und Wackelkandidaten aussondern konnten. Das ging alles noch von Hand. Computer gab es damals bei uns noch nicht.

Zu Kohle, zu Asche

Das Schweineprojekt lief unter einer anderen Firma: Pecuaria Gavião Ltda., auf unserem Land. Der Verwalter Dierneder hatte es gut in der Hand, war aber ein äußerst schwieriger Mensch, der Gesprächen über Probleme stets aus dem Weg ging, aufbrausend und aggressiv. Er war nie greifbar, wollte mal mit ihm etwas besprechen. Ich dachte zuerst, es sei Zufall, aber dahinter stand Methode. Wenn ich vorne durch die Schleuse auf das Gelände kam, verließ er auf der anderen Seite die Stallungen. Er ging mir aus dem Weg. Warum? Erst eine Anfrage bei einem ehemaligen Arbeitgeber in Österreich brachte die Erklärung. »Wir mussten uns trennen, das Vertrauen erschüttert, weil er nicht kommunikativ war«, schrieb der.

In dieser spannungsgeladenen Zeit kam es zu merkwürdigen Vorfällen in den Ställen. Die Zahl der geworfenen Ferkel nahm ab und im Wurf waren oft Tiere die sichtbar zurückgeblieben waren. Fieber oder Entzündungen bei den Sauen oder den Ferkeln? Nein. Was war da los? Aus Österreich wurde uns ein Analyseplan angeboten, dessen Fragen wir monatlich beantworten mussten. Resultat nach einem Jahr: wir hatten die Aujeszkysche Krankheit in unserer Herde, ein Herpes-Virus, das die Fruchtbarkeit der Sauen herabsetzte, gegen den es damals noch kein Mittel in Brasilien gab und der sich in der Herde ausbreiten würde, langsam und schleichend. Um das Virus loszuwerden, müsste man den Bestand auf null bringen, alle Stallungen desinfizieren und mindestens ein Jahr warten, bis man wiederbeginnen könne. Das war das Todesurteil für die Pecuaria Gavião! Die gemästeten Tiere konnten weiterhin verkauft werden, denn auf den Menschen hat das Virus keine Auswirkungen.

Der Verwalter wurde seinen Job los und suchte sich in der Gegend ein kleines Stück Land, auf dem er Gemüse anbaute und auf dem Großmarkt im nahen Uberlandia verkaufte. Da er überall mit seiner aufbrausenden Art auflief, machte er sich bei den sensiblen Brasilianern Feinde. Es kam vor, dass er seine Ware auf dem Markt nicht los wurde. In einem Fall war das Weißkohl, ein ganzer VW-Bus voll. Statt zu versuchen, den Kohl mit Nachlässen los zu werden, transportierte er ihn zurück, hackte ihn klein und vergrub ihn wutentbrannt in den Beeten.

Ich weiß von einem Streit mit einem Köhler, der ihm sagte: »Franz, wenn du so weitermachst, wirst du zu Kohle und die wird zu Asche.« Das Ganze fand vor der Batterie der rauchenden Kohleöfen statt. Aber die Warnung wurde nicht ernst genommen. Und eines Sonntags früh fand ihn jemand tot vor seinem Häuschen, aus nächster Nähe mit fünf Einschüssen in Kopf und Oberkörper hingerichtet. Den Mörder oder die Person dahinter wurde nie gefasst. Ich selbst geriet in Verdacht, weil bekannt war, dass wir uns nicht als Freunde getrennt hatten.

Mit unserem Wasser Reis hatten wir auch kein Glück. Nach zwei guten Ernten bekamen wir den Rost (Pilz) in die Kultur. Das Fungizid zur Bekämpfung war sehr teuer und wir entschlossen uns, keinen Reis mehr anzubauen und das gut vorbereitete Land als Weide für unser Vieh zu nutzen.

Unruhig und immer auf der Suche nach Neuem, beschäftigte ich mich mit Fischmast. Ganz in klein hatte ich damit schon begonnen, als wir den Staudamm für den Reis bauten. Da hatte sich ein ansehnlicher Wasserspiegel aufgestaut, der geradezu dazu einlud, Jungfische auszusetzen. Wir entschieden uns für Tilapia, einen aus Afrika eingeführten karpfenähnlichen Maulbrüter, der bereits in den Gewässern heimisch geworden war. Er hat wenig Gräten und ist mittelfett. Sehr schmackhaft.

Wenn man eine Mast betreiben will, kann man die Fische in einem Teich sich selbst überlassen, sollte aber füttern. Kontrolle hat man allerdings kaum über die Entwicklung. Oder man setzt die Fische in Schwimmkäfige. Kommerziell wird es so gemacht. Bei uns auf der Farm hatten wir nur den Teich. Für Tanks musste es ein größeres Gewässer sein und wegen der dichten Besetzung in den Schwimmkäfigen sollte in dem Gewässer eine gute Strömung herrschen, um die Fäkalien unter den Käfigen wegzuwaschen.

In unserer Nähe gab es einen riesigen Stausee mit Kraftwerk. Viele ideale Stellen an Seitenarmen, wo Flüsschen in den See mündeten. Also stellte ich Kontakte zu Leuten aus der Gegend her, die ähnlich dachten, dachte ich. In einer Bucht des aufgestauten Rio Araguarí, der früher mal Rio das Pedras hieß, hatte einer schon mit der Mast begonnen. Die Zufahrt war wegen der steilen Ufer schwierig. Wir setzten uns zusammen, etwa 20 Leute.

Bald wurde klar, dass jeder eigene Interessen verfolgte. Sofort vereinnahmte ein Vertreter für Spezialfutter die Debatte. Dabei hatten wir noch gar nicht die behördlichen Hürden für die verschiedenen Zulassungen genommen. Und das waren viele, von staatlichen Organen, die nicht miteinander koordiniert waren und tatsächlich gegeneinander arbeiteten. Wer sollte das entwirren? Ich war so blauäugig, diesen Part zu übernehmen. Das bedeutete: sitzen bei Behörden und warten. Warum tat ich mir das eigentlich an? Klar: ich traute es anderen nicht zu! Auf der Strecke blieb dabei die Entwicklung des Projekts!

Irgendwann hatte ich die Nase voll und dachte darüber nach, ein eigenes Projekt auf die Beine zu stellen, zunächst ohne andere Teilnehmer. Ich wollte erst mal ausloten, was möglich war. Gegründet wurde die gemeinnützige Organisation ASPIN. Das Programm wurde öffentlich und in einer Sitzung des Gemeinderats vorgestellt. Sehr viele waren begeistert. Unsere Rechtsanwältin, die wohl als Erfahrene ein Gerangel um die Spitzenplätze voraussah, kürzte das Abstimmungsverfahren mit den Worten ab: keine Gegenstimmen? Also bis du der Vorsitzende.

Wir haben da ein tot-geborener Kind in die Welt gesetzt. Inoperabel, bald ohne Unterstützung. Aus! An den Nachwehen habe ich heute noch zu leiden. Immerhin: nie mehr etwas riskieren, was nicht durch eigene Mittel abgesichert ist.

Aus den vielen Kontakten zum Fischprojekt entwickelte sich aber etwas ganz anderes. Ein Projekt, das auch anderswo verwirklicht werden konnte! Zum Beispiel in Angola, wohin schon wieder Kontakte liefen, denn es war inzwischen klar, dass das Land jede nur mögliche Hilfe zum Aufbau brauchen würde. Die Frage war nur: wollten die Angolaner das auch?

Hier in Brasilien »kochten« wir auf kleiner Flamme weiter bei unserer Farm. Dass wir sie mit der eingeschränkten Nutzung auf die Dauer nicht halten konnten, wurde immer klarer. Unscr Problem waren die in letzter Zeit verschärften Kontrollen von naturbelassenen Flächen und die Kosten für Vermessungen und den ganzen bürokratischen Kram.

Das andere Problem war, jemanden zu finden, der mit der ungünstigen Aufteilung zwischen Nutzfläche und Buschreserve zurechtkam. Unser langjähriger Angestellter und seine Frau hegten schon lange den Traum, eines Tages etwas »Eigenes« zu haben. Woher das Geld stammte, weiß ich nicht, aber er wollte einen Teil kaufen. Das wurde abgewickelt, denn mit den Kaffeefarmern, denen wir früher die höher gelegenen Flächen verkauft hatten, war kein Geschäft mehr zu machen, weil sie den hängigen Teil der Farm für frostgefährdet hielten. Klar gesagt: ich hatte keine Optionen.

Nigeria

Eine direkte Flugverbindung zwischen Brasilien und Lagos-Nigeria führte zu hektischen Aktivitäten nigerianischer Geschäftsleute in Brasilien. Sie kamen mit Koffern voller Dollars, im wahrsten Sinne des Wortes, und wollten Kacheln und Fliesen, Wasserhähne, Duschen und andere Hydraulikartikel kaufen, inklusive verzinkte Wasserrohre mit den Verbindungsstücken, Lichtschalter, Kabel, alles, was beim Bau von Wohnungen gebraucht wurde. Es fehlte die Kontakte zu den brasilianischen Fabrikanten, die nur zustande kamen, wenn brasilianische Mittelsmänner teilnahmen. Das Misstrauen gegenüber den Nigerianern saß tief. Nicht zu Unrecht, denn sie waren »mit allen Wassern gewaschen« und trieksten. Zusammen mit meinem Freund Antonio nahmen wir einige dieser Besucher »unter unsere Fittiche«.

Lieferungen sollten gegen Vorkasse oder teilweise Vorauszahlung erfolgen, um den offiziellen Rechnungswert klein zu halten. Sie hatten immer Sonderwünsche, die wir gar nicht erfüllen konnten. Am schlimmsten war das Geld Zählen. Unsere Fabrikanten weigerten sich schlicht und verwiesen auf Banken. Aber wir konnten immer wieder Kompromisse schließen und mehrere Geschäfte abwickeln, mit einer guten Provision für uns, die der Lieferant zahlte, weil wir den Nigerianern nicht trauten.

Es sprach sich herum, dass wir mit unserer Handelsfirma HEK Continentes gute Dienste boten. Wir mussten Leute einstellen, um den Papierkrieg durchzustehen. Besonders mit zwei Personen aus Nigeria konnten wir problemlos kommunizieren: einem großen massigen Schwarzen namens Yusuf und seiner Partnerin Rachel, dünn und Predigerin einer evangelischen Sekte. Sie luden uns nach Nigeria ein und lockten mit einer gemeinsamen Firma, die HEK Nigeria Ltd heißen sollte.

Yusuf bat darum, dass ich so viel Muster wie ich tragen konnte, mitbringen solle. Sein Sonderwunsch war Soja Saat, die er auf einer Farm versuchsweise aussäen wollte. Ich nahm von unserer eigenen Produktion zwei Kilo mit.

Ich flog alleine. Wir wollten Kosten sparen. Antonio begleitete derweil andere Anfragen aus Nigeria in Brasilien. Bei der Ankunft in Lagos fiel die riesige Moschee auf, die von Saudi-Arabien direkt neben den internationalen Flughafen gebaut worden war. Ein wahres Monster, gedacht zu beeindrucken in einem Teil Nigerias, der überwiegend christlich war.

Zu meiner Überraschung wurde allen Passagieren der Pass abgenommen. Die Pässe verschwanden hinter einer Wand und später wurden die Passagiere einzeln aufgerufen und erhielten ihre Pässe zurück. Mir war ganz mulmig. Was machten sie mit den Dokumenten. Warum erfolgte die Kontrolle nicht im Beisein des Besuchers?

Rachel sollte mich abholen und ich sah sie auch schon von weitem, als ich noch bei der Zollkontrolle war. Alle Koffer mussten geöffnet werden. Meine Reisedevisen hatte ich angegeben. Sie lagen in einem Umschlag im Koffer. Die Zöllnerin fand den Umschlag und begann die Scheine zu zählen. Hundert Dollar behielt sie ein.

Ich war vorgewarnt worden und sagte nichts. Sie reichte mich an eine Kollegin weiter, die das ganze Verfahren von vorn begann. Als sie nach dem Umschlag griff, wurde ich giftig und beschwerte mich. Sie ließ die Finger davon und verwies mich an einen männlichen uniformierten Kollegen, offenbar im Offiziersrang. Der deutete auf die Soja. Das sei Soja Saat, sagte ich ganz harmlos.

Er bat mich in ein Büro. »Sie wollen ein Verbrechen gegen das nigerianische Volk begehen,« teilte er mir mit. »Oder haben Sie ein beglaubigtes Zertifikat, das bescheinigt, dass die Saat getestet worden ist und keine Krankheiten enthält?« Ich war völlig perplex. In meiner Not bat ich ihn, Rachel, die draußen wartete, hereinzuholen. Sie würde alles bestätigen, dass es sich um eine Gefälligkeit handelte. Das tat er auch. Alles löste sich in Wohlgefallen auf. Die Saat verblieb dort, sollte in einem Labor getestet werden.

Erst mal ab ins Hotel. Badezimmer mit Wanne, alte Armaturen, das Wasser aus der Dusche war braun, warm und roch stechend. Die Handtücher waren muffig und leicht feucht. Die Klimaanlage laut rasselnd, auf- und abschwellend in der unstabilen Stromversorgung. Das fing ja gut an.

Zum Abendessen ging ich die zwei Stockwerke hinunter. Draußen vor den Fenstern drängten sich die »leichten Mädchen« und machten mir Zeichen. Man hinderte sie nicht daran, die Lobby zu betreten und ich machte mir Sorgen, wie ich unbeschadet mein Zimmer erreichen könnte, was mir nur durch einen Spurt gelang. Als ich die Tür von meinem Zimmer nicht sofort aufbekam, stand auch schon eines der Mädchen neben mir. »Focki, focki,« sagte sie griff nach meinem Hosenstall. Ich musste grob werden.

Als ich diese Episode am nächsten Tag Rachel erzählte, lachte sie nur. »Nigerianische Mädchen werden als Huren geboren«, war ihr einziger Kommentar.

In dem Hotel wohnten mehrere Ölarbeiter und einige nahmen ihre Mädchen mit aufs Zimmer. Ich sah sogar welche mit am Frühstückstisch sitzen. Für diese armen Kreaturen war das wohl jedes Mal ein Fest. Dann erschien der Abholer zu den Bohrplattformen bei Port Harcourt und das schöne Leben war vorüber.

Am Wochenende machte ich mit Yusuf eine Tour durch Lagos. In den Außenbezirken mehrere Polizeiposten. Ein knieender Mann mit zwei Ziegelsteinen auf dem Kopf fiel mir auf. Der hatte irgendwas verbrochen und musste nun stundenlang in der brütenden Hitze knien. Wenn er umfiel, setzte es Prügel.

Yusuf war ein reicher Mann. Er besaß die beiden Restaurants am internationalen Airport, eines im Transit, das andere für Inlandsgäste. Er wohnte in einer von hohen Mauern umschlossenen Anlage. Er lud mich zum Abendessen ein. Schwarze Kellner in langen weißen Gewändern bedienten uns. Die Tafel bog sich unter den vielen Speisen und Getränken. Ich glaubte, geschäftlich das große Los gezogen zu haben, wurde umsorgt und von Yusufs Charm eingesponnen. Und er hatte große Pläne, vor allem mit seinen Farmen. Getreide wollte er anbauen und Vieh mästen. Das Kapital hatte er bereits in Form von Wald. Das Holz würde verkauft. Mit unseren Erfahrungen konnten wir ihm da helfen.

Bevor ich nach Brasilien zurückflog, gründeten wir noch die HEK Nigeria Ltd, die in der neuen Hauptstadt Abuja eingetragen wurde. Als ich später einen Auszug erhielt, stellte ich allerdings fest, dass ich nicht als Teilhaber eingetragen war, obwohl ich meinen Anteil bezahlt hatte.

Rachel begleitete mich zum Flughafen. Ich bat sie, mich bis zum Flieger im Auge zu behalten, denn ich musste noch durch die Kontrollen beim Zoll, Pass und Devisen. Nach den Erfahrungen bei der Einreise fühlte ich mich irgendwie nackt und unsicher.

Als ich die Korridore Richtung Abflug entlang ging, wurde ein Mann von zwei Uniformierten an den Armen vorbeigeschleift. Er hing da völlig hilflos, mit entsetzt aufgerissenen Augen. Das war Nigeria, ein staatliches Gebilde der Willkür, regiert von einem Militär-Präsidenten aus dem islamischen Norden.

Später erhielt ich aus Lagos von unbekannten Personen verlockende Angebote. Sie bezogen sich auf meinen Besuch, hatten den Tipp von jemandem aus Rachels oder Yusufs Büro erhalten. Es ging um Millionen Dollars, die bei der Zentralbank eingefroren seien, aber mit meiner Hilfe und frisierten Dokumenten freigegeben würden. Ein Drittel der Summe sollte ich für meine Dienste erhalten. Der hohe Anteil hat mich stutzig gemacht und als ich begann nachzubohren, hörte der Kontakt auf.

Diese Betrugsmasche lief immer nach dem gleichen Muster ab. Hatte das Opfer erst mal angebissen, wurde es gebeten, einen bestimmten Betrag für die Bearbeitung zu überweisen. Als nächster Schritt kam eine Einladung, nunmehr persönlich zu erscheinen, da die Bank die Anwesenheit verlange. Ein Visum brauche man nicht. Bei Ankunft würde dafür Sorge getragen, dass man reinkomme. Sobald das Opfer dann in Lagos ankam, überwand man die Kontrollen und der Pass wurde eingezogen. Damit war man völlig in der Hand der Erpresser. Um ausreisen zu können, musste das Opfer Geld beschaffen, bei der Familie, bei Freunden und so weiter. Am Ende ließ man es laufen oder es kam viel schlimmer. Ich bin mir sicher, dass auch welche verschwanden, für immer.

Angola und die Bücher

Irgendwann kam ein Kontakt nach Angola zustande, ich glaube, es war über die Deutsche Botschaft. Zur Präsentation arbeitete ich einige Projektvorschläge aus: Schweinezucht- und Mast, Fischmast, Baumwoll-Anbau und Verarbeitung. In Luanda fehlten mir aber die Kontakte zu Angolanern und da baute sich durch Zufall eine Partnerschaft zu einem Deutschen aus Berlin auf, den ich hier Karl nennen will. Der war schon kürzlich in Luanda gewesen und wurde dort von einer schwarzen Dame namens Victoria unterstützt, da er nicht portugiesisch sprach. Victoria kannte viele wichtige Leute in der Regierung. Als dann auch noch ein Deutsch-Brasilianer Leiter der Internationalen Deutschen Handelskammer in Angola wurde, hielt ich die Zeit für reif, hinüberzufliegen.

Das Offshore Erdöl hat in Luanda die Preise verdorben. Die Stadt ist einer der teuersten Plätze der Welt, in einem bitter armen Land. Ich suchte mir eine leidlich saubere Pension als Unterkunft, weil ich die Hotelpreise nicht bezahlen konnte. Und bei der Verpflegung wurde so weit wie möglich gespart. Ich ließ eine Mahlzeit ausfallen oder mich einladen. Nach zwei Wochen reiste ich wieder ab. Mit zwei Interessenten wurde vereinbart, vorrangig das Baumwoll- und das Schweineprojekt voranzutreiben. Bei der Baumwolle, bestimmt für Malange, mit einer langen Tradition, wollte ich an die Fabrik anknüpfen, die ich dorthin 1972 verkauft hatte. Das Schweineprojekt sollte im Süden des Landes zwischen Lubango und Matala aufgebaut werden. Mein Kunde war Tomas Segundo, ein Unternehmer, der sich mehrere von Portugiesen verlassene Objekte einverleibt hatte und ein wichtiger Mann bei der Regierungspartei MPLA war. Er zeigte mir alles und wir debattierten nicht über das »wenn und wie«, sondern ich ließ es so stehen, als ob es »das natürlichste «der Welt wäre. Tomas dankte es mir, indem er aus seinem Leben erzählte. Und das war durchaus interessant.

Daher möchte ich einiges hier einschieben. Tomas war ein wichtiger Vertreter der Regierungspartei MPLA. Ich wurde in seine Familie in Lubango eingeladen und konnte mich durch Dokumente davon überzeugen, dass er ein wichtiges Glied in der langen Kette war. An der Wand seines großzügigen Hauses hing ein Diplom der Partei, unterschrieben vom Präsidenten Eduardo dos Santos.

Tomas spielte seine Teilnahme am aktiven Kampf gegen Portugal und später gegen die UNITA herunter. Er sei ein Schullehrer gewesen, erzogen von Padres und seine Teilnahme am Kampf habe sich auf das Kleben von Panfleten beschränkt. Besonders delikat: wie er zu seinem Namen gekommen sei. Tomas? OK. Aber Segundo? Tomas war ganz entspannt, lustig. Die Geschichte: seine Eltern zeigten seine Geburt beim katholischen Priester an. Wie er denn heißen solle? Sie nannten typisch afrikanische Namen. Das ließ der Padre nicht gelten. Tomas, ja. Aber der Rest? Da Montag war, kriegte er den Nachnamen Segundo. Im Portugiesischen heißt der Montag Segunda-feira. Und so wurde er ins Geburtsregister eingetragen. Tomas erzählte das ganz locker, nahm es von der lustigen Seite. Nach der Unabhängigkeit hätte er seinen Namen »afrikanisieren« können. Aber inzwischen kannten ihn alle als Segundo und dabei blieb es.

Ich machte die Erfahrung, dass die Dinge sich nicht mehr bewegten, sobald man keinen direkten Druck machte. Jedenfalls trat nach meiner Abreise erst mal eine lange Schweigezeit ein. Optimist, der ich immer war und wohl bis zu meinem Ende sein werde, glaubte ich ganz einfach an die Dynamik, die durch eine Reise und die Gespräche ausgelöst worden war. So funktioniert das in entwickelten Ländern. Aber nicht in Angola. Immer wieder wurde mir klar, dass die Uhren dort ganz anders gingen. Der Begriff Zeit war für die Afrikaner nichts Konkretes.

Ich arbeitete die verschiedenen Projekte weiter aus, indem ich die Hersteller von Maschinen einbezog, denn natürlich wollte ich mir auf eventuelle Lieferungen eine Provision sichern. Damit hatte ich schlafende Löwen geweckt, denn die Fabrikanten wollten natürlich wissen, wer wo das jeweilige Projekt durchführen wollte. Ich hielt mich bedeckt und verwiess auf zukünftige Reisen.

Ein Jahr später war ich soweit und beantragte erneut ein Visum für Angola. Mein Partner Karl tat das gleiche von Deutschland aus. Für das Schweineprojekt luden wir den Angolaner Tomas Segundo ein, sich in Europa die Praxis anzusehen. Dazu hatte ich beste Kontakte zu einem Vertreter in Hamburg aufgebaut, der ausschließ-

lich mit Dänemark arbeitete. Das Land hat einen erst-
klassigen Namen in der Forschung und in internationalen Geschäften, was ich bei den Deutschen so ausgeprägt
nicht finden konnte.

Wir trafen in Hamburg zusammen und fuhren per
PKW nach Dänemark. Unser Projekt war auf 200 Mut-
tertiere ausgelegt, was bei mindestens 2 Würfen pro Jahr
zu jeweils 13 Ferkeln einem Jahresumfang von 5.200
Tieren entsprach. Ein Teil davon sollte zur Nachzucht
dienen.

Die Dänen zeigten sich skeptisch. Wir mussten immer
wieder betonen, dass auf angolanischer Seite der feste
Wille zum Projekt bestehe. »Unser« Angolaner, ziemlich dunkel, ergab zwischen den Boxen mit lauter rosa
Schweinen ein fotografisch erstklassiges Objekt und die
gastfreundlichen Dänen machten ausführlich davon Ge-
brauch.

Wir nutzten natürlich die Reise für Kontakte zu Fut-
termittel-Herstellern und die waren sogar bereit, ihre
Mischformeln im Rahmen eines Joint Ventures preiszu-
geben. Was konnten wir von dieser Reise mehr erwarten?
Es lief auf dieser Seite alles wie »geschmiert«.

Die Reise war überschattet vom Tod meines Stiefva-
ters. Ich traf nach der Einäscherung in Bremen ein und
trug die noch warme Urne zum Grabplatz der Familie
Meyer. Dort befanden sich schon die Urnen von Oma
Grete und Opa August.

Danach flog ich wieder nach Angola. Alle Voraussetzungen für das Projekt schienen erfüllt. Ich merkte bald,
dass sich die Dinge bei Tomas Segundo abgekühlt hat-

ten. Da war nichts mehr von dem Elan. Was da passierte, habe ich nie verstanden. Jedenfalls saß ich eine Woche im Hotel in Lubango und wartete auf Termine, die sich nie konkretisierten. Ich brachte meine Zeit völlig nutzlos zu und wartete. Als mein Abflug nahte, hatte ich sogar Probleme mit Tomas bei der Hotelrechnung, obwohl vorher klar war, dass die auf seine Rechnung gehen sollte.

Und das war das Ende von allem. Was da passierte? Ich weiß es bis heute nicht. Beim Nachhaken wegen der Details des Projektes, die ich eigentlich erst bei Unterzeichnung freigeben wollte und sie nun ohne Vorbehalte ins Netz stellte, kam keinerlei Antwort, als wenn unser Mann sich in Luft aufgelöst hätte. Damit endete auch jede Aktivität Richtung Angola. Verlorene Zeit und verlorenes Geld, viel Geld!

Von jetzt ab kümmerte ich mich wieder mehr um den verbliebenen Rest unserer Farm. Während meiner häufigen Reisen hatte meine Frau die Aufsicht. Ihr zur Seite stand unser langjähriger Angestellter Ailton, der einen Teil Land gekauft hatte. Aber nebenbei realisierte ich ein anderes Projekt, dass schon lange in meinem Kopf herumspukte: einen oder mehrere Romane schreiben!

Die Farm diente mir dabei als Hintergrund und der Farmer war ich selbst, unter anderem Namen. Der Roman hieß »Wurzeln des Glücks«. Er spielt in Brasilien, Angola und Europa. Das Thema: ein pflanzliches Potenzmittel, vom Raub der Pflanzen bis zum marktreifen Medikament. Vom Konzept bis zur Schreibe vergingen weitere Monate. Sven, der Sohn meines Freundes Nils aus Bremen, half mir bei der Komposition, Coverentwurf und Lektorat. Wir gaben das Buch Amazon zur Publikation. Das war der preiswerteste Weg. Allerdings hat Amazon den Pferdefuß, keine Werbung zu machen, weshalb ich deren Buchangebot mit einem riesigen Friedhof vergleiche, dessen Grabsteine keiner mehr kennt.

Das sehr bald folgende Buch »Haus der Fledermäuse« spielt im Norden Brasiliens, also dem Amazonasgebiet, und in der Wirtschaftsmetropole São Paulo. Es erschien ebenfalls bei Amazon. Ich wählte denselben Weg der Herstellung, mit Svens Unterstützung. Das Thema: Bio-Piraterie von Pflanzen und Tieren, vor allem Amphibien und heimliche Versuche an Menschen.

Im selben Trend erschien dann noch das dritte Buch: »Seltene Erden-Weiße Pest«. Dabei geht es um illegalen Export der sogenannten Seltenen Erden und um die Kokain-Routen im grünen Bauch Brasiliens, den Urwäldern im Norden des Landes.

Später wurden alle drei Bücher bei BoD in Norderstedt neu verlegt.

Von den Aktivitäten auf der Farm beanspruchten die Bienen beziehungsweise die Gewinnung von Honig viel Zeit. Der berufsmäßige Imker Ricardo schulte mich und meine Frau ja in der Kunst, die Bienenstöcke sachgemäß zu betreuen. Man muss dazu wissen, dass es sich bei unseren Bienen um eine Kreuzung aus europäischen und afrikanischen Bienen handelt. Leider haben die Afrikaner ihre Aggressivität in die Kreuzung eingebracht. Man kann sich daher nicht ohne Schutzkleidung den Beuten nähern. Auf der anderen Seite sind diese Afro-Brasilianer aber viel produktiver als deutsche Bienen, weil sie keinen Winterschlaf halten.

Der Einsatz von Räuchergeräten gaukelt den Bienen vor, das es brennt. Dann ziehen sie sich in ihre Stöcke zurück. Aber die Lage kann schnell eskalieren. Die Bienen stoßen einen Kampfstoff aus, den man gut riechen kann und dann muss man sehen, dass man schnell mit dem Einsammeln der Rahmen voller Honigwaben fertig wird, denn Nachbarvölker wurden durch den Kampfstoff ebenfalls rebellisch und in Null Komma Nix waren unsere Schutzanzüge so dicht mit wütenden Bienen bedeckt, dass man den weißen Stoff kaum noch sah.

Wir luden dann so gut wie möglich alles auf die Ladefläche unseres Pickups und verschwanden, ein dichter Schwarm hinter uns her. Um den los zu werden, versuchten wir im Schatten von Bäumen und Büschen zu fahren. Beim Wechsel von Schatten und Sonne haben die Bienen Probleme mit der Orientierung.

Man musste wissen, dass die Bienenstöcke über ein großes Gelände verteilt einzeln aufgestellt waren. Dabei folgen wir möglichst der Blüte von Pflanzen, zum Beispiel Zitronen, Bananen, Obstbäumen.

Tür und Fenster unseres »Apiario«, wie wir das Häuschen nennen, in dem der Honig zentrifugiert, gefiltert und abgefüllt wird, haben Fliegengitter. Nachdem wir die Beuten mit dem Honig hineingetragen hatten, liessen wir die Räume erst mal allein, damit sich die Lage beruhigte und die Bienen wieder abzogen. Immer noch in Schutzkleidung gingen wir in unsere dunkle Garage. Keine Bienen mehr. Und jetzt konnten wir uns ausziehen. Das Gewebe der Anzüge ist aus Kunstfasern und ventiliert kaum. Entsprechend in Schweiß gebadet waren wir. Niemand wurde gestochen, was keinesfalls normal ist, denn die Bienen finden immer wieder irgendwo eine Bresche.

Ich hatte da kürzlich eine selbst verschuldete Situation. Ich wollte »mal eben schnell« volle Rahmen mit Honig aus einem Bienenstock entnehmen, der nahe unseres »Apiario« stand. Eigentlich war es Praxis, dass um den freistehenden Bienenstock der Bewuchs kurzgehalten wurde, damit man sehen konnte, ob vor dem Stock irgendetwas nicht in Ordnung war, zum Beispiel zu viele tote Bienen am Boden vor dem Flugloch. Aber hier hatten wir geschlampt. Versteckt im Gras neben dem Bienenstock lag eine Rolle Stacheldraht. Als ich nach der Entnahme von der Beute zurücktrat, verhakelte ich mich darin. Ich hatte mir keine Stiefel angezogen, sondern nur Sandalen an den Füssen. Da hing ich nun in der Drahtrolle und versuchte, mich zu befreien und die Bienen begriffen sofort meine Schwachstelle und attackierten mich am Fußgelenk.

Zuhause wurden 90 Stacheln gezogen. Fuß und Bein schwollen an und ich spürte aufsteigende Hitze und mein heftig klopfendes Herz. Ich lag auf dem Sofa. Da keine Atembeschwerden dazu kamen, wartete ich erst mal ab. Zu meinem Glück war mein Immunsystem gut und nach zwei Tagen gab es keine Behinderungen mehr. Manch einer, der von Bienen angegriffen wurde, bezahlte mit dem Leben.

Es kam die Zeit, dass wir wegen der Farm eine Entscheidung treffen mussten. Wir haben keine Nachkommen. Verhandlungen mit unserem Angestellten Ailton und seiner Frau Vilma brachten dann die Entscheidung. Wir verkauften ihnen den Rest, hatten aber noch Wohnrecht. Damit konnten wir uns in Ruhe auf die Suche nach einem Grundstück machen, um unser eigenes Haus zu bauen. Die Wahl fiel auf Indianopolis, das 17km von der Farm entfernt liegt. Eine Kleinstadt mit 5.000 Einwohnern und nochmal 2.000 bis 3.000 im ländlichen Bereich drum herum. Dort gab es ein Notkrankenhaus, zwei Apotheken und Krankenwagen für ernste Fälle, die in die 65km entfernte Universitätsstadt Uberlandia transportiert werden mussten.

In diese Zeit der Planung (wir zeichneten die Baupläne unseres Wunschhauses selbst) platzte die Nachricht, dass meine Mutter in Bremen im Sterben lag. Es traf sich gut, dass mein Bruder Karsten in der Nähe war und sich um die Mutter kümmern konnte. Die Ärzte diagnostizierten die Chancen auf eine Erholung als Null. Sie hing an verschiedenen Maschinen und wurde künstlich ernährt. Mutter hatte eine Patientenverfügung unterschrieben, dass in einer solchen Situation ihr Leben nicht künstlich verlängert werden sollte. Also wurden die Geräte abgestellt und wenige Tage später verstarb sie. Ich flog erst zur Urnenbeisetzung nach Bremen. Meine Trauer hielt sich in Grenzen, denn die Erziehungsmethoden und die Einflussnahmen auf meine Entwicklung zählten nicht zu meinen schönen Erinnerungen. Zeit heilt Wunden, sagt man. Aber das ist relativ.

In unserer kleinen Stadt Indianopolis sind die Häuser

meistens von hohen Mauern umgeben. Das Leben wird gut gegen Nachbarn abgeschirmt. Es kam jetzt darauf an, ein Grundstück am Hang zu finden, von dem man nicht nur auf die Mauer des Nachbarn blickte, sondern möglichst viel Weitblick auf die Umgebung der Stadt hatte. So ein Grundstück fanden wir zentral im Städtchen, mit 500m2 Grundfläche. Es verging noch fast ein weiteres Jahr bis wir einen Maurer und seine Gesellen unter Vertrag nehmen konnten. Unsere Baupläne wurden einem Architekten gegeben, denn der muss sie offiziell abzeichnen, damit das Gemeindeamt die Baugenehmigung erteilen konnte.

In diese Wartezeit fiel mein letztes, sehr ambitioniertes Buchprojekt, an dem ich gedanklich schon lange werkelte: einen historisch gut fundierten Roman über Angola zu schreiben, der die Zeitspanne 1960 bis 2003 wiedergab. Das Buch erschien bei BoD, Norderstedt, unter dem Titel »ANGOLA – Abgrund und Hoffnung«, sowohl als Print als auch als E-Book. Für den portugiesischen Sprachraum fand ich einen Verlag in Lissabon. Übrigens sind auch meine anderen drei Bücher in Portugiesisch erschienen.

Aufgehängt ist die Geschichte an dem deutschen Residenten Danny, der als Kaufmann in Angola tätig ist und nach der Unabhängigkeit in verschiedene Rollen schlüpft, um in Luanda überleben zu können, bis zu seiner spektakulären Flucht.

Zurück nach Indianopolis: mit den Erlösen der letzten beiden Landverkäufe erwarben wir das Grundstück und planten den Kauf von Baumaterial. Erfahrungen im

Hausbau hatte ich in 40 Jahren auf der Farm genügend gesammelt. Alle Bauten dort waren von mir geplant und die Bauarbeiten überwacht worden.

Ein knappes Jahr später, wir mussten wegen der Regenzeit den Bau vorübergehend einstellen, zogen wir ein. Ich hatte von den 500m2 Grundfläche etwa die Hälfte für den Garten abgeteilt, der im unteren Bereich am Hang lag. Die Erde dort musste aufgeschüttet werden, um relativ ebene Flächen zu bekommen. Eine Betonrampe führt hinunter, neben der drei Wassertank von je 5000l aufgestellt wurden. Die füllten wir über das komplett in Rinnen und Rohren aufgefangene Regenwasser vom Dach. Ein weiteres Novum war eine Sonnenheizung mit Depotbehälter auf dem Dach. Elektrizität benötigen wir nur für die Beleuchtung. Trotz der relativ hohen Temperaturen von bis zu 35 Grad gibt es keine Klimageräte. Stattdessen haben wir bei der Isolierung zum Dach hin eine dicke Schicht Schaumstoff verlegt und Dachboden und alle Räume mit hohen Decken versehen. Dadurch bleibt genügend Luft, die unsere Räume gut isoliert.

Und so leben meine Frau und ich nun. Unser Leben verläuft in ruhigem Rhythmus. Längere Reisen machen mir längst nicht mehr so viel Spaß wie früher. Im Dezember werde ich 80 Jahre alt.

Wie soll ich ein Fazit aus meinem Leben ziehen? Ja, ich habe gelebt, intensiv gelebt und was ich aus welchen Gründen auch immer nicht selber ausleben konnte, aber wollte, findet sich in meinen Büchern wieder. Nicht alles konnte ich berichten. Es gab da vertrauliche Dokumente, die ich unterschreiben musste.

Das faszinierendste war die Vielfalt der Herausforderungen für mich, die ich zum großen Teil ohne Vorwissen lösen musste, weil mir die Basis aus der Schule fehlte, einer Institution, die ich hassen gelernt hatte. Heute vermute ich, dass hinter der Behandlung durch einige Lehrer auf dem Gymnasium wohl sozialer Dünkel stand. Man überlege: Kind aus Arbeitermilieu auf der Oberschule! Das mag sich heute geändert haben, aber die Lehrer nach dem 2. Weltkrieg waren nicht gerade pädagogische Leuchten der Gesellschaft.

Heute gibt es Lebenshilfen für praktisch alle Bereiche. Das klingt gut. Die Zahl der Psychiater nimmt zu, die seelische Not vieler ebenfalls, ob nun eingebildet, eingeredet oder echt. Machen diese Hilfen den Menschen selbstsicherer oder überwältigt uns die Masse an Informationen und die Not wird noch grösser? Ich sehe die gigantische Menge an Handys, die eingebildete Abhängigkeit davon. Die Eitelkeiten im Umgang damit. Gut genutzt können sie viel helfen.

Die Technik entwickelt die Menschen langsam zu sozialen Krüppeln. Haben wir vergessen, dass gerade das Zusammenleben von klein auf das Bindemittel einer gut funktionierenden Gesellschaft ist? Schon als Kind muss man lernen wie weit man gehen kann. Als Erwachsener ist es zu spät.

Unser nun ruhiges Leben im neuen Haus wurde durch die Corona-Pandemie einsamer. Die Kommunikation läuft mehr über Skype, PC und Handy. Eigentlich stört mich das wenig. Der Gemüsegarten und die Schriftstellerei füllen meine Tage aus. Was wir an Nahrungsmitteln im Garten ziehen, wird selbst konsumiert. Manchmal gebe ich etwas an unseren Nachbarn ab, der sich im Gegenzug mit Bananen revanchiert.

Immer mal wieder tauchen neue Saaten auf, die mich neugierig machen. So läuft derzeit ein Versuch, aus Rosensaat neue Pflanzen zu züchten. Ja, aus Rosensaat! Man muss sie über Monate, gut angefeuchtet, in Winterschlaf versetzen (im Kühlschrank). Die Chancen, dass die Saat keimt, liegen bei 30 Prozent. Solche Herausforderungen gibt es immer wieder und meine Neugier wird jedes Mal entfacht.

Die Quarantäne stört mich also wenig. Über Arbeit kann ich nicht klagen. Nur zum Einkaufen im Supermarkt oder für Besuche bei der Bank verlasse ich unser Haus. Zweimal im Monat fahren wir mit unserem VW Gol in die Großstadt Uberlandia, 65km entfernt, für Einkäufe oder Arztbesuche. Das ist unser Leben als Rentner.

»Nobody is perfect«, sagen die Engländer. Ich will Perfektion auch ganz bestimmt nicht für mich in Anspruch nehmen. Aber es bleiben noch einige, meistens versteckte, Neigungen und Abhängigkeiten, die ich wohl nicht verschweigen darf, ohne die meine »Abrechnung« mit meinem gelebten Leben nicht vollständig ist. Ich gestehe, es bedarf einiger Überwindung. Denn diese Bereiche haben mich mein Leben lang begleitet, teilweise beeinflusst, oft nur geärgert, manchmal zur Verzweiflung gebracht: das Rauchen, die Angst vor dem Versagen und der Alkohol. Der Cocktail ist gemischt! Und dieser Mix ist virulent!

Ich stamme aus einer Familie, die ganz gut in das klein-
bürgerliche Muster passte. Meine Großmutter wollte angeblich nicht, dass meine Mutter auf eine höhere Schule
kam, obwohl die Lehrer sie als geeignet einstuften. »Sie
heiratet ja doch bald. Das braucht sie nicht.« Ich beziehe
mich da, wohlgemerkt, auf Aussagen meiner Mutter. Ob
das so war, weiß ich nicht. Werde es leider auch nicht
mehr erfahren. Mutter warf es jedenfalls Oma Grete vor.
Und dann passierte das Maleur. Als ich geboren wurde,
war meine Mutter gerade 19 Jahre alt.

Jedes Thema zu meinem leiblichen Vater blockte sie ab.
Nach meiner Zeugung und der forcierten Heirat (damit
der Junge ehelich ist), trennten sich mein Vater Heinrich Knobloch aus dem Rheinischen und meine Mutter
sofort. Sie nahm ihre Tätigkeit bei Focke Wulf wieder
auf und später bei der Reichsbahn, bis zum Kriegsende.

Ich erzähle das so ausführlich, obwohl einiges schon
früher erwähnt wurde, weil hier eine Spirale begann, die
sich über meine Mutter, später über meine Eltern (mit
meinem Stiefvater Kunibert Krüger) bis heute fortsetzt:
unsere Nähe zu Alkohol. Für mich als Schüler war er
verboten. Aber was hieß das schon? Ich durfte oft auf-
bleiben, wenn gefeiert wurde und wenn dann die Gäste
verabschiedet wurden, machte ich mich über den Alkohol und die Zigaretten her.

Nur zu Anfang, aus Unwissen, wusste ich die Signale
meines Körpers nicht richtig zu deuten, später konnte ich
den Konsum gut verstecken. Das ging so über die Jahre,
immer begleitet von Zigaretten. Der Drink wurde zur
Gewohnheit. Nach der Arbeit? Ach ja, welche Erleich-

terung. Und so ging es weiter. Meine Frau machte mit, die Familie in Angola machte mit und das setzte sich fort bis nach Brasilien, als wir unser Paradies Angola verloren hatten. Einen Grund zum Trinken gab es immer. Aber ich trank eigentlich nie tagsüber, erst mit der Dunkelheit begann es. Die einzige Ausnahme war meine Zeit beim Deutscher Fachverlag, wenn wir mit unserer Fachzeitung oder der Wochenausgabe der »Lebensmittel Zeitung« unter Stress waren. Meinem Gehirn scheint der Alkohol nicht geschadet zu haben. Und die Leber hat ja vielleicht schon früh Enzyme entwickelt, um mit dem Alkohol fertig zu werden.

Das Rauchen habe ich mir abgewöhnt. Wie oft beobachtet, nimmt man dann zu. Für mich als »latenten« Diabetiker ein Warnsignal, das ich aber nie stärker beachten musste, weil meine Werte für Diabetes Zwei fast immer im guten Bereich lagen. Meine Frau stellte unsere Essensgewohnheiten leicht um, strich bei allen Speisen den Zucker und das reichte aus.

Da ist noch die Frage, an was ich glaube. Und die Antwort werde ich nicht geben können, soweit es die Religion betrifft. Ich glaube nicht an ein Leben nach dem Tode. Alles endet mit dem Erlöschen der Gehirnströme. Ist das so schlimm? Warum klammern sich so viele Menschen an das Leben, wenn es zu Ende geht? Wenn sie glauben, dann macht das keinen Sinn. Wir sind auch nur ein Glied in der Kette der Entwicklungen und haben keinen Einfluss auf nichts. Die Natur führt uns vor, wie die Dinge ablaufen, oft ziemlich brutal.

Dass die Religion tröstet, steht außer Zweifel, aber nur

für die, die getröstet werden müssen oder wollen. Die Kirche ist eine Institution, die ihre Schrecken der Vergangenheit verloren hat und in der neuen Welt ihren Platz sucht, ohne die ehemals geballte Macht hinter sich zu haben. Bei den Konservativen oder Traditionellen mit bisher wenig Erfolg. Bei den neuen Kirchen hat man es begriffen, wie man Gläubige in die »richtige Richtung« schupst.

Es ist kein schönes Happy End, das ich hier präsentiere, aber wohl ein Abbild unserer Gesellschaft, die Gefahr läuft, ihre Wurzeln zu vergessen. Wenn uns die vergiftete Welt nicht vorher in den Abgrund stürzt, der Mensch wird es schon schaffen, indem er uns das Recht auf Atmen nimmt. Der Sauerstoffhaushalt der Erde ist eine weit schlimmere Bedrohung als die CO_2 Verschmutzung. Wer denkt denn mal darüber nach? Der Sauerstoffgehalt nimmt langsam aber sicher ab. Zur Zeit der Dinosaurier lag er weit höher, weil mehr vegetatives Wachstum. Warum? Weil wir unsere grünen Lungen wissend selbst zerstören.

Vor einer abschließenden Betrachtung meines Lebens, muss ich unbedingt noch etwas zum spirituellen Verhalten der Brasilianer sagen. Vieles ist bekannt: Candomble aus Bahia, die sensationellen Heiler aus Goias und Minas Gerais, die doppelte Verehrung von afrikanischen Göttern und christlichen Heiligen, Getränke aus Pflanzen, die nur die Indios kennen für kultische Zwecke (und daher nicht verboten). Der sogenannte »geschlossene Körper«, dem keine äußere Bedrohung etwas anhaben kann. Ich habe das bei meinen Begegnungen mit

Schlangen selbst mehrfach erlebt. Da ist etwas in mir, dass dem Unterbewusstsein einen Befehl gibt, der sofort, auch noch unbewusst, befolgt wird. Erst unmittelbar danach erkannte ich, in welcher Gefahr ich geschwebt hatte, weil ich eben nicht auf eine Klapperschlange trat, sondern einen längeren Schritt tat, der nicht zum Gehmuster passte. Das kennen viele aus Filmen.

Das meiste erweist sich als Scharlatanerie. Aber eben nicht alles. Im Verborgenen sind viele Frauen aktiv und helfen allein mit den magischen Kräften, zum Beispiel, ihrer Hände.

Ich kenne seit fast vierzig Jahren eine solche Person aus unserem unmittelbaren kleinen Freundschaftskreis. Dies ist mein Bericht aus vielen Sitzungen mit ihr.

Vanda

1953 in dem kleinen Städtchen Nova Ponte geboren ganz in der Nähe von Indianopolis, als eines von insgesamt 10 Kindern. Der dominierende Vater besaß etwas Land und verdiente sein Geld als Viehhändler. Der Vater entsprach dem alten Rollenspiel des absoluten Familienoberhaupts. Mit den Kindern war er immer sehr streng, es kam aber nicht zu körperlichen Züchtigungen. Wenn sein Zorn zu groß wurde, nahm die Mutter ihn beiseite und sprach leise und begütigend auf ihn ein. Furcht war vorherrschend gegenüber dem Vater.

Insgesamt eine »gute katholische Familie«, wie man sagt. Man ging an den religiösen Feiertagen in die Kirche. Ansonsten gab es keine religiöse Aktivität außerhalb des Hauses. Ganz in der Nähe befand sich eine kleine Kirche. Davor die Statue des Heiligen Sebastian. Sie wird immer mit nacktem Oberkörper gezeigt, von mehreren Pfeilen durchbohrt. Vanda bestätigte mir, dass dieser Heilige ihr Leben prägen würde.

Zehn Kindern eine gute Schulbildung zu geben, war keine leichte Aufgabe. Und sie gelang wohl für die Jungen. Die Mädchen versuchten, ihr Leben durch Heirat zu verbessern. So war das üblich und niemand beklagte sich darüber.

Wann bemerkte Vanda ihre »Kraft«, durch Handauflegen Schmerzen zu lindern oder verschwinden zu lassen? Auf Distanz gelang ihr das mittels intensiver Gebete ebenfalls, wenn sich der Patient zur selben Zeit darauf einstellte. Sie benutzt dazu einen Rosenkranz. In Brasilien nennt man diese spirituelle Macht auch »dom«, wie die Kirchenkuppel.

Ihr erster »Fall« war ein taubstummer Onkel, der nicht mehr laufen konnte, wohl schon bettlägerig war. Vandas Vater redete ihr zu, dem Onkel die Hand aufzulegen. Das Ergebnis war überraschend. Er konnte aufstehen und wieder gehen. Das blieb auch so, bis er mehrere Jahre später starb. Es folgten viele andere »Heilungen«, aber es dauerte, bis Vanda die richtige Einstellung zu ihren besonderen Fähigkeiten fand. Beim Onkel war sie gerade mal 21 Jahre alt. Mit dem Alter wuchs die Reife, mit diesem »dom« umzugehen.

Vanda heiratete ihren langjährigen Verehrer Ivo und zog mit ihm in seine Heimatstadt Indianopolis. Kennengelernt hatten sie sich bei einer Pilgerreise nach Romaria. Das Heiligtum ist jeweils im August Ziel von Pilgern von weit her, die zu Fuß teilweise mehr als 100km zurücklegen mussten.

Ihre erste Unterkunft war ein winziges Haus bestehend aus nur einem Raum. Den teilten sie in zwei; vorne montierte Ivo einen kleinen Ausschank für Bier und Schnaps und hinter einer Pappwand war das Schlafzimmer. Und dort lernte ich die beiden kennen, als wir 1975 auf der Suche nach Land nach Indianopolis kamen. Unsere Freundschaft hat die Jahrzehnte überdauert, trotz der sozialen und Bildungsunterschiede. Nur so war es möglich, mit Vanda diese doch sehr intimen Gespräche über ihre besondere Kraft führen zu können.

Welche Leiden hat sie im Laufe der Jahre gelindert oder sogar geheilt? Wie hat sie das angestellt. Warum gerade sie, eine Person, die nicht das Glück hatte, eine höhere Schule zu besuchen, zu studieren?

Im Laufe der Gespräche merkte ich, dass ihre Kräfte kein Zufall waren. In ihrer Familie gab es schon seit dem Großvater Mitglieder, die spirituell heilen konnten. Nichts davon ist aktenkundig, alles nur von Generation zu Generation weitergegeben. Man war wohl damals sehr vorsichtig. Die Zeit der Hexenverfolgungen und einer Kirche mit Allmacht lagen noch gar nicht so weit zurück. Vanda hat wegen ihrer Tätigkeit nie Probleme mit der katholischen Kirche gehabt. Es gab sogar Priester, die sie bestärkten.

Welche »Techniken« wandte sie an? Ihr wichtigstes Werkzeug sind die Hände oder besser gesagt die Fingerspitzen. Die häufigsten Leiden: Dicke Füße, Atembeschwerden, Furunkel, Magengeschwüre, Glasknochen und Blutungen. Die von Vanda als »doenças malignas« bezeichneten »bösen Krankheiten«, also Krebs, kann sie nicht heilen. Die Grenze ist aber diffus, denn sie glaubt, schon Gehirntumore am weiteren Wachstum gehindert zu haben. Jedenfalls leben die so diagnostizierten Patienten noch.

Zu den Techniken: Furunkel, die man nach langläufiger Meinung aufschneiden muss, wenn sie reif sind, behandelt sie so: mit den Fingerspitzen der offenen Greifhand langsam von den Rändern zur Mitte massieren. Danach Bettruhe. Die Patienten kamen am folgenden oder nächsten Tag zu ihr, um mitzuteilen, dass der Furunkel aufgegangen sei.

Bei Atembeschwerden können verschiedene Ursachen vorliegen. Da sich die Beschwerden meistens nachts einstellen, ist das Gefühl vorherrschend, man ersticke gleich. Es kann sich um Asthma handeln, eine Pollen- oder Nahrungsmitte Allergie sein. Vanda sagt selbst, dass sie solche Leiden nur maximal für 15 Tage lindern könne. Blutungen stillt Vanda fast augenblicklich durch Handauflegen.

Möchte sie ihr »Können« weitergeben. Ist das überhaupt möglich? Dafür meint sie keine Notwendigkeit zu sehen. Sie hat inzwischen bei einer Schwester und einem Bruder dieselben Fähigkeiten festgestellt, die sie selbst besitzt. Es müsse sich also um eine vererbte Kraft handeln.

Eine schwierige Frage von mir bezog sich auf die so-genannte Regression. Es ist ein spirituelles Zurückgehen im eigenen Leben unter Hypnose. Ja, sie sei bis zu ihrem siebten Lebensjahr zurückgegangen. Dann sei die Hypnose abgebrochen worden, weil davor »alles so sehr durcheinander« sei. Dazu wollte oder konnte sie nichts weiter sagen.

Ihre Sensibilität ist sehr stark ausgebildet. Sie bestätigte, dass sie »schlechte Menschen« durch deren Ausstrahlung wahrnehme und Kontakte meide. Ihre Kräfte aktiviert sie zum Teil aus ihrem Körper, der größere Teil kommt aber von außen, fließt in ihren Körper und strömt dann über zum Patienten. Man könnte sagen, dass ihr Körper wie ein Akku wirkt. Diesem Vergleich schließt sie sich nur zögernd an.

Verdeckte innere Krankheiten kann sie nicht orten,

nur Symptome ohne Öffnung des Körpers behandeln. Sie unterscheidet sich darin von den vielen Wunderheilern und Scharlatanen.

Mit den sogenannten Spiritisten gemäß Lehre von Allan Kardec will sie nichts zu tun haben. Ich kenne mehrere ernsthafte Menschen, die bei Sessions versuchen, mit toten Angehörigen oder Freunden Kontakt aufzunehmen, was funktionieren soll, wenn ein gutes Medium unter ihnen ist.

In den ersten Jahren ihrer heilenden Tätigkeit kamen bis zu sieben Personen pro Tag zu ihr. Vanda fühlte sich hinterher völlig erschöpft, ausgelaugt. Mit der Zeit reduzierte sie ihre Sitzungen, was ihrer Gesundheit guttat

Ein großes Thema auf dem Lande sind die sogenannten »Benzedores«. Das sind Personen, die von sich behaupten, Tiere »besprechen« zu können. Die größte Plage in der Gegend sind Schlangen. Es folgen Nagetiere wie Ratten, Skorpione, Spinnen und andere. Am häufigsten werden die Benzedores bei Schlangen gerufen, da giftige viel Schaden bei extensivem Vieh anrichten können. Das passiert beim Grasen und oft merkt man erst etwas, wenn die Kuh nicht zum Melken erscheint oder ein Deckbulle fehlt. Viele Hirten gehen nicht ohne kniehohe Stiefel auf die Weiden.

Ich stehe diesen Benzedores sehr skeptisch gegenüber. Leider hatte ich nie die Chance, sie in Aktion zu sehen, die in etwa so abläuft: er geht durch die betroffenen Ländereien, murmelt Beschwörungen und öffnet schließlich das Zugangstor der Farm. Zeugen berichteten, sie hätten oben auf dem Gatter gesessen und selbst gesehen, wie die Schlangen durch das Tor strebten und dann, zu einem wirren Haufen verschlungen, liegen geblieben seien. Schlangen sind Einzelgänger. Ich kann mir das eigentlich höchstens vorstellen, wenn Paarungszeit ist. Jedenfalls soll dann auf der Farm erst mal wieder Ruhe eingekehrt sein.

Ein besonderes Phänomen muss noch erwähnt werden: Francisco Xavier, kurz Chico genannt. Er war ein sehr einfach lebender Mann aus Uberaba, tief religiös, der mit dem Jenseits »in Kontakt« stand. Seine Botschaften erhielt er phonetisch in seinem Kopf und schrieb sie nieder und das häufig in der Handschrift des Verblichenen, den er gar nicht kannte, also auch nicht wissen konnte, wie der schrieb. Chico half der Polizei bei der Aufklärung verschiedener Verbrechen. Das alles ist gut dokumentiert. Gibt es also doch ein Jenseits, in dem die Seelen »weiterleben«?

Vanda hatte schon zwei Schlaganfälle, die im Gesicht, am Arm und am Bein Lähmungen hinterließen. Sie arbeitete intensiv an sich und es gelang, die Lähmungen zu einem Teil zu überwinden. Sie nennt beide Fälle »ihren Tod«. So berichtete sie mir, dass ihr ein Engel erschienen sei, der ihr einen Teich voller Schlamm zeigte, in dem Menschen verzweifelt mit den Armen winkten. Es sei ein grausiges Bild gewesen. Sie fragte den Engel, ob das ihre Bestimmung sei. Der Engel antwortete, sie gehe wieder zurück ins Leben. Ein Lichtblitz zuckte auf. Sie erwachte, ohne dass medizinisch eingegriffen worden war.

Beim zweiten Tod traf sie wieder einen Engel. Um sie herum bewegten sich gut gekleidete Wesen und Tiere.

Alles war hell und friedlich und schön. Wieder befragte sie den Engel, aber er sagte wieder, sie würde zurückkehren.

Auf meine Frage, ob sie gern dortgeblieben wäre, sagte sie, dass es schön gewesen sei, aber irgendwie langweilig. Wiederum begleitete ein intensiver Lichtblitz ihre Rückkehr.

Ob es eine Verbindung zwischen ihrer Heiltätigkeit und der Religion gäbe, fragte ich sie abschließend. Sie glaube das nicht. Der Rosenkranz erfüllte wohl in erster Linie seinen Zweck als Mittel der Konzentration. – So kann nur ein »Ungläubiger« sprechen.

Die verfluchte Politik

Es heißt ja, kein Land käme ohne Politik aus. Also müssen wir das akzeptieren. Ja, müssen wir das? Zwischen den Ländern, die sich Demokratien nennen, gibt es erhebliche Unterschiede. Für uns hier im kleinen Städtchen ist »die große Politik« zunächst mal unerheblich. Wir, und da schließe ich mich nach mehr als vierzig Jahren vor Ort ein, leben mehr nach einem Regime von Parteien, die von starken lokalen Interessen abhängen, wobei die Zugehörigkeit zu einer Partei wenig aussagt.

Eigentlich wollte ich meine Biografie mit Vanda abschließen, aber die gerade stattfindende allgemeine Wahl zum Bürgermeister und »Gemeindevertretern« eröffnet die Chance, ein Licht auf das Demokratieverständnis der Brasilianer zu werfen.

Zunächst spielt die Parteizugehörigkeit eine untergeordnete Rolle, ist aber zwingend für alle Kandidaten. Unter den vielen Parteien werden Allianzen nach Zweckmäßigkeit eingegangen, nicht nach ideologischen Gemeinsamkeiten. Sie kommen zusammen und trennen sich genauso schnell wieder, wenn andere Interessen vorrangig sind. Die Politiker verstehen sich als Berufsklasse, was schon völlig falsch ist. Es gibt keinen Beruf »Politiker«. Aber hier in Brasilien gibt es diese Spezies, zu Hunderten, zu Tausenden. Eine nicht enden wollende Reihe von Figuren, die die Nachfolge der kolonialen Strukturen antraten.

In unserer kleinen Stadt entwickelte sich der Kampf um die Stimmen am 15. November so: drei Kandidaten bewarben sich um den Posten des Bürgermeisters. Einer, genannt Lindomar, stellte sich zur Wiederwahl. Die anderen beiden waren die Krankenschwester Renata und ein junger Farmer namens Daniel.

Lindomar konnte als regierender Bürgermeister seine ganze Macht beim Wahlkampf einsetzen. Das erfolgte lautstark. Seine Gefolgsleute sammelten sich nachmittags um fünf an der Einfallstraße mit Dutzenden von Fahnenschwenkern und einem Lautsprecherwagen, der über Stunden immer wieder den Bürgermeister mit Liedern besang. »Lindomar, der Gute, das Volk freut sich auf deinen Sieg«. Für unsere europäischen Ohren und Augen klingt das absurd, aber die Rhythmen dazu gehen so in die Beine, dass »das Volk«, ohne Mundschutz, der Musik folgte.

Beim Gemeinderat sah es besonders trist aus. Um neun Sitze bewarben sich angeblich mehr als 50 Kandidaten. Kaum einer würde einer strengen Bewertung standhalten. Es sind immer wieder die »Mitschwimmer« auf der Fettsuppe. Der Job wird gut bezahlt, bei nur einer Sitzung pro Woche.

Man hatte schon mehrmals versucht, mich in den politischen Prozess hineinzuziehen. Bisher und wohl auch weiterhin ohne Erfolg. Ich gelte in Indianopolis als unbestechlich. Unsere Farmpolitik und die vielen jungen Leute, die heute erwachsen sind, erinnern sich noch immer an die absolut gleiche Behandlung der Arbeiter. Ich habe, das glaube ich sagen zu können, keine Feinde hier.

Sollte ich mich in die Abgründe der Politik stürzen? Meinem Ego käme es entgegen, aber meine Frau bremste mich mit Beispielen von anderen und das gab den Ausschlag. Hinzu kommt, dass ich auch ein bisschen feige war. Was passiert, wenn ich bei einer Wahl durchfallen sollte. Würde mein Ego das überstehen?

Ich tat also nichts davon. Und fühle mich frei, zu tun, was ich will. Gibt es einen besseren Ausklang des Lebens für mich und meine Frau?

Nachwort

Wieso wird man im Leben in die eine oder andere Richtung dirigiert? Ich vermute mal, dass viele das gar nicht merken, sich treiben lassen. Sind wir wirklich, wie wir meinen, selbständig und bewusst lebende Wesen? Haben wir unsere Reaktionen unter Kontrolle?

Nein! Das alles bilden wir uns nur ein. Wir werden manipuliert, dirigiert, solange wir in großen Konzentrationen leben, also in den Städten. Der Zwang zur Anpassung ist der erste Schritt zur Abhängigkeit. Und die nächsten folgen ganz automatisch. Mit dem Handy ist endlich die Waffe da, die uns alle zu Abhängigen macht, weil wir nicht verstehen, wie wir nur die positiven Aspekte nutzen, statt uns vereinnahmen zu lassen.

Wer weit ab vom hektischen Betrieb leben kann, lebt vielleicht einfacher, aber bestimmt hat er Luft zum Atmen, lebt nur dem Stress seiner natürlichen Umwelt, alles selbstbezogen, nächst- und nachbarlich bezogen. Und dieser Stress macht nicht krank. Nach der Pandemie von Covid-19 wird sich viel ändern. Ganze Branchen verschwinden, die sowieso nur Konsum produzierten, also irgendwie überflüssig waren. Nur haben wir das nicht gemerkt. Viele Menschen, die den Namen wirklich verdienen, werden nach dem Desaster weitermachen und irgendwas gelernt haben. Ihren Idealen hoffentlich folgen.

Bei allem aber vergessen wir nicht die Natur. Sie macht weiter auf ihrem Pfad von Eliminieren und Werden bis in alle Ewigkeit. Sie ist kein Mensch. Sie hat kein menschliches Gefühl und folgt einem Programm (oder dem Zufall?) Bis es irgendwann unsere Mutter Erde nicht mehr gibt oder die Erde/Natur einen neuen Anfang einleitet, ohne uns Menschen. Beide Ansätze sind tröstlich. Warum? Weil wir bei unserer Arroganz nichts begreifen. Und das ist gut. Ich will gar nicht wissen, wie es weitergeht.